危险废物污染环境案例判决剖析

王彬辉　钭晓东／主编

法律出版社 LAW PRESS · CHINA
北京

图书在版编目(CIP)数据

危险废物污染环境案例判决剖析 / 王彬辉，钭晓东主编. -- 北京 ：法律出版社，2022
(宁波大学东海文库)
ISBN 978-7-5197-7055-6

Ⅰ. ①危… Ⅱ. ①王… ②钭… Ⅲ. ①危险物品管理-废物处理-污染防治-环境保护法-审判-案例-中国 Ⅳ. ①D922.683.5

中国版本图书馆 CIP 数据核字(2022)第 165871 号

危险废物污染环境案例判决剖析
WEIXIAN FEIWU WURAN HUANJING ANLI PANJUE POUXI

王彬辉　钭晓东 主编

责任编辑 屈　瑶　刘梦瑀
装帧设计 臧晓飞

出版发行 法律出版社
编辑统筹 学术·对外出版分社
责任校对 王晓萍　王语童
责任印制 陶　松
经　　销 新华书店

开本 710 毫米×1000 毫米　1/16
印张 14.5　　**字数** 236 千
版本 2022 年 12 月第 1 版
印次 2022 年 12 月第 1 次印刷
印刷 唐山玺诚印务有限公司

地址:北京市丰台区莲花池西里 7 号(100073)
网址:www.lawpress.com.cn
投稿邮箱:info@lawpress.com.cn
举报盗版邮箱:jbwq@lawpress.com.cn

销售电话:010-83938349
客服电话:010-83938350
咨询电话:010-63939796

书号:ISBN 978-7-5197-7055-6　　**定价**:59.00 元

凡购买本社图书,如有印装错误,我社负责退换。电话:010-83938349

本书编写组

主　编：王彬辉　钭晓东

副主编：何双凤

成　员：张乐茹　唐于琴　刘沁娜
田薇薇　陈　红　梁　杰
刘艳华　邱若莲

总　序

21 世纪正面临一个从“黄土时代到蓝土时代”的转型大变局。“面向海洋、海陆统筹、谋新蓝图”已成当今世界发展的大趋势。同时，随着人口增长，人类对海洋的深入涉足，人类的“活动半径”正进一步从“内陆”延展至“海洋”，陆地资源因大规模开发利用而日趋短缺，海洋也已成为人类在地球上进一步拓展足迹的“最后空间”。毋庸置疑，宁波作为“面向海洋、海陆统筹、以海定陆、谋新蓝图”趋势下向海而生的重要节点城市，面对上述时代变局，其所生发的系列先行先试治理及法治实践，正被推向前台。

宁波作为计划单列市、副省级城市，是“一带一路”沿线的重要节点城市，商、海、港等先试资源众多，正面临“全面展示中国特色社会主义优越性、全国生态文明先行示范、高质量发展建设共同富裕示范”等 10 余项国家级先行示范区的时势之责。就宁波港而言，其历史可追溯到数千年之前，唐朝建立明州港，元朝更名为庆元港，明朝更名为宁波港。宁波舟山港位于我国海岸线中部、“长江经济带”的南翼，为中国对外开放一类口岸，中国沿海主要港口和中国国家综合运输体系的重要枢纽，中国国内重要的铁矿石中转基地、原油转运基地、液体化工储运基地和华东地区重要的煤炭、粮食储运基地；作为上海国际航运中转港，宁波舟山港由北仑、洋山、六横、衢山、穿山等19个港区组成，共有生产泊位620多座，其中万吨级以上大型泊位近160座，5万吨级以上的大型、特大型深水泊位90多座，是服务长江经济带、建设舟山江海联运服务中心的核心载体。2020年，宁波舟山港完成货物吞吐量11.72亿吨，同比增长4.7%，连续12年保持全球第一；完成集装箱吞吐量2872万标箱，同比增长4.3%，继续位列全球第三。

宁波大学面朝东海、根系内陆，于20世纪80年代由北京大学、浙江大学、复旦大学等五校对口援建而成。正如同其校训"实事求是、经世致用"一样，宁波大学是本土与海外、理论与实践对话与沟通的重要桥梁。宁波大学法律系于1986年在北京大学法律系对口援建下创办，是宁波大学最早设立的八个系之一。法学专业先后获国家综合改革试点专业、国家特色专业、浙江省"十二五"和"十三五"优势特色专业，入选首批国家一流本科专业建设点，法学学科为浙江省一流学科（A类）。行政管理专业为浙江省重点建设专业，公共管理学科是浙江省重点建设学科。宁波大学法学院已形成民营经济与中小企业法治服务、法治政府与地方治理、生态文明与海洋法治等特色学科建设领域。法学院拥有浙江省高校人文社科重点研究基地——法学、省重点学科——民商法学，获得"法学浙江省首届高等学校省级教学团队""'滨海湾区建设及其法治保障'浙江省高校高水平创新团队"等荣誉称号，拥有浙江省高校人文社科重点研究基地、浙江省首批重点专业智库——东海研究院、国家首批知识产权信息服务中心等系列学科科研建设平台；同时拥有宁波市人大常委会与宁波大学合作共建的宁波立法研究院。浙江省重点专业智库——宁波大学东海研究院、宁波大学法学院、宁波立法研究院三者形成了"一体两翼"的格局。

宁波大学东海研究院有着15余年的建设积淀。2006年4月，宁波大学获批浙江省首批哲学社会科学重点研究基地（东海研究院的前身），经10余年的建设积淀，2016年11月提升发展并被命名为宁波大学东海研究院，2017年被遴选为浙江省教育厅首批高校智库，2018年被遴选为浙江省首批重点专业智库，又入选"中国CTTI来源智库"，成为东黄海战略联盟核心支撑平台之一。东黄海研究智库联盟是为落实李克强同志2014年在第九届东亚峰会上提出的建设东亚海洋合作平台的倡议，由自然资源部海洋发展战略研究所于2017年发起成立的我国首个专门研究东黄海涉海问题的智库合作机构。宁波大学东海研究院从“环境”与“海洋”两大领域跨学科推进系统深入研究,尤其关注“生态文明及法治基础理论及重点实践,海洋法治、海洋经济、海洋环境和海洋教育”等领域的重大前沿理论与现实问题。通过积极开展厚实的积淀建设与广泛的国内国际交流合作,东海研究院已建立了一支专业优势突出、研究视野宽广、决策能力突出、结构合理的研究团队;形成了“高端东海智库论坛”“东海沙龙”“东海讲坛”“东海通讯”“海洋教育研究通讯”等一系列有影响力的智库品牌与交流载体;刊发了诸多深层次的、前沿的、有价值的论著;获得了国家社科重大招标项目以及省部级领导肯定性批示等系列高端标志性成果;在国内外形成了一定的影响力与知名度,积极发挥了国家战略及地方治理先行先试的理论研究与资政智囊团作用。

宁波立法研究院成立于2021年,其服务于国家法治战略、宁波市人大地方立法、法规动态维护、法律法规实施监督等工作,服务于宁波大学法学学科建设,致力于打造一流的、服务于地方人大工作的法律专家智库,探索研究地方先行先试立法、法律法规实施监督等前沿理论和实务领域重点课题,为地方人大及其常委会履行法定职责、推进地方治理体系和治理能力现代化提供有力的理论支撑和智力支持。我们力求通过宁波的地方立法实践与经验总结,合力将宁波立法研究院建设成为全面展示先行区域先行先试立法实践与经验的“重要窗口”。

随着党中央全面依法治国等系列重大战略举措的大力推进,我们正坚定不移走中国特色社会主义法治道路,在法治轨道上推进国家治理体系和治理能力现代化,为全面建设社会主义现代化国家、实现中华民族伟大复兴的中国梦提供有力法治保障。在探索地方治理体系与治理能力现代化先行先试经验等方面,宁波市、宁波大学、宁波大学法学院、东海研究院及宁波立法研究院无疑需要就“前沿理论问题研究、先行制度机制创新先试、先行先试经验提炼推广、国家及地方政府治理战略咨政建言、高层次地方治理及法治人才培养”等,积极回应“全面展示中国特色社会主义优越性、全国生态文明先行示范、高质量发展建设共同富裕示范”等时代诉求,积极扮演“示范先行区、发展引领区、改革试验区、展示探索者”等时代角色。

正基于此,“东海文库”应运而生。本文库旨在宣传先行先试区域、宁波大学、宁波大学法学院、东海研究院及宁波立法研究院等在积极回应时代诉求中,所涌现的有关“治理与法治先行先试探索”的系列优秀理论与实证研究成果。入选本文库之成果,无论作者职称和地位,以学术性为唯一考量,以求“顶天立地”,以力承时势之责,为推进国家治理体系与治理能力现代化贡献绵薄之力!“东海文库”秉承“国家战略、区域先行、国际视野、中国立场”的逻辑主线,立足“根植于本土、归属于全国、面向新时局”的生成基点,正走在法治先行先试的新征程上,敬请大家批评指正!

钭晓东

2021 年 6 月

目录

第一部分　危险废物污染环境行政案件判决评析

第 一 部 分

危险废物污染环境行政案件判决评析

1. 危险废物的司法认定

——W 公司诉 D 市环保局行政处罚案*

一、案情概要

2011 年 12 月 15 日,D 市环保局根据群众的反映到 W 公司检查,经现场检查发现:该公司未执行“三同时”制度,未办理危险废物转移手续,废油墨桶交由供货商 F 公司回收处理,废抹布交由无资质的流动回收人员回收处理,废油墨桶每月产量为 5 桶,废抹布每月产量为 100 斤。D 市环保局同时对 W 公司的总经理陈某进行调查询问,陈某对以上事实予以确认。D 市环保局分别针对 W 公司以上的不同违法行为,作出三份行政处罚决定书。其中,D 市环保局于 2012 年 2 月 13 日向 W 公司送达的《行政处罚告知书》载明:“2011 年 12 月 15 日,我局现场检查发现,你单位在未采取无害化处置措施的情况下,擅自将印刷工序产生的含油墨废抹布(类别:HW49)等危险废物转移给不持有广东省《危险废物经营许可证》的流动回收人员……违反了

---

* 本案来源:广东省东莞市中级人民法院行政判决书,(2012)东中法行终字第 140 号。

《中华人民共和国固体废物污染环境防治法》(以下简称《固体废物污染环境防治法》①)第33条第1款,依据《固体废物污染环境防治法》第68条,拟对你单位处1万元罚款……你单位对上述行政处罚有权提出陈述和申辩。"W公司收到D市环保局的告知书后,提出陈述与申辩意见,认为转移印花使用的升华油墨是当时印染技术最环保的材料,不是危险物品。D市环保局就W公司提出的陈述与申辩意见向D市环保局水气环境与废物管理科去函询问意见,该科认为废油墨属于《国家危险废物名录》②"HW12染料、涂料废物"。根据2004年《固体废物污染环境防治法》《危险废物鉴别标准》的有关规定,凡列入《国家危险废物名录》的物品,属于危险废物,不需要进行危险废物特性鉴别。因此,D市环保局未采纳W公司的申辩意见,而是于2012年5月21日作出《行政处罚决定书》,决定对W公司处1万元罚款。W公司于2012年6月20日收到该《行政处罚决定书》,同日缴纳了罚款。但W公司认为D市环保局将转移印花的原料升华色母(处罚书表达为油墨)列入危险物品的证据不足,故向人民法院提起诉讼。

二、判决要旨

一审法院认为,D市环保局所作的现场执法检查笔录、D市环保局对W公司的经理陈某所作的笔录及现场照片可以证实,W公司在生产过程中产生了废抹布。并且W公司在向D市环保局陈述与申辩时都认为其使用的是"升华油墨"。而"升华油墨"的学名为"热转印升华油墨",属于一种新型的印刷油墨,也是油墨的一种。2004年《固体废物污染环境防治法》"附则"第88条第4项规定,危险废物是指列入国家危险废物名录或者根据国家规定的危险废物鉴别标准和鉴别方法认定的具有危险物特性的固体废物。在《国家危险废物名录》"HW12染料、涂料废物"中,就有行业来源是涂料、油墨、颜料及相关产品制造而产生的废物。《国家危险废物名录》"HW49其他废物"当中规定,含有或直接沾染危险废物的废弃包装物、容器、清洗杂物属危险废物。因此W公司在生产过程中使用的"升华油墨"

---

① 系2004年修订版。

② 《国家危险废物名录》于1998年首次发布,后有2008年版、2016年版、2021年版三个版本。本案适用的是2008年版。

和沾有“升华油墨”的废抹布是危险废物。W 公司认为其使用的“升华油墨”因环保而不具危险性的观点，法院不予采纳。本案中，W 公司在生产过程中产生的废抹布，未经无害化处置措施，而交流动人员回收。虽然危险废物污染环境防治的特别规定没有对该行为进行规范，但 W 公司的行为违反了 2004 年《固体废物污染环境防治法》，该法第 50 条规定：“危险废物污染环境的防治，适用本章规定；本章未作规定的，适用本法其他有关规定。”该法第 68 条规定，对于该违法行为，可以处于 1 万元以上 10 万元以下的罚款。因此 D 市环保局对 W 公司处 1 万元的罚款，适用法律正确，处罚恰当。W 公司的起诉理由不成立，一审法院不予支持，对于其他诉请，一审法院予以驳回。

二审法院认为上诉人 W 公司的上诉理由均不能成立，依法予以驳回。依照 1989 年《行政诉讼法》第 61 条第 1 项，作出驳回上诉、维持原判的判决。

三、判决评释

本案争议焦点在于：转移印花使用的升华油墨是否应该被认定为危险废物。虽然“危险废物”与“固体废物”从字面上看相差不大，但是法律对两者的规范却有天壤之别，如处置资质、处置方式、处置成本、运输管理等，而且非法处置危险废物 3 吨以上即达到污染环境罪的入罪标准。因此，涉案废物是否属于危险废物的鉴别既是处理相关环境资源案件的焦点问题，也体现了环境纠纷案件审判专业性、复杂性的特点。①

（一）固体废物概念及其鉴别

固体废物，是指在生产、生活和其他活动中产生的丧失原有利用价值或者虽未丧失利用价值但被抛弃或者放弃的固态、半固态和置于容器中的气态的物品、物质以及法律、行政法规规定纳入固体废物管理的物品、物质。经无害化加工处理，并且符合强制性国家产品质量标准，不会危害公众健康和生态安全，或者根据固体废物鉴别标准和鉴别程序认定为不属于固体废物的除外。② 固体废物包括工业固体废物、城市生活垃圾和危险废物，其并非只限于呈固态形状的废弃物质，还包括半固态废物，即泥状废物和高浓度液态废

---

① 参见孙绍锋、胡华龙等：《我国危险废物鉴别体系分析》，载《环境与可持续发展》2015 年第 2 期。

② 参见《固体废物污染环境防治法》第 124 条第 1 项。

物，例如，工业生产建设中产生的污泥、泥浆、废油、废酸、废碱、废溶剂、废沥青，在城市生活和其他活动中产生的下水道污泥、厨房垃圾、废农药、人畜粪便等。这些半固态废物不属于《大气污染防治法》规定的“废气”和《水污染防治法》规定的“废水”的调整范围，而且根据其特性、来源、分布和便于对其进行收集、贮存、处置等的要求，与固体废物的特点及其污染防治要求相似，将其列入固体废物范围加以管制较为方便、合理和经济。①

执法主体常常需要对被发现的废物进行技术鉴定，辨明被倾倒的物体是否属于固体废物或者危险废物，以此为基础决定给予行政处罚或者交由专门机关提起诉讼。固体废物的鉴别在当前法律制度下有两个方面：一是区分固体废物与其他类废物；二是区分固体废物中的危险废物和非危险废物。②

我国《固体废物鉴别导则（试行）》（已失效）中列举了具有代表性的13种固体废物及5种非固体废物，明确了两种鉴别方式：一是通过废物的作业方式与原因来鉴别。明确列出表一“作业方式”，包括贮存与处置作业、利用作业。表二“废物必须进行综合利用或贮存和处置的原因/废物类别”。确立判断规则为：如果一个物质、物品或材料必须以表一中列出的作业方式进行处理，并且满足表二中列出的一个或多个原因，就可判断为固体废物。表一与表二必须结合使用，不能单独用于固体废物的鉴别。二是根据废物的特点与影响进行判断。评价一个物质是否为固体废物，需要综合考虑特征、环境影响、使用与归宿等因素。根据不同的评估对象，需要重点考虑的因素不同，并以“是否”的问答式列出了清晰的流程图。③

（二）危险废物概念及其鉴别

根据《固体废物污染环境防治法》，危险废物是指列入国家危险废物名录或者根据国家规定的危险废物鉴别标准和鉴别方法认定的具有危险特性的固体废物。④ 根据《国家危险废物名录》，危险废物为具有下列情形之一

① 参见韩德培主编：《环境保护法教程》（第7版），法律出版社2015年版，第277页。

② 参见张宝：《我国固体废物国内跨界转移法律问题探析》，四川省社会科学院2016年硕士学位论文。

③ 参见《固体废物鉴别导则（试行）》（已失效），国家环境保护总局、国家发展和改革委员会、商务部、海关总署、国家质量监督检验检疫总局公告2006年第11号。

④ 参见《固体废物污染环境防治法》第124条第6项。

的固体废物和液态废物：(1)具有腐蚀性、毒性、易燃性、反应性或者感染性等一种或者几种危险特性的；(2)不排除具有危险特性，可能对环境或者人体健康造成有害影响，需要按照危险废物进行管理的。

依据《危险废物鉴别标准 通则》(GB 5058.7－2007)中“鉴别程序”的规定，危险废物的鉴别应按照以下程序进行：

首先，判断是否属于固体废物。相关程序上文已详述。需要明确的是，如果不属于固体废物，则不属于危险废物。

其次，判断是否列入《国家危险废物名录》。凡列入《国家危险废物名录》的，属于危险废物，不需要进行危险特性鉴别(但感染性废物需要根据《国家危险废物名录》鉴别)。需要注意的是，2021 年相关部门对名录进行了修订，修订后共有 476 种危险废物，较 2016 年减少了 312 种；新增豁免 16 种危险废物，自此豁免的危险废物共计有 32 种。

最后，虽未列入《国家危险废物名录》但可进行危险特性鉴别。在该种情形下，应当按照《危险废物鉴别标准 通则》第 4.3 条进行危险特性鉴别，即依据 GB 5058.1～GB 5058.6 鉴别标准进行鉴别，凡具有腐蚀性、毒性、易燃性、反应性等一种或一种以上危险特性的，属于危险废物。当然，一般情况下需由具有专业知识背景的专家和机构进行鉴别。

对未列入《国家危险废物名录》或根据危险废物鉴别标准无法鉴别的，若存在可能对人体健康或生态环境造成有害影响的固体废物，由国务院环境保护行政主管部门组织专家认定。

本案中，W 公司认为转移印花使用的升华油墨是当时印染技术最环保的材料，不是危险物品。但是，《国家危险废物名录》“HW12 染料、涂料废物”类别中包含“涂料、油墨、颜料及相关产品制造”，废油墨应被列入《国家危险废物名录》“HW12 染料、涂料废物”。根据《固体废物污染环境防治法》《危险废物鉴别标准》的有关规定，凡被列入《国家危险废物名录》的，属于危险废物，不需要进行危险废物特性鉴别。同时，W 公司使用“升华油墨”的生产过程中产生了废抹布，该废抹布属《国家危险废物名录》“HW49 其他废物”中“含有或直接沾染危险废物的废弃包装物、容器、清洗杂物”，须做无害化处理。废物认定的具体程序见图 1。

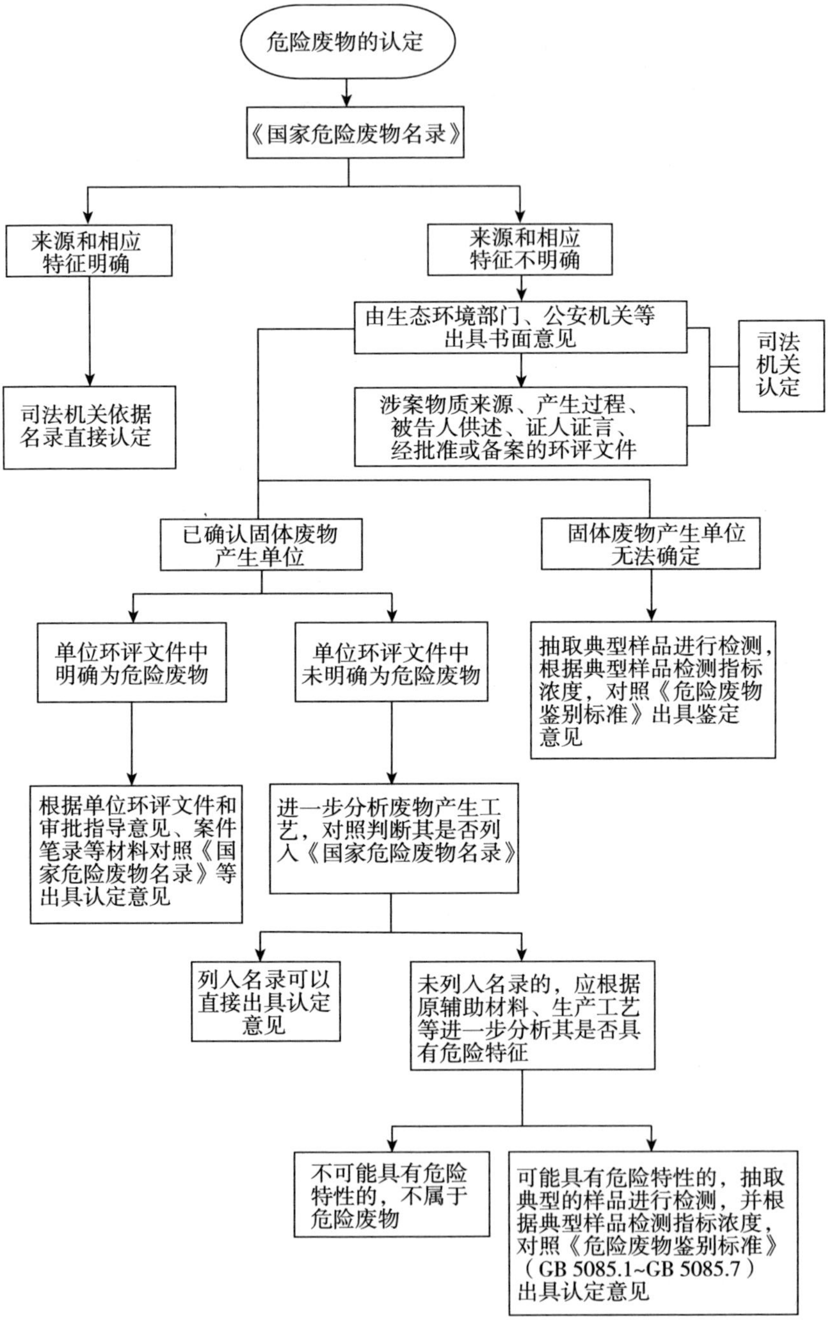
危险废物的认定
《国家危险废物名录》
来源和相应特征明确
来源和相应特征不明确
司法机关依据名录直接认定
由生态环境部门、公安机关等出具书面意见
涉案物质来源、产生过程、被告人供述、证人证言、经批准或备案的环评文件
司法机关认定
已确认固体废物产生单位
固体废物产生单位无法确定
单位环评文件中明确为危险废物
单位环评文件中未明确为危险废物
抽取典型样品进行检测，根据典型样品检测指标浓度，对照《危险废物鉴别标准》出具鉴定意见
根据单位环评文件和审批指导意见、案件笔录等材料对照《国家危险废物名录》等出具认定意见
进一步分析废物产生工艺，对照判断其是否列入《国家危险废物名录》
列入名录可以直接出具认定意见
未列入名录的，应根据原辅助材料、生产工艺等进一步分析其是否具有危险特征
不可能具有危险特性的，不属于危险废物
可能具有危险特性的，抽取典型的样品进行检测，并根据典型样品检测指标浓度，对照《危险废物鉴别标准》（GB 5085.1~GB 5085.7）出具认定意见

图 1　危险废物鉴别流程

四、主要法律条文链接

《中华人民共和国固体废物污染环境防治法》第112条 违反本法规定,有下列行为之一,由生态环境主管部门责令改正,处以罚款,没收违法所得;情节严重的,报经有批准权的人民政府批准,可以责令停业或者关闭:

(一)未按照规定设置危险废物识别标志的;

(二)未按照国家有关规定制定危险废物管理计划或者申报危险废物有关资料的;

(三)擅自倾倒、堆放危险废物的;

(四)将危险废物提供或者委托给无许可证的单位或者其他生产经营者从事经营活动的;

(五)未按照国家有关规定填写、运行危险废物转移联单或者未经批准擅自转移危险废物的;

(六)未按照国家环境保护标准贮存、利用、处置危险废物或者将危险废物混入非危险废物中贮存的;

(七)未经安全性处置,混合收集、贮存、运输、处置具有不相容性质的危险废物的;

(八)将危险废物与旅客在同一运输工具上载运的;

(九)未经消除污染处理,将收集、贮存、运输、处置危险废物的场所、设施、设备和容器、包装物及其他物品转作他用的;

(十)未采取相应防范措施,造成危险废物扬散、流失、渗漏或者其他环境污染的;

(十一)在运输过程中沿途丢弃、遗撒危险废物的;

(十二)未制定危险废物意外事故防范措施和应急预案的;

(十三)未按照国家有关规定建立危险废物管理台账并如实记录的。

有前款第一项、第二项、第五项、第六项、第七项、第八项、第九项、第十二项、第十三项行为之一,处十万元以上一百万元以下的罚款;有前款第三项、第四项、第十项、第十一项行为之一,处所需处置费用三倍以上五倍以下的罚款,所需处置费用不足二十万元的,按二十万元计算。

《中华人民共和国固体废物污染环境防治法》第124条 本法下列用语的含义:

（一）固体废物，是指在生产、生活和其他活动中产生的丧失原有利用价值或者虽未丧失利用价值但被抛弃或者放弃的固态、半固态和置于容器中的气态的物品、物质以及法律、行政法规规定纳入固体废物管理的物品、物质。经无害化加工处理，并且符合强制性国家产品质量标准，不会危害公众健康和生态安全，或者根据固体废物鉴别标准和鉴别程序认定为不属于固体废物的除外。

（二）工业固体废物，是指在工业生产活动中产生的固体废物。

（三）生活垃圾，是指在日常生活中或者为日常生活提供服务的活动中产生的固体废物，以及法律、行政法规规定视为生活垃圾的固体废物。

（四）建筑垃圾，是指建设单位、施工单位新建、改建、扩建和拆除各类建筑物、构筑物、管网等，以及居民装饰装修房屋过程中产生的弃土、弃料和其他固体废物。

（五）农业固体废物，是指在农业生产活动中产生的固体废物。

（六）危险废物，是指列入国家危险废物名录或者根据国家规定的危险废物鉴别标准和鉴别方法认定的具有危险特性的固体废物。

（七）贮存，是指将固体废物临时置于特定设施或者场所中的活动。

（八）利用，是指从固体废物中提取物质作为原材料或者燃料的活动。

（九）处置，是指将固体废物焚烧和用其他改变固体废物的物理、化学、生物特性的方法，达到减少已产生的固体废物数量、缩小固体废物体积、减少或者消除其危险成分的活动，或者将固体废物最终置于符合环境保护规定要求的填埋场的活动。

五、结论

固体废物的属性直接涉及固体废物处置资质、处置方式、处置成本、运输管理，这类案件充分表明了环境司法审判的专业性、技术性。人民法院在案件具体审理中应积极采取委托鉴定、调查等方式，依照《固体废物污染环境防治法》，依法确认案涉固体废物的属性，积极发挥司法的能动作用。

2. 危险废物跨省转移的特殊要求

——江苏省张家港市胡某等人跨省非法倾倒填埋酸洗污泥污染环境案*

一、案情概要

2016 年 5 月,江苏省张家港市环保局(现张家港市生态环境局)接群众举报,称有人将污泥等固体废物填埋在某大桥北侧的一处田地里,张家港市环保局立即组织专业人员赴现场勘察、采样分析,采取应急管控措施,控制污染扩散。公安等部门进一步调查发现,填埋的固体废物源于浙江某机械有限公司。调查结果显示,2015 年 12 月、2016 年 3 月,浙江某机械有限公司于张家港市某码头与某山交界处、某大桥北侧长江滩涂地区倾倒酸洗水处理污泥。倾倒行为发生后,固体废物直接暴露于空气中,事件区域水量交换频繁,张家港市环保局迅速组织应急处置工作,遏制污染物迁移扩散。

案件发生后,张家港市环保局立即会同公安机关进行案情分析,明确办案思路,委托有资质的鉴定评

* 本案来源:江苏省常熟市人民法院刑事判决书,(2016)苏 0581 刑初 1881 号。

估机构开展倾倒污泥的危险废物特性鉴别,并展开涉事地块生态环境损害评估。由于案件突发、隐蔽,同时涉及跨省倾倒行为,前期溯源调查和取证工作缓慢。受托方通过现场踏勘、资料收集、专家研判等方式,结合现场快速检测(XRF)的数据,初步研判倾倒污泥为含重金属(镍等)的工业固废,后通过《危险废物鉴别标准 通则》(GB 5085.7)等相关技术规范开展浸出毒性检测。检测结果显示,涉事固体废物中重金属镍、总铬、铜等和无机氟化物的浸出浓度不同程度超过标准限值,相关部门由此判定此次涉事固体废物为具有毒性的危险废物。

损害调查评估区域内地表水及地下水样品检测结果显示,地表水、地下水中特征污染物为无机氟化物,且超过基线水平20%,满足《生态环境损害鉴定评估技术指南 总纲》与《环境损害鉴定评估推荐方法(第Ⅱ版)》规定的损害判断标准。同时,通过分析污染来源和污染排放行为关系、污染物迁移路径的合理性、受体暴露的可能性、环境介质污染物与污染源的一致性等,确定了固体废物倾倒和生态环境损害的因果关系。因此可判定本次固体废物倾倒涉事区域的地表水、地下水生态环境要素均受到了损害。经量化,此次倾倒事件造成的生态环境损害费用为2400余万元,造成公私财产损失合计560余万元。

在张家港市环保局的监督下,涉事企业委托张家港某工程有限公司负责固体废物及污染土壤的清运和填埋处置工作,清理倾倒的固体废物及毗邻土壤共计约3152.35吨,均按照危险废物规范进行了处置。2018年7月,倾倒场地所在乡镇政府依据场地环境调查结论和专家评审意见开展了具体的修复工作。2019年3月,通过公开招投标确定修复单位,修复单位于2019年9月完成污染场地修复工作,2019年10月对修复工程进行了验收,修复效果通过了专家评审,生态环境恢复良好。

二、判决要旨

检察机关依法对浙江某机械有限公司和相关责任人员提起公诉,法院于2017年8月作出刑事判决:

1. 浙江某机械有限公司犯污染环境罪,判处罚金200万元。

2. 浙江某机械有限公司安环科科长胡某犯污染环境罪、非国家工作人员受贿罪,判处有期徒刑4年,并处罚金10万元。非法所得10万元,予以追缴,上缴国库。

3. 倾倒人袁某犯污染环境罪、非国家工作人员行贿罪,判处有期徒刑3年6个月,并处罚金11万元。非法所得15.0842万元,予以追缴,上缴国库。

张家港市环保局会同张家港市人民检察院先后多次与浙江某机械有限公司进行诉前磋商,最终签署生态环境损害赔偿协议。2018年2月,倾倒地所在乡镇政府部门与浙江某机械有限公司签订《生态环境损害赔偿协议》,扣除应急处置等费用后,浙江某机械有限公司承担环境损害赔偿费用人民币1600余万元,生态环境损害修复工作由该镇负责组织实施。

三、判决评释

本案争议焦点之一在于:案涉酸洗水处理污泥是否需要办理相关的跨省转移手续?

(一)危险废物转移法律规制的必要性

危险废物污染转移,包括境内转移和境外转移。境内转移是指危险废物的污染跨行政区域转移,主要表现为异地转移、由城市向农村转移、由经济发达地区向经济欠发达地区转移、由一企业向另一企业转移。境外转移包括从境外转移到境内;从境内转移到境外,即危险废物进口或者出口;还包括我国境内管辖区域过境转移。此外,危险废物污染转移不只是转移危险废物,还包括转移可能产生严重污染的危险废物的工艺或设备。

在一定条件下,转移废物是必要且有益的。例如,对城市生活垃圾,若不允许将其从城市向农村进行转移处置,而将其全部贮存、堆放在市区,则会造成严重的污染,阻碍城市的发展和建设。转移对于固体废物交换、综合利用废物和实行集中处置,也是必要的。比如,工业固体废物消极堆存不仅会占用大量土地,造成人力、物力的浪费,而且许多工业废渣含有易溶于水的物质,会通过淋溶污染土壤和水体。有的废物甚至会淤塞河道,污染水系,影响生物生长,危害人体健康。

但是,如果控制不当,固体废物转移可能会造成污染的扩散。近年来,跨省偷倒垃圾案件屡有发生。2018年,仅广西壮族自治区生态环境厅就通报了20起跨省非法倾倒处置固体废物及危险废物案件。跨省倒垃圾为何如入无人之境？一方面，国家环保政策日趋严格，在我国一些沿海地区，非法大批量倾倒垃圾几无可能，而一些内陆地区特别是偏远山区和农村，监管相对薄弱，因此这些地区成为犯罪分子新的选择；另一方面，跨省偷运垃圾利益巨大，以本案为例，在浙江省1吨的工业固废处理费是500～600元，在安徽省，犯罪团伙收取的垃圾处理费只有200多元。一些企业或个人，为降低生产成本或获取低廉的处置费用，罔顾国家法律，共同实施跨地污染环境犯罪，形成犯罪利益链条，这是跨省转移危险废物犯罪高发、频发的一个重要原因。所以，必须对危险废物转移进行严格控制。

（二）跨省转移危险废物的法律规定

2020年修订的《固体废物污染环境防治法》对固体废物进口转移实行“零容忍”，[①]强化了对进口“洋垃圾”的管制。对固体废物跨省转移也作出了严格控制的规定。[②] 该法强调，转移固体废物出省、自治区、直辖市行政区域贮存、处置的，应当向固体废物移出地的省、自治区、直辖市人民政府生态环境主管部门提出申请，经相关部门批准。这里的转移行为是指跨省级行政区域的转移，省级以下区域的转移不适用此规定；转移的目的若是贮存或者处置，须经上述申请批准程序。如果是为了回收利用或者从事废物运输，则应当报固体废物移出地的省、自治区、直辖市人民政府生态环境主管部门备案。移出地的省、自治区、直辖市人民政府生态环境主管部门应当将备案信息通报接受地的省、自治区、直辖市人民政府生态环境主管部门。对于危险废物跨省转移，同样也有规制，特别强调危险废物转移管理应当全

---

① 《固体废物污染环境防治法》第23条规定：“禁止中华人民共和国境外的固体废物进境倾倒、堆放、处置。”

第24条规定：“国家逐步实现固体废物零进口，由国务院生态环境主管部门会同国务院商务、发展改革、海关等主管部门组织实施。”

② 《固体废物污染环境防治法》第22条规定：“转移固体废物出省、自治区、直辖市行政区域贮存、处置的，应当向固体废物移出地的省、自治区、直辖市人民政府生态环境主管部门提出申请。移出地的省、自治区、直辖市人民政府生态环境主管部门应当及时商经接受地的省、自治区、直辖市人民政府生态环境主管部门同意后，在规定期限内批准转移该固体废物出省、自治区、直辖市行政区域。未经批准的，不得转移。

转移固体废物出省、自治区、直辖市行政区域利用的，应当报固体废物移出地的省、自治区、直辖市人民政府生态环境主管部门备案。移出地的省、自治区、直辖市人民政府生态环境主管部门应当将备案信息通报接受地的省、自治区、直辖市人民政府生态环境主管部门。”

程管控、提高效率。[①] 未经上述批准或者备案程序，不得擅自转移固体废物出省级行政区域进行贮存、处置或者利用，否则将依法追究相关主体责任。[②]

回归本案，浙江某机械有限公司于张家港市某码头与某山交界处、某大桥北侧长江滩涂地区倾倒酸洗水处理污泥，属于典型的跨省市转移危险废物，当事人未依照前述法律规定报经生态环境部门许可，显然有悖法律规定。《固体废物污染环境防治法》第 112 条规定，对于"未按照国家有关规定填写、运行危险废物转移联单或者未经批准擅自转移危险废物的"行为，处 10 万元以上 100 万元以下的罚款。同时，因其倾倒行为后果严重，构成犯罪，故本案根据《刑法》第 338 条污染环境罪追究污染单位和相关责任人的刑事责任。同时，也根据《固体废物污染环境防治法》第 122 条，由张家港市环保局会同张家港市人民检察院先后多次与浙江某机械有限公司进行诉前磋商，最终达成生态环境损害赔偿协议。

四、主要法律条文链接

《中华人民共和国固体废物污染环境防治法》第 22 条第 1 款　转移固体废物出省、自治区、直辖市行政区域贮存、处置的，应当向固体废物移出地的省、自治区、直辖市人民政府生态环境主管部门提出申请。移出地的省、自治区、直辖市人民政府生态环境主管部门应当及时商经接受地的省、自治区、直辖市人民政府生态环境主管部门同意后，在规定期限内批准转移该固体废物出省、自治区、直辖市行政区域。未经批准的，不得转移。

《中华人民共和国固体废物污染环境防治法》第 112 条　违反本法规定，有下列行为之一，由生态环境主管部门责令改正，处以罚款，没收违

---

① 《固体废物污染环境防治法》第 82 条规定："转移危险废物的，应当按照国家有关规定填写、运行危险废物电子或者纸质转移联单。

跨省、自治区、直辖市转移危险废物的，应当向危险废物移出地省、自治区、直辖市人民政府生态环境主管部门申请。移出地省、自治区、直辖市人民政府生态环境主管部门应当及时商经接受地省、自治区、直辖市人民政府生态环境主管部门同意后，在规定期限内批准转移该危险废物，并将批准信息通报相关省、自治区、直辖市人民政府生态环境主管部门和交通运输主管部门。未经批准的，不得转移。

危险废物转移管理应当全程管控、提高效率，具体办法由国务院生态环境主管部门会同国务院交通运输主管部门和公安部门制定。"

② 参见韩德培主编：《环境保护法教程》(第 7 版)，法律出版社 2015 年版，第 286 页。

法所得；情节严重的，报经有批准权的人民政府批准，可以责令停业或者关闭：

……

（五）未按照国家有关规定填写、运行危险废物转移联单或者未经批准擅自转移危险废物的；

……

有前款第一项、第二项、第五项、第六项、第七项、第八项、第九项、第十二项、第十三项行为之一，处十万元以上一百万元以下的罚款；有前款第三项、第四项、第十项、第十一项行为之一，处所需处置费用三倍以上五倍以下的罚款，所需处置费用不足二十万元的，按二十万元计算。

《中华人民共和国固体废物污染环境防治法》第120条 违反本法规定，有下列行为之一，尚不构成犯罪的，由公安机关对法定代表人、主要负责人、直接负责的主管人员和其他责任人员处十日以上十五日以下的拘留；情节较轻的，处五日以上十日以下的拘留：

（一）擅自倾倒、堆放、丢弃、遗撒固体废物，造成严重后果的；

（二）在生态保护红线区域、永久基本农田集中区域和其他需要特别保护的区域内，建设工业固体废物、危险废物集中贮存、利用、处置的设施、场所和生活垃圾填埋场的；

（三）将危险废物提供或者委托给无许可证的单位或者其他生产经营者堆放、利用、处置的；

（四）无许可证或者未按照许可证规定从事收集、贮存、利用、处置危险废物经营活动的；

（五）未经批准擅自转移危险废物的；

（六）未采取防范措施，造成危险废物扬散、流失、渗漏或者其他严重后果的。

《中华人民共和国刑法》第338条 违反国家规定，排放、倾倒或者处置有放射性的废物、含传染病病原体的废物、有毒物质或者其他有害物质，严重污染环境的，处三年以下有期徒刑或者拘役，并处或者单处罚金；情节严重的，处三年以上七年以下有期徒刑，并处罚金；有下列情形之一的，处七年以上有期徒刑，并处罚金：

（一）在饮用水水源保护区、自然保护地核心保护区等依法确定的重点保护区域排放、倾倒、处置有放射性的废物、含传染病病原体的废物、有毒物质，情节特别严重的；

（二）向国家确定的重要江河、湖泊水域排放、倾倒、处置有放射性的废物、含传染病病原体的废物、有毒物质，情节特别严重的；

（三）致使大量永久基本农田基本功能丧失或者遭受永久性破坏的；

（四）致使多人重伤、严重疾病，或者致人严重残疾、死亡的。

有前款行为，同时构成其他犯罪的，依照处罚较重的规定定罪处罚。

《中华人民共和国固体废物污染环境防治法》第 122 条 固体废物污染环境、破坏生态给国家造成重大损失的，由设区的市级以上地方人民政府或者其指定的部门、机构组织与造成环境污染和生态破坏的单位和其他生产经营者进行磋商，要求其承担损害赔偿责任；磋商未达成一致的，可以向人民法院提起诉讼。

对于执法过程中查获的无法确定责任人或者无法退运的固体废物，由所在地县级以上地方人民政府组织处理。

五、结论

本案是一起典型的跨区域调查、跨部门联动、跨法律责任的非法倾倒危险废物案件。此类案件涉及面广、案情复杂、社会影响较大，执法具有一定的难度，需要生态环境部门、公安机关、检察机关联手、配合紧密，才能有力打击跨区域倾倒转移违法行为。本案既依法追究了污染行为人的刑事责任，又通过磋商要求污染行为人承担了生态环境损害赔偿责任，兼顾了打击污染犯罪和修复受损生态环境，具有积极的示范效应，对类似的案例也有重要的参考价值。本案的执法过程有以下启示：

1. 寻求专业支持，依法依规收集关键证据。一是为办案思路提供意见。本案涉及跨省倾倒转移问题，相关专业机构人员参与会商可为案件办理过程中的倾倒污泥溯源、危险废物特性认定、倾倒量认定及相关人员调查等有较大难度的问题提供意见。二是规范开展危险废物鉴定工作。案件的突发性和跨区域倾倒行为的隐蔽性，增加了前期溯源调查的困难。因此，委托专业的第三方鉴定机构，严格按照国家规定的危险废物鉴别标准和鉴别方法，对涉事固体废物危险特性予以认定，为后续责任认定、生态环境损害赔偿等提供了基础。三是规范开展生态环境损害评估。根据前期的调查结果，委托专业的第三方鉴定机构，严格按照《生态环境损害鉴定评估技术指南 总纲》、《生态环境损害鉴定评估技术指南 损害调查》及《环境损害鉴定评估推荐方法（第Ⅱ版）》等技术规范，通过调查污染环境、破坏生态行为与生态环境损害情况；分析污染环境或破坏生态行为与生态环境损害之间的因果关系；评估污染环境或破坏生态行为所致生态环境损害的范围和程度；确定生态环境恢复至基线并补偿期间的恢复措施；量化事件造成的人身损害、财产损害和生态环境损害，计算事件中应急处置、应急监测、应急修复工程等费用支出，为本案的损害赔偿和责任认定提供依据。

2. 三部门联动，保证程序合法，保障案件办结。案件办理过程中，生态环境部门、公安机关、检察机关建立了联动机制，对案件办理过程中出现的问题随时会商，通过梳理案件难点、明确办案思路、扎实推进调查取证，保证了案件移交程序的规范、案卷移交的质量。在生态环境部门的前期调查过程中，公安机关、检察机关提前介入，以办理刑事案件的标准对前期现场采样、人员访谈、调查笔录制作等全流程进行指导跟踪，防止出现程序违法情况，保障了案件顺利办结。

3. 危险废物污染环境行政责任构成要件问题

——Q 县人民检察院诉 Q 县环保局行政不作为案*

一、案情概要

刘某未经审批，焚烧属于危险废物的废电子电器产品、废弃的印刷电路板等，熔炼金属锭。2014 年 7 月 31 日，Q 县环保局执法人员到现场调查，责令刘某立即停止生产，查扣现场堆放的电子垃圾，并存放于附近的养猪场。同年 8 月 7 日、9 日，Q 县环保局将扣押的电子垃圾转移至东莹公司仓库贮存保管，并过磅称重为 28,580 千克；9 月 2 日，Q 县公安局对刘某涉嫌污染环境案刑事立案侦查。

2015 年 5 月 12 日，Q 县环保局租用没有危险废物经营许可证的九利公司仓库，将电子垃圾再次转移至该地贮存。7 月 7 日，Q 县人民检察院对刘某作出不起诉决定。7 月 9 日，Q 县人民检察院向 Q 县环保局发出检察建议书，Q 县环保局在收到检察建议和反馈回函后未

---

* 本案来源：最高人民检察院第八批指导性案例检例第 31 号。

处置电子垃圾,且未对刘某作出行政处罚,Q 县人民检察院遂提起环境行政公益诉讼。本案诉讼期间,Q 县环保局对刘某作出行政处罚,并将涉案电子垃圾交由福建德晟环保技术有限公司处置。

二、判决要旨

M 县人民法院审理认为,保护环境是我国的一项基本国策,生态文明建设是中国特色社会主义事业的重要内容。行政机关应当依法履行职责,作出的行政行为必须符合法律规定和国家方针政策。依据《国家危险废物名录》(2016 年版),本案的电子垃圾属于危险废物,危险特性为毒性。根据《环境保护法》第 10 条和《固体废物污染环境防治法》(2016 年修订)第 10 条第 2 款①,Q 县环保局作为地方环境保护主管部门②,具有对本行政区域环境保护及固体废物污染环境防治工作实施统一监督管理及依法处置的职责。但是,作为环境保护主管部门的被告在明知涉案电子垃圾属于危险废物、具有毒性,理应依法管理并及时处置的情形下,并没有按照《固体废物污染环境防治法》(2016 年修订)的规定寻找符合贮存条件的场所进行贮存,而是将危险废物从扣押现场转移至附近的养猪场,再转至没有危险废物经营许可证的东莹公司,后再租用同样不具资质的九利公司仓库进行贮存,且未设置危险废物识别标志。即使当地尚未建成危险废物集中处置设施场所,但作为危险废物监管部门的被告理应积极主动向政府及上级主管部门汇报,根据福建省危险废物经营许可证发放情况,联系有资质的企业处置危险废物,依法履行职责、保护生态环境。检察机关得知后,向环保局送达了检察建议书,环保局也明确表示将依法处置危险废物,却拖延履行职责,未及时将危险废物交由有资质的企业处置,环保局的上述行为已构成违法。在检察院提起公益诉讼期间,Q 县环保局已履行职责,故 M 县人民法院判决确认 Q 县环保局处置危险废物的行为违法。

三、判决评释

根据本案的情况,需要探讨的核心问题是:Q 县环保局处置危险废物的

---

① 该条在《固体废物污染环境防治法》(2020 年修订)中已调整至第 9 条第 2 款。

② 现生态环境主管部门。本书沿用案发及判决作出时的提法,亦有当时有效的法律法规现已失效,下文不再逐一说明。——编者注

行为是否违法？是否应追究其环境行政责任？下文拟就这个核心问题，在结合环境保护法的基础上，探析Q县环保局处置危险废物的行为是否违法以及是否应追究其环境行政责任。

所谓环境行政责任，是指单位或者个人实施污染或者破坏环境的行为因违反环境保护法所应承担的行政方面的法律责任。[①] 这里的“单位”是指法人和其他组织。“法人”是指具有民事权利能力和民事行为能力，依法独立享有民事权利和承担民事义务的组织。“其他组织”是指未取得法人资格的社会组织。“个人”是指达到法定年龄并具有民事行为能力的自然人。

环境行政责任除了具有行政责任的一般特点外，还具有特殊性。其特殊性主要体现在这些方面：一是承担行政责任者不但包括违反行政法律的公民、社会组织等行政相对人，还包括在行政管理中违法失职、滥用职权或行政不当的行政机关及其工作人员，以及授权或委托的社会组织及其工作人员。然而，在司法实践中，承担行政责任者多为企事业组织及其领导人员、直接责任人员。二是在环境行政责任的构成要件中，行为人违法以及行为人有过错是环境行政责任的必备要件，危害后果和违法行为与危害后果之间的因果关系则是选择性条件。三是在现实生活中，行为人对环境的破坏多为故意，对环境的污染多为过失。

追究环境行政责任的法律依据包括《环境保护法》等一系列环境保护法律、法规、规章和具有普遍约束力的决定、命令。

环境行政责任构成要件，是指被依法追究环境行政责任者所必须具备的法定条件，这些条件是由环境保护法规定的。环境行政责任有四个构成要件[②]：一是行为违法；二是行为人的过错；三是行为的危害后果；四是违法行为与危害后果之间的因果关系。

（一）行为违法

行为违法是指单位或者个人实施了环境保护法所禁止的行为，进而违反了环境保护法。根据《环境保护法》，以下行为均是环境行政违法行为，行政主体可以分别给予不同的行政制裁：（1）企业、事业单位和其他生产经

---

① 参见韩德培主编：《环境保护法教程》（第7版），法律出版社2015年版，第319页。

② 这里实际上是沿用刑法中犯罪构成的理论。

营者超过污染物排放标准或者超过重点污染物排放总量控制指标排放污染物的。(2)建设单位未依法提交建设项目环境影响评价文件或者环境影响评价文件未经批准,擅自开工建设的。(3)违反法律规定,重点排污单位不公开或者不如实公开环境信息的。(4)企业、事业单位和其他生产经营者有下列行为之一,尚不构成犯罪的:①建设项目未依法进行环境影响评价,被责令停止建设,拒不执行的;②违反法律规定,未取得排污许可证排放污染物,被责令停止排污,拒不执行的;③通过暗管、渗井、渗坑、灌注或者篡改、伪造监测数据,或者不正常运行防治污染设施等逃避监管的方式违法排放污染物的;④生产、使用国家明令禁止生产、使用的农药,被责令改正,拒不改正的。(5)环境影响评价机构、环境监测机构以及从事环境监测设备和防治污染设施维护、运营的机构,在有关环境服务活动中弄虚作假,对造成的环境污染和生态破坏负有责任的。

回归本案,首先分析Q县环保局处置危险废物的行为是否违法。判断环境违法行为的标准之一就是从行为的外部特征来看其是否违反环境保护相关的法律、法规。5月12日,Q县环保局租用没有危险废物经营许可证的九利公司仓库,将电子垃圾再次转移至该地贮存。根据《环境保护法》第10条和《固体废物污染环境防治法》(2020年修订)第9条第2款①,Q县环保局作为地方环境保护主管部门,具有对本行政区域环境保护及固体废物污染环境防治工作实施统一监督管理及依法处置的职责。但是,Q县环保局作为环境保护主管部门,在明知涉案电子垃圾属于危险废物,具有毒性,理应依法管理并及时处置的情形下,并没有按照《固体废物污染环境防治法》的规定寻找符合贮存条件的场所进行贮存,而是将危险废物从扣押现场转移至附近的养猪场,再转至没有危险废物经营许可证的东莹公司,后再租用同样不具资质的九利公司仓库进行贮存,且未设置危险废物识别标志。由此可见,Q县环保局处置危险废物的行为违法。

① 《固体废物污染环境防治法》第9条第2款规定:"地方人民政府生态环境主管部门对本行政区域固体废物污染环境防治工作实施统一监督管理。地方人民政府发展改革、工业和信息化、自然资源、住房城乡建设、交通运输、农业农村、商务、卫生健康等主管部门在各自职责范围内负责固体废物污染环境防治的监督管理工作。"

(二)行为人的过错

过错是指行为人实施破坏或污染环境违法行为时的心理状态,分为故意和过失两种。行为人主观上具有故意或过失也是环境保护领域行为人承担行政责任的又一必要条件。

这里的故意是指行为人明知自己的行为会发生破坏或者污染环境的后果,并且希望或者放任这种结果发生。故意又分为直接故意和间接故意。直接故意是行为人希望危害结果发生,间接故意是行为人放任危害结果发生。成立故意一般应满足的要求有:(1)对行为人自身有认识,一般而言,行为人当然会对自身的存在有认识;(2)对行为本身有认识,一般而言,行为人对自己实施的行为本身当然有认识,而对行为的认识还包括对行为的自然属性的认识;(3)对行为对象有认识;(4)对危害结果有认识。

这里的过失是指行为人应当预见自己的行为可能会造成破坏或者污染环境的后果,因为疏忽大意而没有预见,或者已经预见,但轻信能够避免,以致发生危害结果。

我国现行《环境保护法》一般都追究故意实施破坏或者污染环境行为的行政责任。对于过失行为,则在一定条件下不予追究。例如,根据《环境保护法》第59条①,如果不是拒不改正,而是因疏忽大意而忘却,就不应按日连续计罚,追究行为人的行政责任。值得注意的是,有些环境违法行为既可以是故意也可以是过失造成的。对于故意和过失,区分两者的意义在于:两者的过错形式不同,对应的处罚程度也有所区别。

回归本案,关于Q县环保局在处置危险废物方面是否有过错的问题。2015年7月9日,Q县人民检察院向Q县环保局发出检察建议书,Q县环保局在收到检察建议和反馈回函后明确表示将依法处置危险废物,但环保局依然拖延履行职责,未及时将危险废物交由有资质的企业处置。由此可

---

① 《环境保护法》第59条规定:"企业事业单位和其他生产经营者违法排放污染物,受到罚款处罚,被责令改正,拒不改正的,依法作出处罚决定的行政机关可以自责令改正之日的次日起,按照原处罚数额按日连续处罚。

前款规定的罚款处罚,依照有关法律法规按照防治污染设施的运行成本、违法行为造成的直接损失或者违法所得等因素确定的规定执行。

地方性法规可以根据环境保护的实际需要,增加第一款规定的按日连续处罚的违法行为的种类。"

见,Q县环保局在处置危险废物方面具有过错。

(三)行为的危害后果

危害后果是指危害行为造成了破坏环境或者污染环境的后果,包括危险结果和实害结果。例如,排放污染物的企事业单位和其他生产经营者,未采取有效措施,造成在生产建设或者其他活动中产生的废气、废水、废渣、医疗废物、粉尘、恶臭气体、放射性物质以及噪声、振动、光辐射、电磁辐射等对环境的污染和危害;行为人将不符合农用标准和环境保护标准的固体废物、废水施入农田,造成农作物死亡。

需要注意的是,在我国现行《环境保护法》的许多行政责任规范中,并没有将危害结果作为承担行政责任的必要条件,如《环境保护法》第62条①等。以上这些表明我国环境保护法采取以预防为主的基本原则,只要行为人有实施破坏或者污染环境的行为,就应该追究其相应的行政责任,无论其是否造成危害结果。

回到本案,依据《国家危险废物名录》(2016年版)②,本案的电子垃圾属于危险废物,危险特性为毒性。对于本案所涉及的电子垃圾,Q县环保局若处理不当,势必会造成严重的危害后果。

(四)违法行为与危害后果之间的因果关系

环境法中的因果关系是指行为人的违法行为与破坏或者污染环境的危害后果之间存在的必然的、内在的联系。例如,某村空气污染严重,可见度低,经环境监测确认,系附近某企业在生产建设过程中释放的废气、粉尘所致,而不是其他企业造成的。由此可以认定,该企业释放废气、粉尘的行为是某村空气污染严重的原因,该村空气污染严重便成为该企业释放废气、粉尘行为造成的危害后果。这两者之间存在因果关系。值得注意的是,从对前者的分析中可以看出,危害后果并不是环境行政责任的必要构成条件;相应地,因果关系自然而然成为环境行政责任的选择性构成条件。

现实生活中的违法行为与危害后果之间的因果关系往往比较复杂,在

---

① 《环境保护法》第62条规定:"违反本法规定,重点排污单位不公开或者不如实公开环境信息的,由县级以上地方人民政府环境保护主管部门责令公开,处以罚款,并予以公告。"

② 该名录已更新,详见《国家危险废物名录》(2021年版)。

环境行政执法实践中掌握两者之间的因果关系是相当困难的，比如经常会出现多因多果、多因一果等情况。而且环境危害后果具有对环境与人双重危害的特殊性，这种危害既可以是直接的也可以是间接的，既可以是有形的也可以是无形的。[①] 因此，在确定违法行为与危害后果之间的因果关系时，就应分析是直接因果关系还是间接因果关系。在现实生活中，往往对直接的、现实的、有形的危害比较容易认定；对间接的、潜在的、无形的危害较难认定，对于后者的认定既需要借助科学方法，又需要掌握该方法的专门机构及专门人才。

在确定环境行政责任构成要件中的因果关系时，必须坚持从客观事物的内在、必然联系出发，排除非人为因素，正确区分因果关系中的原因与条件的界限。

回到本案，从以上分析中可以看出，Q 县环保局处置危险废物的违法行为与其造成的危害后果具有因果关系。

四、主要法律条文链接

《中华人民共和国固体废物污染环境防治法》第 5 条　固体废物污染环境防治坚持污染担责的原则。

产生、收集、贮存、运输、利用、处置固体废物的单位和个人，应当采取措施，防止或者减少固体废物对环境的污染，对所造成的环境污染依法承担责任。

《中华人民共和国固体废物污染环境防治法》第 9 条　国务院生态环境主管部门对全国固体废物污染环境防治工作实施统一监督管理。国务院发展改革、工业和信息化、自然资源、住房城乡建设、交通运输、农业农村、商务、卫生健康、海关等主管部门在各自职责范围内负责固体废物污染环境防治的监督管理工作。

地方人民政府生态环境主管部门对本行政区域固体废物污染环境防治工作实施统一监督管理。地方人民政府发展改革、工业和信息化、自然资源、住房城乡建设、交通运输、农业农村、商务、卫生健康等主管部门在各自

---

① 参见王树义主编：《环境与自然资源法学案例教程》，知识产权出版社 2004 年版，第 8 页。

职责范围内负责固体废物污染环境防治的监督管理工作。

《中华人民共和国固体废物污染环境防治法》第 101 条 生态环境主管部门或者其他负有固体废物污染环境防治监督管理职责的部门违反本法规定，有下列行为之一，由本级人民政府或者上级人民政府有关部门责令改正，对直接负责的主管人员和其他直接责任人员依法给予处分：

（一）未依法作出行政许可或者办理批准文件的；

（二）对违法行为进行包庇的；

（三）未依法查封、扣押的；

（四）发现违法行为或者接到对违法行为的举报后未予查处的；

（五）有其他滥用职权、玩忽职守、徇私舞弊等违法行为的。

依照本法规定应当作出行政处罚决定而未作出的，上级主管部门可以直接作出行政处罚决定。

五、结论

环境行政责任有四个构成要件：行为违法、行为人的过错、行为的危害后果、违法行为与危害后果之间的因果关系。其中，行为违法、行为人主观上具有故意或过失是环境保护领域行为人承担行政责任的必要条件，行为的危害后果以及违法行为与危害后果之间的因果关系构成环境行政责任的选择条件。

行政机关是公民意志的执行者与公民利益的捍卫者，其所有职责的履行和行政行为的作出都必须符合法律规定，彰显对公民权益的整体维护。Q 县环保局作为地方环境保护主管部门，对本行政区域固体废物污染环境防治等环境保护工作的实施负有监管职责，但其却在明知相关固体废物属于危险废物的情形下，不采取相应措施依法管理并予及时处置，反而将危险废物转移至附近养猪场及无处理资质的单位储存，且未设置危险废物识别标志，该系列行为已明显构成违法。同时，在检察机关发出检察建议书后，其仍怠于履行职责，主观上亦明显存在过错。综上，对于本案情况，Q 县环保局应承担环境行政责任。

该案系全国首批、福建省首例行政公益诉讼案。M 县人民法院在审理本案时，对公益诉讼人的诉讼地位、举证责任的分担、庭审规则等审理程序进行了诸多探索和尝试，明确应当在行政诉讼法的框架内审理行政公益诉讼。在审理过程中督促行政机关积极作为,促使环保局主动纠正违法行为,及时对违法行为人作出行政处罚并依法处置危险废物,防止对环境的持续不利影响。同时,本案的处理强调对于“电子垃圾”这种具有毒性、污染环境的危险废物处置的程序和方式,让公众、企业、政府重视“电子垃圾”的危害,从而共同参与到让危险废物不危险、保护生态环境的统一行动中。

4. 责令改正行政行为的法律性质之辩

——汕头市某经贸有限公司诉汕头海关行政管理案*

一、案情概要

汕头市某经贸有限公司于2014年2月25日向汕头海关申报进口品名为“残极甑炭块”的货物226.23吨，报关单号列602020141204001309。2014年4月11日，海关依法查验并取样送深圳市出入境检验检疫局工业品检测技术中心再生原料检验鉴定实验室作固体废物属性鉴别，鉴定结果为“所封样品不是甑炭，为电解铝用阳极产品的破损料或报废料，已不能做原用途使用，所封样品属于固体废物，是我国目前禁止进口的固体废物”。

2014年6月25日，海关认为该经贸公司实际进口货物与申报不符，并涉嫌进口属于国家禁止进口的固体废物，对此进行行政立案。汕头海关根据经贸公司提出的重新鉴定申请，委托中国环境科学研究院固体废物污

---

* 本案来源：广东省高级人民法院行政判决书，(2015)粤高法行终字第440号。

染控制技术研究所再次对经贸公司进口货物进行固体废物属性鉴别。2014年7月31日,中国环境科学研究院固体废物污染控制技术研究所环科院固研所作出了进口物品固体废物属性鉴别报告,鉴定结果为:所检样品属于国家禁止进口的固体废物。2014年8月5日,汕头海关作出了汕关缉查退字〔2014〕1号责令退运决定书,内容为:你单位于2014年2月25日向我关申报进口品名为"残极甑炭块"的货物,经鉴定,该批货物属于国家禁止进口的固体废物,根据《海关行政处罚实施条例》第13条,现责令你单位在2014年9月4日前将该批禁止进口的固体废物退运境外。经贸公司在接到汕头海关作出的责令退运决定书后不服,向法院起诉,请求撤销该责令退运决定书。

二、判决要旨

一审法院认为,根据2013年《海关法》第23条,被告享有对该批货物进行监管的权力。原告进口国家禁止进口固体废物的违法事实清楚。被告根据《海关行政处罚实施条例》第13条,对原告作出责令退运决定的具体行政处罚行为之前,没有告知行政处罚相对人(原告)有申辩、陈述的权利,被告汕头海关作出行政处罚前没有告知相对人拟处罚事实和证据,也没有告知相对人有陈述申辩的权利,被告作出的行政行为存在程序违法。综上所述,被告汕头海关2014年8月5日作出的汕关缉查退字〔2014〕1号责令退运决定,具体行政行为程序违法,依法应予撤销。依照1989年《行政诉讼法》第54条第2款第3项,判决撤销被告汕头海关作出的汕关缉查退字〔2014〕1号责令退运决定。

被告不服,提出上诉。二审法院认为,本案被上诉人以"残极甑炭块"为品名申报进口货物,上诉人经委托深圳出入境检验检疫局和中国环境科学研究院固体废物污染控制技术研究所对被上诉人进口的货物进行鉴定,确定该批货物为国家禁止进口的固体废物,上诉人依据上述法律规定作出涉案责令退运决定事实和法律依据充分,原审判决据此作出认定正确,本院予以确认。

我国相关法律法规和规章并未对责令退运行为的程序作出明确规定,本案中,上诉人作出涉案责令退运决定过程中,针对涉案货物是否属于禁止进口的货物,先后委托了深圳出入境检验检疫局和中国环境科学研究院固体废物污染控制技术研究所进行了鉴定,并且将鉴定机构的结论及时告知被上诉人,听取了被上诉人的意见,应视为上诉人已按照正当程序的要求基本履行了行政职责。上诉人作出责令退运时未再次听取被上诉人的陈述申辩意见仅为行政程序瑕疵,本院予以指出,上诉人在今后的执法过程中应当按照更高的正当程序标准作出行政行为。但上述程序瑕疵并不足以导致涉案责令退运决定的行为程序违法并被撤销,原审法院以程序违法为由撤销上诉人作出的涉案责令退运决定理由不充分,本院予以纠正。上诉人作出涉案责令退运决定事实和法律依据充分,原审判决予以撤销错误,本院予以撤销。上诉人上诉要求撤销原审判决的请求成立,本院予以支持。

三、判决评释

本案争议焦点之一在于责令退运决定的性质,它究竟是不是行政处罚?

"责令改正"经常出现在各类规范性文件中,2018 年不完全统计数据显示,①直接包含"责令改正"的规范性文件近 25,000 篇,包含"责令整改"字样的规范性文件 6000 篇,直接包含"责令限期整改"的规范性文件近 9000 篇。对"责令改正"的内涵与外延、法律属性等,理论和实践均没有给予一致性的回答。

(一)责令改正的概念辨析

从语义上来看,"责令"是命令某人或某机构负责做成某件事,②"改正"意味着把错误的改为正确的,③改正的含义包含两层:一是已经存在的行为或状态是错误的;二是经过一定的行为,之前的行为或状态变为正确的。改正强调的是由错误变为正确的过程,以及可以判断为正确的结果。责令改正可以理解为:国家机关或法律、法规授权的组织,为了预防或制止正在发生或可能发生的违法行为、危险状态以及不利后果,而作出的要求违

---

① 对规范性文件的数据统计源于"北大法宝"数据库,有些规范性文件没有被录入数据库,因而,完全统计的数字可能会高于该统计结果。

② 参见中国社会科学院语言研究所词典编辑室编:《现代汉语词典》(第 5 版),商务印书馆 2006 年版,第 1702 页;辞海编辑委员会编纂:《辞海》,中国书籍出版社 2003 年版,第 1340 页;商务印书馆辞书研究中心编:《古今汉语词典》,商务印书馆 2004 年版,第 1832 页。

③ 参见中国社会科学院语言研究所词典编辑室编:《现代汉语词典》(第 5 版),商务印书馆 2006 年版,第 437 页;辞海编辑委员会编纂:《辞海》,中国书籍出版社 2003 年版,第 321 页;商务印书馆辞书研究中心编:《古今汉语词典》,商务印书馆 2004 年版,第 437 页。

法行为人履行法定义务、停止违法行为、消除不良后果或恢复原状的具有强制性的决定。具体表现为：首先，责令改正强调正确的结果，而行政主体作出责令改正行为的目的，也是矫正行政相对人的错误行为或状态，进而达到正确的结果。其次，结合行政法的基本原理，责令改正本身具有限期的意义。行政行为需要具有确定性和特定性，应当具有明确的时间限制。

责令改正制度的核心价值在于将教育目标融入处罚。处罚与教育相结合是《行政处罚法》①第 6 条所确定的行政处罚的基本原则之一。这一原则源于不容"不教而诛"②的法律理念。责令改正要求相对人在一定认知的基础上主动纠正违法行为，着重对行为人的教化及先前行为的补救而非惩罚，无疑是处罚与教育相结合原则在行政处罚适用中的具体化和延伸。

（二）责令改正与行政处罚的关系

探讨责令改正与行政处罚的关系，首先要明确概念。《行政处罚法》第 2 条明确行政处罚的概念，是指行政机关依法对违反行政管理秩序的公民、法人或其他组织，以减损权益或者增加义务的方式予以惩戒的行为。理论上行政处罚可划分为申诫罚、财产罚、资格罚及人身自由罚 4 种，惩罚性是行政处罚的特性。《行政处罚法》第 28 条第 1 款对责令改正作了简洁的规定，但并未明确其概念。在理论界的探讨中，关于责令改正是否为行政处罚措施的一种存在争议。一种观点认为，《行政处罚法》第 9 条第 1 ~ 6 项确定了警告、通报批评，罚款、没收违法所得、没收非法财物，暂扣许可证件、降低资质等级、吊销许可证件，限制开展生产经营活动、责令停产停业、责令关闭、限制从业，行政拘留，法律、行政法规规定的其他行政处罚等 6 种行政处罚的种类，并没有把责令改正直接作为行政处罚的种类加以设定；另一种观点认为，责令改正就是警告的一种具体体现。本书赞同胡建淼教授的

① 《行政处罚法》于 2021 年 1 月 22 日第十三届全国人民代表大会常务委员会第 25 次会议修订。

② "不教而诛"出自《论语·尧曰》"不教而杀谓之虐"，《荀子·富国》："不教而诛，则刑繁而邪不胜；教而不诛，则奸民不惩"，其与立法的本质及作用密切相关，体现了法治与德治的结合。《商君书·更法》中记载："伏羲神农教而不诛，黄帝尧舜诛而不教，及至文武，各当时而立法。"梁启超也认为："法由不成文法向公开公布的成文法转变的原因之一在于'以不教而诛之为罔民也，乃以法律代一种之教规，泐而布之，使一国知所守'。"梁启超：《饮冰室合集饮冰室文集之十六》，中华书局 1989 年版，第 4 页。

观点，认为责令改正是行政强制措施的一种。①

责令改正与行政处罚存在较大区别：一是目的不同。行政处罚的目的在于对违法行为给予法律制裁，对违法者惩戒，促使其不敢（再）犯；而责令改正目的在于制止和纠正违法行为，维持法定管理秩序或者状态。二是性质不同。行政处罚是法律制裁，是对违法行为人的惩戒；而责令改正不是制裁，只是要求违法行为人停止违法行为，履行法定义务的措施。可以认为，行政处罚是违法行为人履行法定义务之外受到的惩戒性制裁。三是形式不同。行政处罚有警告、罚款、没收、责令停产停业等；而责令改正因各种具体违法行为不同而分别表现为停止违法行为、限期拆除、采取补救措施、恢复原状、限期补办手续等。四是实施程序不同。根据《行政处罚法》相关规定，行政机关在作出行政处罚决定之前，应当告知当事人拟作出的行政处罚内容及事实、理由、依据，并告知当事人依法享有的权利；而在执法实践中，行政机关往往通过直接下达"责令改正通知（决定）书"的形式对当事人提出改正（整改）的具体要求，并不进行事先的告知。由此可见，行政处罚重在"惩"，而责令改正重在"纠"；行政处罚是对违反了法定义务的处罚，责令改正是对违反了法定义务的纠正。两者是完全不同的行政行为，不能混淆。

我国多数法律法规都在法律责任条款中规定对于违法行为应予以纠正，视情况给予处罚。责令行为与实施处罚一起表述，显然是为了体现行政处罚惩罚与教育相结合的原则，不能据此认定责令改正属于行政处罚。

本案中，被上诉人进口国家禁止进口的固体废物违法事实清楚，对环境安全造成威胁，对海关监管秩序造成破坏，海关作出的责令退运决定只是履行《固体废物污染环境防治法》规定的职责，要求当事人将违法进口的国家禁止进口固体废物退运出境，目的在于消除危险、恢复原状，并未剥夺当事人的原有权益，不具有惩罚性，也不符合行政处罚的基本特征。因此，海关的责令退运决定不属于行政处罚，属于限期改正违法行为，遵循一般正当程序即可。海关作出的责令退运决定认定事实清楚，证据确凿，于法有据，程序合法。本案中，被上诉人存在进口国家禁止进口固体废物的违法事实，海关在行政过程中及时告知当事人权威机构的鉴定意见，听取其意见并记录

① 参见胡建淼：《行政法学》，法律出版社1998年版，第331页。

在案,在办案过程中多次和当事人进行了沟通。在事实清楚的情况下,依据2004年《固体废物污染环境防治法》第78条和《海关行政处罚实施条例》第13条,制作并送达责令退运决定书,要求当事人自行纠正违法行为,明确告知了其法律救济权利和途径,完全符合正当程序的要求。

四、主要法律条文链接

《中华人民共和国行政处罚法》第28条第1款 行政机关实施行政处罚时,应当责令当事人改正或者限期改正违法行为。

《中华人民共和国固体废物污染环境防治法》第115条 违反本法规定,将中华人民共和国境外的固体废物输入境内的,由海关责令退运该固体废物,处五十万元以上五百万元以下的罚款。

承运人对前款规定的固体废物的退运、处置,与进口者承担连带责任。

《中华人民共和国固体废物污染环境防治法》第116条 违反本法规定,经中华人民共和国过境转移危险废物的,由海关责令退运该危险废物,处五十万元以上五百万元以下的罚款。

《中华人民共和国海关行政处罚实施条例》第13条 违反国家进出口管理规定,进出口国家禁止进出口的货物的,责令退运,处100万元以下罚款。

五、结论

1. 对于违法行为,不能一罚了之,而应责令改正。正如前文所述,行政处罚与责令改正作为行政管理手段,二者的目的和性质都有所不同。因此,在实施行政处罚的过程中,不能一罚了之、以罚代改。而且,对某些具体违法行为,责令改正的重要性和必要性甚至超过行政处罚。如果违法成本与违法收益相比过小,甚至小到可以忽略不计,违法者就会对法律规定视而不见,这将会影响正常的环境行政管理秩序,给人民财产和生命安全带来隐患。责令改正要依法实施,应当按照法律的具体规定实施,而不应下达法无规定或与法违背的改正要求;同时,行政主体应给予一定的技术指导,促使行政相对人顺利落实责令改正所指向的任务与目标。

2. 采取责令改正措施,意思表示应明确。行政执法是严谨的工作,对当事人提出的改正要求应当意思表示明确,不能含混不清或引起歧义,尤其要把握好改正的内容和时间节点要求。例如,对擅自在水库管理范围内施工的违法行为,应当在责令改正通知书上明确写明停止施工或向有关具体部门办理施工许可手续等改正的具体内容,而不能只简单地写上"责令改正",导致当事人无所适从,难以实施。同时,对于改正的时间节点要明确,不应在责令改正通知书上出现"限期补办手续"之类的文字。

3.采取责令改正措施,可事先告知。前文所述,责令改正与行政处罚是完全不同的行政措施,两者在程序上的要求也不相同。根据《行政处罚法》,实施行政处罚必须经过处罚事先告知或听证告知的程序,要给予当事人陈述申辩或者听证的机会,而责令改正则无这方面的程序要求。因此,执法机构可以直接下达责令改正通知,无须事先告知。但无须告知并不代表不能告知。从以人为本、构建和谐社会的精神实质出发,对于实施改正措施可能对当事人或利害相关人影响较大的案件,执法机构可以采取主动告知的方式,给予当事人或者利害相关人陈述申辩甚至听证的机会,以保护其合法权益,同时这也是该执法机构避免错误的机会。

4.责令改正要有始有终。一旦采取责令改正措施,办案人员要做好跟踪、落实、督促工作,了解当事人是否按时间节点真正落实了责令改正要求,只有当事人依法履行完毕责令改正的要求,才能按规定结案。

5. 信赖保护原则在环境行政管理中的适用

——苏某诉某县人民政府划定禁养区范围通告案*

一、案情概要

2006 年年底,苏某与广东省某县农业科技示范场签订了《承包土地合同书》,约定苏某在涉案土地上经营养殖场,养殖猪苗,苏某先后领取了税务登记证、排放污染物许可证、个体工商户营业执照。2012 年 3 月 22 日,某县人民政府发布《关于将罗浮山国家级现代农业科技示范园划入禁养区范围的通告》(以下简称《通告》),要求此前禁养区内已有的畜禽养殖场(点)于当年 6 月 30 日前自行搬迁或清理,违者将依据有关法律、法规进行处理,直至关闭。

此后,某县环境保护局、畜牧局均以《通告》为由,不予通过养殖场的排污许可证、动物防疫合格证的年审;某县国土资源局以养殖场未按规定申请办理用地手续,未取得县人民政府批准同意擅自兴建畜禽养殖房为

---

* 本案来源:广东省高级人民法院行政判决书,(2013)粤高法行终字第 699 号。

由，要求养殖场自行关闭并拆除畜禽养殖房，恢复土地原状；县住房和城乡建设局对养殖场发出了《行政处罚告知书》，以养殖场的建筑未取得建设工程规划许可证为由，拟给予限期拆除的处罚。苏某对县人民政府作出的上述《通告》不服，提起行政诉讼，请求法院判决撤销该《通告》。

二、判决要旨

惠州市中级人民法院一审认为，根据《畜牧法》《广东省环境保护条例》的有关规定，某县人民政府有权将其管辖的罗浮山国家级现代农业科技示范园划定为畜禽禁养区，某县政府已将《通告》告知并送达有关畜牧养殖户，《通告》明确告知当事人应履行的义务。被告划定畜禽禁养区的行为完全合乎法律规定，遂判决维持《通告》。

苏某上诉后，广东省高级人民法院二审认为，罗浮山国家级现代农业科技示范园承担着农业科技推广的任务，需要严格的环境保护条件。科技示范园附近的河道连接着当地饮用水源地，在科技示范园内进行畜禽养殖有可能造成空气和水质污染。某县人民政府有权依据《畜牧法》、《畜禽养殖污染防治管理办法》（已废止）和《广东省环境保护条例》的相关规定，根据环境保护的需要，将其管辖的罗浮山国家级现代农业科技示范园划定为畜禽禁养区。据此，二审判决维持原判，驳回上诉。

但二审法院同时认为，苏某经营养殖场的行为发生在《通告》作出之前，其已依法领取了税务登记证、排放污染物许可证、个体工商户营业执照，其合法经营行为应当受到法律保护。根据《行政许可法》第 8 条，虽然某县人民政府有权根据环境保护这一公共利益的需要划定畜禽禁养区，但亦应当对因此遭受损失的苏某依法给予补偿。某县人民政府发布《通告》要求养殖场自行搬迁或清理，未涉及对苏某的任何补偿事宜显然不妥。生态环境、自然资源与规划、住房和城乡建设等部门对苏某及其养殖场作出行政处罚、不予年审等行为的依据均是《通告》，某县人民政府不能以此为由否定苏某的合法经营行为。苏某可依照最高人民法院《关于审理行政许可案件若干问题的规定》第 14 条，另行提出有关行政补偿的申请。

三、判决评释

行政机关的行政行为关系行政相对人的切身利益，要做到言而有信、取信于民，就要求行政权力必须以一种可知的、可预测的方式行使，遵守自己发布的政策,信守自己的诺言,这样相对人才有可能对自己将来的行为进行安排和筹划,整个社会才能有条不紊地处于良好的秩序当中。[①] 在环境行政管理活动中,政府及环保部门尤其需要注重公共利益与私人利益的平衡,不能只考虑环境保护的需要,忽视合法经营者的信赖利益。本案的典型意义在于:人民法院在维护行政机关环境保护监管行为的同时,也注重利益的平衡,较好地诠释了环境行政管理活动中的信赖保护原则。

信赖保护原则起源于德国,并在《德国行政程序法》《联邦建设计划法》等一系列法律和行政法治实践中得到确立、认可和广泛地运用。信赖保护原则是德国行政法中的一个独立的原则。与此同时,“大约在(20 世纪)50 年代中期,司法发生根本转变,抛弃了传统法律观念,根据信赖保护原则大大限制了授益行政行为的可撤销性”。[②] 其他国家和地区纷纷仿效并逐步承认这一原则。例如,英美法系国家的“禁止反言”(estoppel)原则。信赖保护原则现已成为行政法的一项基本原则,并且在司法实践中积累了大量的相关判例。

信赖保护原则的基本内涵为:政府对于自己做出的行为或者承诺应当守信用,不得随意变更,不得反复无常。[③] 信赖保护原则旨在保护人民的私权利的同时维护法律秩序的稳定。信赖保护原则的形成,既是从形式法治走向实质法治的需要,也是民主与法治相互渗透交融的结果。通过保护相对人的信赖利益,可以实现公权与私权的理性平衡,促进社会秩序和经济秩序的稳定。[④] 民法中的诚信原则被认为是民法的“帝王条款”。信赖保护原则在行政法中的地位也似乎有成为本领域“帝王条款”和“君临”全法域之基本原则的趋势。[⑤]

---

① Cf. Yoav Dotan, *Why Administrator Should be Bound bytheirPolicies*, 17 Oxford Journal of Legal Studies 28(1997).

② [德]哈特穆特·毛雷尔:《行政法学总论》,高家伟译,法律出版社 2000 年版,第 276 页。

③ 参见姜明安:《行政法与行政诉讼法》(第 5 版),北京大学出版社、高等教育出版社 2011 年版,第 73 页。

④ 参见方正:《行政许可立法中的信赖保护原则》,载《法制日报》2003 年 8 月 7 日,第 9 版。

⑤ 参见姜明安:《行政法与行政诉讼法》(第 5 版),北京大学出版社、高等教育出版社 2011 年版,第 73 页。

我国《行政许可法》第8条第1款规定："公民、法人或者其他组织依法取得的行政许可受法律保护，行政机关不得擅自改变已经生效的行政许可。"该法第69条第4款也明确规定了被许可人权益受保护和不受保护的具体情形："有下列情形之一的……依照本条第一款的规定撤销行政许可，被许可人的合法权益受到损害的，行政机关应当依法给予赔偿。依照本条第二款的规定撤销行政许可的，被许可人基于行政许可取得的利益不受保护。"可见，该法明确规定了信赖保护原则，这标志着信赖保护已经从单纯的理论研究进入规范化的实施进程。2004年国务院颁发的《全面推进依法行政实施纲要》更是从行政执法的角度重申，所有的行政决定都适用信赖保护原则。该纲要明确规定："行政机关公布的信息应当全面、准确、真实。非因法定事由并经法定程序，行政机关不得撤销、变更已生效的行政决定；因国家利益、公共利益或其他法定事由需要撤回或者变更行政决定的，应当依照法定权限和程序进行，并对行政管理相对人因此而受到的财产损失依法予以补偿。"

我国行政法律体系中的信赖保护原则的主要内容包括：(1)信赖保护原则的适用范围：行政许可以及其他已经生效的行政决定。(2)行政决定或者行政许可变更或者撤销的条件：必须是为了公共利益的需要。(3)信赖利益的保护：利益必须值得保护，保护方式为财产补偿或者赔偿。利益值得保护，即如果被许可人以欺骗、贿赂等不正当手段取得行政许可，导致行政许可被撤销的，被许可人基于行政许可取得的利益不受保护。

如果适用信赖保护原则的过程中涉及公共利益的保护问题，则需要进行公共利益和个人信赖利益的利益衡量和比较。行政机关在决定是否撤销行政许可时，必须在撤销行政许可所要维护的公共利益与维持行政许可所要保护的被许可人的信赖利益之间进行权衡。① 但是，对于什么是公共利益，公共利益与私人利益如何进行比较衡量，采取什么样的机制进行衡量和比较，这些问题值得探讨。

现代社会对公共利益的界定应当是非常严格的，同时，公益本身就"含

---

① 参见周佑勇：《行政许可法中的信赖保护原则》，载《江海学刊》2005年第1期。

有保护个人利益之意义”。[①] 潘恩认为,“公共利益不是一个与个人利益相对立的术语;相反,公共利益是每个人利益的总和,它是所有人的利益,因为它是每个人的利益;因为正如社会是每个个人的总和一样,公共利益也是这些个人利益的总和”。[②] 边沁也指出:“共同体是个虚构体,由那些被认为可以说构成其成员的个人组成。那么,共同体的利益是什么呢?是组成共同体的若干成员的利益总和。”[③]但是我国学界一度认为公共利益是与个人利益截然不同的范畴,具有天然的优越性。《行政许可法》中对于“公共利益”没有明确详细的规定,但有人认为,如果将这些全部授权于行政自由裁量权来解决,那么在我们这样一个长期以公共利益为本位的国家,恐怕多数情况下的结果是以牺牲私人利益来维护公共利益,长此以往,信赖保护原则对于保护私人利益的价值将会受到一定影响。

一般情况下,环境公益与私益两者之间虽然存在明显的区别,例如,某企业向洞庭湖排泄污染物,致使该湖水质被破坏,其明显侵害的是公共的环境权益;而将污染物排向某农户所有的农田造成的损害则侵害的是该农户的个体利益。但是,无论水质环境、大气环境等的公共性、公益性有多强,用它来全面否定其私益性、私权性是不正确的。因为公共利益是由无数个人或私人利益的集合、累加而成的。反之,以与私人利益相关为由划分为私权,从而否定公共性,对于环境法的这类享受环境生态价值的实体性权利也是不妥当的。环境私益与环境公益两者是统一的,在环境公益实现的同时环境私益也得以满足,追求环境私益往往也带来环境公益的实现。也就是说,在某些特定情况下,环境公益与环境私益之间存在明显的竞合。例如,国家从环境公益的角度出发进行合理的环境规划,最终受益的是生活于此的公民个人,这是环境私益的实现;公民起诉附近的工厂超标排污影响了自身的健康生活,追求的是环境私益,但工厂被勒令停止超标排污,区域的环境公益也得以保护。何况,在环境法中,人们对某些权利的属性还存在争议。由水资源所有权派生出来的水资源使用权就是一个典型的例子。“有

---

① 翁岳生:《行政处分之撤销》,载张剑寒等:《现代行政法基本论》,台北,汉林出版社1995年版,第136页。

② [英]史蒂文·卢克斯:《个人主义》,阎克文译,江苏人民出版社2001年版,第46页。

③ [英]边沁:《道德与立法原理导论》,时殷弘译,商务印书馆2000年版,第58页。

人认为，由于水权的设定需要国家行政机关的特许，水权的客体为公用物，水权的转移须经国家行政机关的许可，根据公益上的理由，以及可变更或消灭水权等理由，主张水权为公权；有人认为，水权与一般私权在抽象的内容上没有差异，只有为自己的利益而利用公用水的具体内容的区别，结合国内法的规定，水权应当被看作私权；还有人认为，从水权产生的领域看，将水权定性为私权没有问题，但水权的取得须得到行政的许可使这一权利有公权性'烙印'，故水权为公权和私权混合的权利。日本东京高等裁判所也曾就公水使用权而论，认为'公权说系就权利的形式着眼，私权说则是就权利的内容而言，二者均不免失之一偏，即使就公水使用权之本质采私权说，为私权之水权利同时亦受公共性之规范，亦即具有公权私权的重叠性'。因此，水权这一具有独特属性的法律权利应当成为民事权利的新类别。"①且在环境保护中，个体利益的内涵是在不断发展变化的，不能狭隘地将个人利益直接理解为对于那些污染环境、浪费自然资源的个体经济行为的肯定。随着经济的发展和物质产品的丰富，公众的消费偏好已逐步发生变化，包括环境质量在内的生活质量受到越来越多的重视，良好的环境被视为人类活动的必要条件，个体享有良好环境的权利则被视为基本人权的一个组成部分。② 所以，法官在处理环境案件的宏观思维定位上，须将个人主义方法与整体主义方法结合，从宏观层面把握环境案件中利益衡量的目标。具体来说，从个人主义方法角度出发，法官要考虑个案中的权利与义务的合理配置，目的是调动个人的积极性，促使个人做出环境保护和经济发展相互协调的最有效率的选择；从整体主义方法角度出发，法官应虑及生态环境的整体性，如何从群体、社会、制度保障和改善生态环境，并且平衡社会经济技术发展利益；法官在思维中应进一步将两种方法论结合，即依群体、社会、制度与个人行为的互动关系，促进在整体角度与个人角度上形成良性互动，而不是认为应牺牲某一方来成就另一方，整体与个人之间的环境和经济利益是共同体——这是法官必须有的认识。

---

① 崔建远：《水权与民法理论及物权法典的制定》，载《法学研究》2002 年第 3 期。

② See Waks, Leonard J., *Environmental Claims and Citizen Rights*, Environmental Ethics, 18 (2): p. 133 - 148 (1996).

在本案中,环境保护的需要可以视为公共利益,县级人民政府有权根据其需要,划定畜禽禁养区,严禁在畜禽禁养区内从事畜禽养殖业,也可要求已有的畜禽养殖场(点)自行搬迁或清理,即变更或撤回养殖户的生产经营许可。

目前,对信赖利益的保护主要有两种具体的方式:存续保护和财产保护。存续保护,又称维持原状,是指行政主体基于信赖保护的目的,不得撤销、废止其作出的授益性行政行为,或对行政行为作出不利于相对人的变更。[①] 如果因违法行政行为而受益的相对人,对于该违法行为的存续已产生信赖,在衡量比较撤销违法行为所维护的公共利益后,若其信赖值得保护,则该违法授益行为不得任意依职权撤销。[②] 财产保护,是指行政主体作出的行政行为在必须撤销或废止的情况下,相对人的信赖利益因此遭受损失,必须给予相对人以合理的财产补偿。[③] 本案中,明显应当考虑在此之前合法经营的畜禽养殖户苏某的利益保护问题,应根据《行政许可法》第 8 条所体现的信赖保护原则精神,对行政许可因环境公共利益需要被变更或撤回而遭受损失的合法养殖户依法给予补偿。

财产保护和存续保护这两种保护方式适用的情形明显不同,而我国《行政许可法》只规定了财产保护一种方式,因此在司法实践中的适用缺乏针对性。例如,行政主体在作出涉及行政相对人劳动权、受教育权等公民基本权利保护的行政行为时,行政相对人的信赖利益往往不具有财产内容,采取财产保护方式往往不能充分地弥补当事人的利益损害。同时,在现行的法律规范中,对信赖利益保护的行政赔偿和行政补偿的用语不规范。行政补偿,是指国家对行政机关及其工作人员在行使职权过程中因合法行为损害公民、法人或者其他组织合法权益而采取的补救措施;而国家赔偿中的行政赔偿,是指行政机关及其工作人员在行使职权过程中违法侵犯公民、法人或其他组织的合法权益并造成损害,国家对此承担的赔偿责任。两者在赔偿原因、赔偿范围、赔偿程序、赔偿依据上都存在较大的差异。区别二者的

---

① 参见石佑启、王贵松:《行政信赖保护之立法思考》,载《当代法学》2004 年第 3 期。

② 参见陈清秀:《行政法的法源》,载翁岳生编:《行政法》(上册),中国法制出版社 2002 年版,第 157 ~ 158 页。

③ 参见石佑启、王贵松:《行政信赖保护之立法思考》,载《当代法学》2004 年第 3 期。

最重要标志是赔偿原因的不同:行政补偿是合法的行政行为造成的,而行政赔偿是违法的行政行为造成的。而《行政许可法》第 8 条第 2 款规定:“……为了公共利益的需要,行政机关可以依法变更或者撤回已经生效的行政许可。由此给公民、法人或者其他组织造成财产损失的,行政机关应当依法给予补偿。”该条款规定中使用的是“补偿”,意味着进行信赖利益保护的前提是合法的行政行为被撤销。但是《行政许可法》第 69 条第 4 款又明确规定了被许可人权益受保护和不受保护的具体情形:“有下列情形之一的……依照本条第一款的规定撤销行政许可,被许可人的合法权益受到损害的,行政机关应当依法给予赔偿。”此处使用了“赔偿”一词。两者存在矛盾。这种规范和理念的冲突导致司法实践无所适从,也限制了信赖保护原则的适用。

本案中,由于原告并未提出行政补偿的诉讼请求,二审法院在维持被告《通告》的同时,明确指出被告未就补偿事宜作出处理,甚至以“事后”提出原告行为不合法为由不予补偿的行为明显不当,并告知原告可另行提出补偿申请的法律救济途径,处理适当。

四、主要法律条文链接

《中华人民共和国行政许可法》第 8 条 公民、法人或其他组织依法取得的行政许可受法律保护,行政机关不得擅自改变已经生效的行政许可。

行政许可所依据的法律、法规、规章修改或者废止,或者准予行政许可所依据的客观情况发生重大变化的,为了公共利益的需要,行政机关可以依法变更或者撤回已经生效的行政许可。由此给公民、法人或者其他组织造成财产损失的,行政机关应当依法给予补偿。

《中华人民共和国行政许可法》第 69 条第 4 款 有下列情形之一的……依照本条第一款的规定撤销行政许可,被许可人的合法权益受到损害的,行政机关应当依法给予赔偿。依照本条第二款的规定撤销行政许可的,被许可人基于行政许可取得的利益不受保护。

五、结论

随着法治的不断推进和诚信政府理念的深入人心,信赖保护原则之理念亦逐步获得共识。根据法的安定性原则和民法的诚实信用原则确立的信赖保护原则,能够更好维护法律秩序的稳定性和保障公民的合法权益。如果公民的信赖利益受到损害，可以通过信赖利益保护机制获得利益补偿，行政主体也要因此承担相应责任。但是，理念与规范之间的距离与博弈亦非常明显。行政信赖保护原则必须贯穿行政权运行的全过程，并由此形成相互衔接的运行机制，即事实认定过程中的信赖保护、行政法律规范适用中的信赖保护和行政行为变动中的信赖保护。[①] 尽管《全面推进依法行政实施纲要》为当前和今后一段时期全面推进依法行政、建设法治政府作出了全面部署，提出了明确的要求。但是，它仍然是比较抽象和宏观的，对于信赖保护原则的规定只有一个条款，离真正的司法适用还存在差距。因此，明确将行政行为区分为授益行政行为、负担行政行为及复效的行政行为，同时根据不同的行为种类构建不同的信赖保护原则适用制度是非常必要的。

① 参见李春燕：《行政信赖保护原则研究》，载《行政法学研究》2001 年第 3 期。

6. 行政行为司法审查的范围

——J 公司诉环保部行政复函案*

一、案情概要

J 公司主要从事进出口贸易及各类防腐木材的开发利用业务，其计划从加拿大进口已经使用过的铁道枕木。加拿大环境部门针对已经使用过的铁道枕木是否许可出口至中国的事宜，履行《控制危险废物越境转移及其处置巴塞尔公约》（以下简称《巴塞尔公约》）中废物越境转移"事先知情同意"程序，于 2014 年 5 月 16 日将征询函传真至我国环保部①固体处，并于同年 6 月 11 日邮寄了该函件。函件主题为"加拿大关于拟运送至中国的危险可回收材料的通知"，同时附具了危险废物或危险可回收材料的拟定移动管理表和废物跨境运输通知文件。2014 年 6 月 16 日，J 公司及 W 公司向环保部提交了《进口加拿大已使用过的铁道枕木申请书》，向环保部说明其欲进口涉案枕木的原因及用途，并向环保

---

* 本案来源：北京市高级人民法院行政判决书，(2016) 京行终 1147 号。

① 现生态环境部。本书沿用案发及判决时的提法，下文不再逐一说明。

部提出:由于加拿大将已使用过的防腐木材(包括铁道枕木)归类为危险性可利用的材料并对其进行管控,需要向进口国环保主管部门征询意见,了解进口国的相关规定。J 公司相信,我国环保主管部门能够依照我国国情、国策,对于适量进口这类可再利用的优质防腐木材,作出有利于我国经济发展的回复意见。同时,J 公司向环保部提供了相关报告及现场考察照片等材料。2014 年 9 月 18 日,环保部向加拿大环境部门答复:根据第 36 号公告,向中国出口的已使用过的铁道枕木不属于可进口的固体废物范畴。因此,不允许向中国出口。J 公司得知上述回复内容后,认为上述答复违反我国法律及相关规定,且与当时我国海关对涉案枕木按一般货物贸易方式进行进口的事实不符,故其与 W 公司于 2014 年 9 月 30 日给环保部污染防治司负责人写信,要求如下:"(1)恳请司长过问此事,纠正固体处作出的错误的、不负责任的回复;(2)加方之所以发询问文件,其目的是想了解已使用过的枕木(旧枕木)在中国,政府是否将其作为危险物质进行管控的回复意见,固体处执法专家应该依据中国相关法律、行政法规,考虑到促进我国经济发展的大局,依据我国旧枕木的实际使用情况,给予实事求是的回复。"

2014 年 10 月 22 日,环保部污染防治司针对上述信函以司函的形式向 J 公司及 W 公司作出被诉复函,主要内容如下:

"一、你公司拟进口已使用过的铁道枕木(以下简称涉案枕木)属于固体废物。(一)你公司拟进口的涉案枕木用于我国矿井地下巷道和山林户外栈道的铺设,该枕木已丧失原有利用价值,不作为其原有用途使用。根据《固体废物污染防治法》第 88 条规定,涉案枕木在我国属于固体废物。(二)加拿大环境部门履行《控制危险废物越境转移及其处置巴塞尔公约》(以下简称《巴塞尔公约》)废物越境转移'事先知情同意'程序,向环保部递交事先书面通知。上述公约适用范围包括其界定的危险废物和其他废物,表明加拿大环境部门将涉案枕木按照固体废物进行管理。二、根据《固体废物污染防治法》第 25 条规定,环保部、商务部、国家发展和改革委员会、海关总署、国家质量监督检验检疫总局联合发布的《关于调整进口废物管理目录的公告》(公告 2009 年第 36 号,以下简称第 36 号公告)规定,你公司拟进口的涉案枕木属于禁止进口的固体废物,禁止进口至我国。"

两公司不服被诉复函,向环保部申请行政复议。2015 年 1 月 30 日,环保部作出行政复议决定,以被诉复函系对两公司拟进口的铁道旧枕木为何属于我国禁止进口的固体废弃物这一问题,从法律规定的角度作出的解释说明,对两公司的权利、义务不产生实际影响,不属于行政复议范围为由,依据《行政复议法实施条例》第 48 条第 1 款第 2 项,驳回两公司的行政复议申请。J 公司于 2015 年 2 月 14 日收到行政复议决定,于 2015 年 3 月 2 日向一审法院提起行政诉讼。

二、判决要旨

一审法院认为,被诉行政行为没有违反现行法律、行政法规的相关规定,J 公司要求撤销被诉复函以及判令环保部重新作出答复的诉讼请求,缺乏法律依据,不予支持。一审法院依照 2000 年最高人民法院《关于执行〈中华人民共和国行政诉讼法〉若干问题的解释》(已失效)第 56 条第 4 项,判决驳回 J 公司的诉讼请求。

J 公司不服一审判决,提起上诉。

二审法院认为,对于本案被诉行政行为的可诉性,及被诉行为作出的行政程序是否合法的问题,同意一审判决的意见。一审判决驳回 J 公司的诉讼请求正确,应予维持。J 公司的上诉理由,缺乏事实和法律依据,其上诉请求不予支持。依照 2014 年《行政诉讼法》第 89 条第 1 款第 1 项,判决如下:驳回上诉,维持一审判决。

三、判决评释

本案的判决是基于对以下两个问题的分析判断:一是被诉行政行为是否可诉;二是被诉行政行为是否合法。

(一)被诉行政行为的可诉性问题

《行政诉讼法》第 1 条规定,为保证人民法院公正、及时审理行政案件,解决行政争议,保护公民、法人和其他组织的合法权益,监督行政机关依法行使职权,根据宪法,制定本法。因此,畅通公民、法人和其他组织寻求司法救济的渠道,通过有效化解行政争议来维护他们的合法权益,既是我国行政诉讼制度的基本原则,也是我国行政诉讼法的立法目的之一。2017 年修正的《行政诉讼法》第 12 条第 1 款依然采用肯定列举的方式对可诉行为或事项作出了规定,只不过其范围有所扩张。新增可诉对象包括:行政强制执行;行政机关作出的有关行政许可的其他决定;土地、矿藏等自然资源所有权或者使用权的决定;征收、征用决定及其补偿决定;侵犯农村土地承包经营权、农村土地经营权的行为;滥用行政权力排除或者限制竞争行为;违法集资、摊派费用行为;未依法支付最低生活保障待遇或者社会保险待遇的行为;不依法履行、未按照约定履行或者违法变更、解除政府特许经营协议、土地房屋征收补偿协议等协议的行为等。国家行为、内部人事管理行为以及法律规定的行政终局裁决行为不属于行政诉讼受案范围。

对环保部行使行政职权作出的对行政相对人产生行政法律效果的行政行为进行司法审查,符合《行政诉讼法》对行政行为进行合法性审查的要求。理由如下:

第一,J公司诉请撤销被诉复函,环保部辩称该复函未对J公司的权利义务产生实际影响,且与其致加拿大环境部门的回函并非同一行政行为。对此,一审法院认为,行政诉讼应围绕J公司的诉讼请求进行审理,但审查范围不限于诉请事项的内容。本案中,环保部在被诉复函中明确函复J公司,拟从加拿大进口的涉案枕木属于禁止进口的固体废物,禁止进口至我国。该复函确实未对J公司创设新的权利义务,但本案的特殊性在于被诉复函与环保部致加拿大环境部门的回函之间存在密切联系。正是由于环保部在回函中作出不允许该类枕木向我国出口的回复意见,J公司据此致信环保部有关部门负责人,由此产生本案被诉复函。可见,被诉复函虽针对J公司来信作出,但其直接缘由及答复理由均为环保部致加拿大环境部门的回函。故本案不应将被诉复函与环保部致加拿大环境部门的回函割裂开来,应将被诉复函与回函作为一个整体行政行为对待。同时,根据对行政行为合法性需要进行形式审查和实质审查的要求,本案应针对J公司诉请涉及的相关事项进行全面审查才能作出判断。故本案对被诉行政行为审查的范围应包括被诉复函以及与其存在紧密联系的环保部致加拿大环境部门的回函。因此,就环保部的行为对J公司产生的法律效果而言,该行为对J公司的权利义务产生了实际影响,致使J公司无法从加拿大进口已使用过的铁道枕木。

第二,环保部辩称其作为《巴塞尔公约》在我国的联络点,向加拿大环境部门回函系国家行为,该行为不属于行政诉讼的受案范围。依据2000年最高人民法院《关于执行〈中华人民共和国行政诉讼法〉若干问题的解释》

第2条关于“国家行为,是指国务院、中央军事委员会、国防部、外交部等根据宪法和法律的授权,以国家的名义实施的有关国防和外交事务的行为,以及经宪法和法律授权的国家机关宣布紧急状态、实施戒严和总动员等行为”的规定,环保部上述行为系其在行政管理活动中行使行政职权,对包括固体废物进口在内的固体废物污染环境防治工作进行行政管理的行为,并非基于国家主权并且以国家名义实施的行为,且内容与国防、外交事务无关。

综合本案总体情况,对被诉行政行为进行司法审查,既未违反有关行政诉讼受案范围的相关法律规定,亦符合通过有效化解行政争议,实现定分止争,避免程序空转的立法目的。

(二)被诉行政行为的合法性问题

本案主要的争议焦点问题为涉案枕木是否属于固体废物,以及是否属于禁止进口的范围。

首先,关于涉案枕木是否属于固体废物的问题。根据《固体废物污染环境防治法》第124条第1项[①],固体废物的特征在于,其原有利用价值发生了改变,或者虽未丧失利用价值但被所有者、使用者抛弃或者放弃。由于固体废物具有废物和资源双重属性,故其虽称“废物”但并非不再具有任何利用价值,只是相对于原有利用价值而言发生了改变,或者虽未丧失原有利用价值但被所有者、使用者抛弃或者放弃。本案中,J公司称进口涉案枕木按照整根进口和使用,不改变铁道枕木的用途。但其作为防腐木开发利用企业,进口的枕木并非用于铁路铺设,而是用于除铁路以外的道路铺设,该用途使涉案枕木虽未丧失利用价值但因改变原有用途而丧失原有利用价值,故环保部依据上述法律规定认定涉案枕木属固体废物并无不当。J公司又称涉案枕木与“木及软木废料”的性质及形态特征存在本质区别,不属于固体废物。因“木及软木废料”系自动许可进口类固体废物的一个类别,并非判定与“木及

---

① 《固体废物污染环境防治法》第124条关于“固体废物”的规定:“固体废物,是指在生产、生活和其他活动中产生的丧失原有利用价值或者虽未丧失利用价值但被抛弃或者放弃的固态、半固态和置于容器中的气态的物品、物质以及法律、行政法规规定纳入固体废物管理的物品、物质。经无害化加工处理,并且符合强制性国家产品质量标准,不会危害公众健康和生态安全,或者根据固体废物鉴别标准和鉴别程序认定为不属于固体废物的除外。”

软木废料”相关的固态物品是否属于固体废物的依据和标准,故J公司所称不能成立。J公司再称涉案枕木经过分拣、清洁等加工处理,规格标准、较优质量,可直接作为产品循环使用,且有关专业委员会亦将涉案枕木认定为旧枕木。对此,依据《再生资源回收管理办法》第2条第2款关于“再生资源包括废旧金属、报废电子产品、报废机电设备及其零部件、废造纸原料(如废纸、废棉等)、废轻化工原料(如橡胶、塑料、农药包装物、动物杂骨、毛发等)、废玻璃等”的规定,我国并未将已使用过的铁道枕木纳入再生资源管理范围,涉案枕木如丧失原有利用价值亦应按照固体废物进行管理。

其次,关于涉案枕木是否属于禁止进口固体废物问题。2004年《固体废物污染环境防治法》第25条第1款①规定,禁止进口不能用作原料或者不能以无害化方式利用的固体废物,对可以用作原料的固体废物实行限制进口和自动许可进口分类管理;第3款规定,禁止进口列入禁止进口目录的固体废物。第36号公告中《禁止进口固体废物目录》第84项为“其他未列名固体废物”,其他未列名固体废物指未明确列入《进口废物管理目录》的固体废物。从上述规定可知,我国将固体废物按照资源化程度和环境风险高低分为禁止进口类、限制进口类和自动许可进口类。本案中,因限制进口类及自动许可进口类可用作原料的固体废物目录中未明确列入与枕木有关的废物名称,故涉案枕木属第36号公告中《禁止进口固体废物目录》第84项规定的“其他未列名固体废物”,依法应禁止进口。环保部据此禁止涉案枕木进口至我国并无不当,亦符合我国对固体废物进口兼顾环境保护和资源利用的立法本意。至于J公司所称环保部以第80号公告中列入的“废枕木”作为依据,认定涉案枕木为禁止进口的固体废物错误一节,因被诉行政行为作出时间早于该公告发布时间,故J公司所称不能成立。

从程序来看,根据《固体废物污染环境防治法》第9条第1款,关于“国务院生态环境主管部门对全国固体废物污染环境防治工作实施统一监督管理”,“国务院发展改革、工业和信息化、自然资源、住房城乡建设、交通运

---

① 而2020年修订的《固体废物污染环境防治法》对进口固体废物实行“零容忍”。该法第23条规定:“禁止中华人民共和国境外的固体废物进境倾倒、堆放、处置。”第24条规定:“国家逐步实现固体废物零进口,由国务院生态环境主管部门会同国务院商务、发展改革、海关等主管部门组织实施。”

输、农业农村、商务、卫生健康、海关等主管部门在各自职责范围内负责固体废物污染环境防治的监督管理工作”，第24条关于“国家逐步实现固体废物零进口，由国务院生态环境主管部门会同国务院商务、发展改革、海关等主管部门组织实施”，以及《固体废物进口管理办法》（已失效）第6条第1款关于“国务院环境保护行政主管部门对全国固体废物进口环境管理工作实施统一监督管理”等规定，环保部作为国务院环境保护行政主管部门，对于包括固体废物进口在内的固体废物污染环境防治工作具有监督管理的法定职权，同时，环保部有权会同有关部门制定、调整禁止进口、限制进口和自动许可进口的固体废物目录。本案中，虽现行法律规范对判定固体废物以及是否允许进口的程序性规定存在不清晰之处，但环保部在其职权范围内依据相关规定作出被诉行政行为并履行告知义务，未违反现行法律、行政法规的规定。

四、主要法律条文链接

《中华人民共和国行政诉讼法》第12条 人民法院受理公民、法人或者其他组织提起的下列诉讼：

（一）对行政拘留、暂扣或者吊销许可证和执照、责令停产停业、没收违法所得、没收非法财物、罚款、警告等行政处罚不服的；

（二）对限制人身自由或者对财产的查封、扣押、冻结等行政强制措施和行政强制执行不服的；

（三）申请行政许可，行政机关拒绝或者在法定期限内不予答复，或者对行政机关作出的有关行政许可的其他决定不服的；

（四）对行政机关作出的关于确认土地、矿藏、水流、森林、山岭、草原、荒地、滩涂、海域等自然资源的所有权或者使用权的决定不服的；

（五）对征收、征用决定及其补偿决定不服的；

（六）申请行政机关履行保护人身权、财产权等合法权益的法定职责，行政机关拒绝履行或者不予答复的；

（七）认为行政机关侵犯其经营自主权或者农村土地承包经营权、农村土地经营权的；

（八）认为行政机关滥用行政权力排除或者限制竞争的；

（九）认为行政机关违法集资、摊派费用或者违法要求履行其他义务的；

(十)认为行政机关没有依法支付抚恤金、最低生活保障待遇或者社会保险待遇的;

(十一)认为行政机关不依法履行、未按照约定履行或者违法变更、解除政府特许经营协议、土地房屋征收补偿协议等协议的;

(十二)认为行政机关侵犯其他人身权、财产权等合法权益的。

除前款规定外,人民法院受理法律、法规规定可以提起诉讼的其他行政案件。

《中华人民共和国固体废物污染环境防治法》第9条 国务院生态环境主管部门对全国固体废物污染环境防治工作实施统一监督管理。国务院发展改革、工业和信息化、自然资源、住房城乡建设、交通运输、农业农村、商务、卫生健康、海关等主管部门在各自职责范围内负责固体废物污染环境防治的监督管理工作。

地方人民政府生态环境主管部门对本行政区域固体废物污染环境防治工作实施统一监督管理。地方人民政府发展改革、工业和信息化、自然资源、住房城乡建设、交通运输、农业农村、商务、卫生健康等主管部门在各自职责范围内负责固体废物污染环境防治的监督管理工作。

《中华人民共和国固体废物污染环境防治法》第23条 禁止中华人民共和国境外的固体废物进境倾倒、堆放、处置。

《中华人民共和国固体废物污染环境防治法》第24条 国家逐步实现固体废物零进口,由国务院生态环境主管部门会同国务院商务、发展改革、海关等主管部门组织实施。

《中华人民共和国固体废物污染环境防治法》第124条 本法下列用语的含义:

(一)固体废物,是指在生产、生活和其他活动中产生的丧失原有利用价值或者虽未丧失利用价值但被抛弃或者放弃的固态、半固态和置于容器中的气态的物品、物质以及法律、行政法规规定纳入固体废物管理的物品、物质。经无害化加工处理,并且符合强制性国家产品质量标准,不会危害公众健康和生态安全,或者根据固体废物鉴别标准和鉴别程序认定为不属于固体废物的除外。

……

（六）危险废物，是指列入国家危险废物名录或者根据国家规定的危险废物鉴别标准和鉴别方法认定的具有危险特性的固体废物。

……

五、结论

对行政行为的司法审查是公民、法人和其他组织免受行政行为侵害的最后保障，在中国传统中存在浓厚的“官本位”思想，因此将“民告官”通过《行政诉讼法》加以规定，本身就是一种进步。随着《行政诉讼法》多年的实践探索、经验积累，加之司法大环境的进步，对行政行为的司法审查范围一步步扩大、发展。在理论上，《行政诉讼法》第 12 条概括式的规定具有模糊性，致使在司法实践中存在概括式规定的行政行为无法进入诉讼程序的情形。[①] 所以，通过司法解释或者立法解释对行政行为司法审查范围的概括性规定进行具体化、明确化很有必要。而抽象行政行为、内部行政行为等是否要纳入司法审查的范围则是理论与实践需要继续深入研究的内容。

① 闫尔宝：《行政诉讼受案范围的发展与问题》，载《国家检察官学院学报》2015 年第 4 期。

7. 公众参与环境行政决策合法性的司法审查

——夏某等4人诉D市环保局环评行政许可案*

一、案情概要

夏某等4人系J省D市A镇景范新村19幢的住户,其住宅与某沐浴广场(原审第三人)上下相邻。该沐浴广场为新建洗浴服务项目,在涉案地段承租了营业用房作为经营场地,项目投资250万元,其中环保投资25万元。该沐浴广场于2013年2月25日就涉案建设项目报D市A镇人民政府审批,于2013年3月12日向D市环境保护局(以下简称市环保局)提交了《建设项目环境影响申报(登记)表》,并根据该局有关须委托有资质的环境影响评价(又称环评)单位编制环境影响报告表的意见,委托D市环境科学研究所编制相关报告表,其后送至该局进行审批。2013年4月1日,市环保局作出《关于对D市A镇某沐浴广场洗浴服务项目环

---

* 本案来源:江苏省盐城市中级人民法院行政判决书,(2014)盐环行终字第0002号。

境影响报告表的审批意见》(以下简称《审批意见》),同意该沐浴广场在景范新村17号楼及19号楼之间新建洗浴服务项目,并对该项目在运营过程中产生的污水的处理、场界噪声对邻近声环境质量的影响及各类固体废物处置等提出了具体要求。夏某等4人认为,市环保局在没有召开座谈会、论证会以及征询公众意见的情况下,即作出《审批意见》,侵犯了其合法权益而提起行政诉讼,请求法院撤销该《审批意见》。

二、判决要旨

J省D市人民法院一审认为,被告市环保局具有对本辖区建设项目的环境影响报告表进行审批的职权。《行政许可法》第47条规定:"行政许可直接涉及申请人与他人之间重大利益关系的,行政机关在作出行政许可决定前,应当告知申请人、利害关系人享有要求听证的权利……"①对何谓"重大利益关系",我国现行法律、法规、规章以及司法解释虽无具体规定,但涉及民生利益的问题,不应被排除在"重大利益关系"外。本案原告夏某等4人的住宅与第三人某沐浴广场相邻,新建的洗浴项目投入运营后所产生的固体废物、环境噪声、潮湿及热污染等,不能排除对原告的生活造成重大影响的可能,被告在作出《审批意见》前应当告知4名原告享有听证的权利,其未告知即径行作出《审批意见》违反法定程序,遂判决撤销该《审批意见》。

某沐浴广场上诉后,Y市中级人民法院二审认为,《环境影响评价法》第22条对建设项目环境影响评价文件的审批部门、审批权限和审批决定时限等问题作了明确规定,对审批部门行政许可的具体程序没有作出规定。②但是,《行政许可法》对行政许可的设定和实施程序已提出明确要求。本案被诉行政行为属于涉及建设项目环境影响评价的行政许可行为,应当按照《行政许可法》规定的程序进行审批。夏某等4人作为与本案审批项目直

① 《行政许可法》现行版本为2019年版,此案中法院裁判时所援引的《行政许可法》应统一是指2003年版,下文不再一一进行说明。此外,需要特别说明的是,此处所涉及的第47条在2019年版与2003年版中规定一致,并未进行修改。

② 《环境影响评价法》现行版本为2018年版,此案中法院裁判时所援引的《环境影响评价法》应统一是指2016年版。此外,需要特别说明的是,此处所涉及的第22条在2018年版与2016年版中规定一致,并未进行修改。

接相邻的利害关系人,应当认定与审批项目存在重大利益关系。环保机关在审查和作出这类事关民生权益的行政许可时,应当告知夏某等人享有陈述、申辩和听证的权利,并听取其意见。原审法院认定市环保局未履行告知听证义务,违反法定程序并无不当,故判决驳回上诉,维持原判。

三、判决评释

在环境行政诉讼案件中,对公众参与程序的司法审查是重要环节。公众参与是实现人民权利的基本途径,是落实人民重要地位的重要体现,是民主决策和科学决策的重要保障,特别是环境保护问题与群众生活密切相关,更应该加强公众参与的力度。为推进和规范环境影响评价活动中的公众参与,原国家环境保护总局于 2006 年发布了《环境影响评价公众参与暂行办法》,[①]对公众参与的形式、内容等作了明确规定。人民法院审查环评报告审批行为,应严格依据相关规定进行。本案一审、二审法院均将公众参与作为审查重点,审理思路清晰,指导思想明确,作出的判断和处理符合法律规定。但是,社会各界对涉及公众环境权益的建设项目的关注不只是在释放公众的环境焦虑,更是对我国公众参与环评机制的运行状况及其有效性的检验。公众所关心的不仅是相关部门是否履行了法律规定的包括公众参与在内的行政程序,更关注自身的知情权、利益和需求的表达及其对最后决策所产生的影响。[②]

(一)环境权入宪是公众参与的前提

我国于 1997 年提出依法治国方略从而构建的法治社会,就是权利通过法律来控制、防范、强制和使用权力的社会。这种与权利及权力关系相关的法律,其价值体现就是权利本位,权力处于对权利的服从和遵奉地位。[③] 然而,我国《宪法》虽然规定人民依照法律规定,通过各种途径和形式,管理国家事务,管理经济和文化事业,管理社会事务,但"管理"一词很难涵盖公众参与的现实含义及形式。同时,《宪法》没有明确规定环境权作为公民的

---

① 生态环境部 2018 年审议通过、2019 年 1 月 1 日正式实施了《环境影响评价公众参与办法》,《环境影响评价公众参与暂行办法》自该办法施行之日起废止。

② 参见罗文燕:《论公众参与建设项目环境影响评价的有效性及其考量》,载《法治研究》2019 年第 2 期。

③ 参见徐显明:《"转型时期国家与社会关系的多维透视"笔谈 社会转型后的法律体系重构》,载《文史哲》2000 年第 5 期。

基本权利,我国公民行使环境权缺乏宪法基本权利制度的有力支持。

任何权利体系都有其核心权利,而核心权利正是部门法得以成立的根据。例如,民法的核心权利是财产权和人身权,行政法的核心权利是行政权,诉讼法的核心权利是审判权、起诉权、辩论(辩护)权,宪法的核心权利在中国是公民的基本权利。环境法权利体系中的核心权利是公民环境权。1970年的《东京宣言》指出:"要想从对环境的破坏走向对环境的保护,我们就应该拥有支配环境、享受良好环境的权利。针对随意污染环境、妨害我们舒适生活或想妨害我们生活的行为,以这一权利为根据,拥有请求排除妨害或预防妨害的权利。"①我国立法应改变公民环境权仍然局限在国家道德上的责任和对人类精神关怀范围的问题,在宪法中明确公民环境权是作为整个环境法产生和发展的基础性权利而存在的。

(二)社会公众参与:如何判断"利益相关者"

实际上,"公众参与"中的"公众"的内涵与外延是极为复杂的。"利益相关者"的范围界定对于公众参与重大行政决策意义重大。因为"社会管理创新要对利益调整进行结构性改革,同时要尽可能地兼顾各方各类利益"。② 那么,究竟哪些公众能作为决策的利益相关者获得参与决策的资格呢?在公众参与实践中,公众参与资格已经从开始阶段的仅仅限于利害关系人,扩展到可能包括"利益集团、研究人员、学者、咨询顾问、媒体、政党和其他与选举有关的角色,以及大批民众"。③

具体到环境影响评价中,从广义上来理解,"公众"泛指任何公民,狭义的"公众"是指现在正受到或将来可能受到环境决策影响,环境决策与自己利益相关的公民群体。"参与"是一个动态发展的过程,通过这一过程,相应的利益关系人可以利用他们手中所掌握的资源和权力影响并控制发展的趋势和最终的环境决策。而环评中的公众参与具体是指"除开发单位及审

---

① See Elizabethh Dowdeswell, *The Development of International Environmental Law*, in Erling Selvig & Hans Christian Bugge eds., International Environmental Law, Juridisk § Forlag, Oslo 1994, p. 21.

② 杨建顺:《社会管理创新的内容、路径与价值分析》,载《检察日报》2010年2月2日,第3版。

③ [美]约翰·W. 金登:《议程、备选方案与公共政策》(第2版),丁煌、方兴译,中国人民大学出版社2004年版,第57页。

查环境影响评价的机关外，其他相关机关、团体、地方政府、专家学者、当地居民等，通过法定或非法定的方式，参与环境影响评价的制作、审查与监督等阶段”。[①] 在我国的司法实践中，公众主体容易被人为地缩小为与环境评价有直接利害关系的公众，我国《环境影响评价法》第 5 条规定：“国家鼓励有关单位、专家和公众以适当方式参与环境影响评价。”这一规定从立法上将公众明确纳入环境影响评价的主体范围，但对于具体包含哪些公众主体，则没有加以明确。另外，我国 2006 年实施的《环境影响评价公众参与暂行办法》曾被认为是对环评制度中的公众参与制度规定得最为翔实的一部法规。按照该办法第 15 条，该制度下参与公众的范围一般也仅限于项目所在地的公众，主要是指直接受建设项目影响的公众，不包括那些间接受影响的或者是因特殊关系或专长而对拟建项目感兴趣的公众。由于对环评案件中的利害关系人认定的范围过于狭窄，此类诉讼难以真正进入庭审阶段。即使受案，由于司法审查并不对现行关于建设项目环评公众参与规则中的不确定法律概念——重大环境影响、严重影响、重大意见分歧——进行审查，相关救济也就无从谈起了。当涉及行政法上的“不确定法律概念”以及行政自由裁量的问题时，不确定法律概念会带来判断余地之问题，对于后续的司法审查造成障碍。从中国裁判文书网的检索结果来看，截至 2018 年，涉及建设项目环评公众参与争议的一审案件裁判文书只有 40 多份。

对于环评公众参与主体中公众主体的认定，世界普遍的做法是环评公众主体不限于有直接利害关系或有直接影响的公民。[②] 此外，发达国家的社会组织发育成熟，环评公众参与的主体大部分是由非政府组织承担的，而我国非政府环保组织才刚刚兴起，其尚未在环评公众参与中发挥应有的作用。2014 年修订的《环境保护法》在很大程度上拓展了环评公众参与的主体范围，该法为信息公开和公众参与制度设立了专门章节。按照该法第 56 条，建设单位应当在那些依法应当编制报告书的建设项目的编制阶段向可

---

① 叶俊荣：《环境政策与法律》，台北，月旦出版股份有限公司 1993 年版，第 200 ~ 201 页。

② 比如，按照世界银行贷款项目环境影响评价的规定，公众主体总体是针对两类人：第一类群体是受建设项目直接影响或者间接影响的社会群体，尤其是那些穷人、脆弱且容易受到伤害的人以及相应的利害关系人；第二类群体是那些出于自身所具有的特殊关系或者资源，具备相应的专长，能够获取到可能存在的环境影响的基本特征、范围以及性质方面的相关信息的人。

能受影响的公众作出具体说明,并充分征求他们的意见。同时,该法第58条又建立了环境公益诉讼制度,规定符合条件的社会组织可以向人民法院提起诉讼。以上这些法条虽然没有具体明确公众的范围,但是可以被理解为我国立法规定的公众参与的范围已经不限于受项目直接影响的公众,也包括受间接影响的公众和一部分符合条件的社会组织。

所以,司法实践中不适宜在原告资格这个环节上设置过高的门槛,否则将不利于发挥司法审查在监控环评机关程序履行、建构风险沟通场域的功能。建设项目是否会对周边的环境造成严重影响是一个高度专业化的判断过程,因此在建设项目环评案件中遇到不确定法律概念时,法院应当尊重行政机关的专业判断而不予司法审查,环评诉讼的原告资格宜稳定在一个可接受的水平,既不会因过宽而成为"公益诉讼",又不至于太窄而不符合环境行政的特质。①

(三)公众参与的事项范围:何谓"重大行政决策"

所谓重大行政决策,一般是指与社会公共利益密切相关,具有全局性、基础性、长期性的决策,这些重大行政决策都是公众参与的决策范围。那么究竟何谓"重大行政决策"呢?实践中,在区分重大行政决策与一般行政决策时更多依靠一些价值判断,而难以依据具体的裁量标准。尽管如此,我们还是可以通过分析各地重大行政决策程序文本给出一个大致的界定框架。一般来说,大多数地方政府重大行政决策程序文本往往会先给出一个概括式定义,②紧接着会列举具体的事项范围。总的来看,公众参与重大行政决策的事项范围大致包括:(1)对公共利益有直接影响的重大行政措施或规范性文件的制定事项;③(2)重大建设项目与工程事项;(3)规划、计划类事

---

① 参见唐明良:《环评行政程序的法理与技术——风险社会中决策理性的形成过程》,社会科学文献出版社2012年版,第251页。

② 如《江苏省行政程序规定》第27条规定,本规定所称重大行政决策,是指由县级以上地方人民政府依照法定职权,对关系本行政区域经济社会发展全局,社会涉及面广,与公民、法人和其他组织利益密切相关的下列事项……

③ 该项主要是指制定相关的公共政策、改革方案等,如土地管理、卫生安全、生态环境保护等方面的政策和措施。如《山东省行政程序规定》第24条第1款第5项规定:"制定资源开发利用、环境保护、劳动就业、社会保障、人口和计划生育、教育、医疗卫生、食品药品、住宅建设、安全生产、交通管理等方面的重大政策措施。"

项；(4)市场监管、资源利用与保护类事项；(5)应急类事项。

在肯定式列举之后，往往还会有“其他重大事项”的兜底条款。兜底条款是为了行政实践中更为灵活的运用，立法有扩大重大行政决策内涵范围之意，而由于重大行政决策程序的公众参与程度要普遍高于普通行政决策程序，这也势必导致行政决策实践中公众参与程度的增加。在实际行政裁量中，兜底条款的存在非常有必要，毕竟行政管理决策包罗万象，难以在肯定式列举中穷尽。此外，有些地方的重大行政决策程序规范还会有排除事项的规定，一般认为，“重大行政决策的排除事项应包括：权力机关与党政机关的决策；行政立法；内部的人事管理决定；行政处罚、行政强制等行政决定行为；以及调解、仲裁等居间行为”。[①]

在实践中，重大行政决策往往可能涉及环境保护的问题，环保问题因其广泛性、滞后性、因果关系的难以认定性而能对决策的成败起到关键性的作用，这也使决策部门在解释公共利益等不确定法律概念时产生的自由裁量权对公民个体利益、社会公共利益产生更大的影响。现代行政法的基本任务之一就是控制裁量性行政权以实现行政目的，而公众参与制度则可以成为限制政府自由裁量权滥用的重要途径。尤其是公众参与能够增加行政决策权行使的透明度，保证涉及环保问题的重大决策合乎社会公共利益的需求。

(四)如何提高公众参与能力

近十年，我国公众的环境知识水平和环境意识水平都有了大幅的提高，但是，公众参与热情和参与能力之间却存在较大差距。参与能力主要包括以下能力：一是认知能力，即对公共政策或者决策实质的认识能力；二是聚合能力，即将多种意见和不同利益诉求进行整合的能力；三是合作能力，即在参与过程中，与其他参与者以及社会管理主体合作共处的能力；四是磋商能力，即在参与过程中，能够坚持自己的观点，维护自身合法权益的能力。我国公众参与能力不高，参与的层面不高，虽然有相关行业的专家参与，但并不是真正意义上的公众参与，他们提供的仅是技术层面的支持，而不是社

---

① 黄学贤、桂萍：《重大行政决策之范围界定》，载《山东科技大学学报(社会科学版)》2013年第5期。

会各方利益的代表。专业性和技术性知识的缺乏已成为当前制约公众参与环境保护行政决策的“瓶颈”。为此,可考虑从以下两个方面着手提高公众参与能力:

首先,建立公众参与的专家支持系统。通过将政府的专家支持系统与社会共享的方式鼓励环境专家为公众参与环保提供服务。例如,环境问题的科学技术性导致环境信息可能包含大量的专业科技术语,若对环境信息认知成本增大,普通公众将很难有足够的精力把时间资源配置到对环境信息的解读中去,更何况公众对环境信息的认知效果还受其本人知识存量、既有学科背景等诸多不确定因素的制约。所以公开环境信息时,应该通过提供相关的专家支持系统为公众提供帮助,以便公众理解相关信息。

其次,发挥环保组织的专业性来提高公众参与能力。比如,“绿色浙江”环保组织以“钱塘江护水者”项目为核心,吸收沿江的居民加入志愿者队伍,开展常规巡护;并通过举办钱塘江护水者培训班,提高普通民众的专业素质。该组织还开发了一款易于让公众参与环境监督的互动信息平台——“水地图”。普通民众一旦在钱塘江边发现水污染,就可以拍下污染点的具体信息,上传到“水地图”。经现场初步核实后,“绿色浙江”环保组织就会在“水地图”上发布污染点标示。2011 年至今,浙江省环境稽查部门通过“水地图”及相关举证,成功查处水污染案件 16 件。①

(五)扩大环评公众参与的司法审查范围

近年来,法院已经通过“正文花园业委会等诉上海环保局环评报告审批决定案”(以下简称“正文花园案”)②等一些判例确立了司法审查环评程序中的一个重要环节——公众参与。但目前大多数法院在环评诉讼案件中只进行合法性的形式审查,并没有进行合理性的实质审查。比如,上述“正文花园案”中就第三人电力公司及环评单位是否发放调查问卷展开抗辩,但法院在此类案件中并不会审查发放的调查问卷的设计是否合理,问卷对象是否包含了和案件有关的利害关系人,调查过程中被调查人员是否具有

---

① 参见叶慧、邵甜:《从旁观者到生力军——浙江用制度建设鼓励和保障公众参与环境保护》,载《今日浙江》2012 年第 22 期。

② 参见上海市第二中级人民法院行政判决书,(2013)沪二中行终字第 576 号。

代表性,是否存在诱导或排除公众意见表达的可能性等问题。[①]

公众参与的有效性是真正影响环评报告本身效力的核心部分,也是影响相关方协商结果的重要因素。如果公众参与无法真正实现其作用,则相关利益就无法在环评报告当中真正地体现出来。况且,环境保护行政部门若对于环评报告中公众参与的程度和有效性无法准确把握,主要靠形式审查,或者抽取5%的样本进行回访,就无法真正在行政审批过程中对公众参与的有效性进行审查。这将导致环评审批活动的行政处分性质的弱化。其仅是被作为一项专门技术判断的工作在进行,缺乏行政决策的民主化。如若在建设项目环评诉讼中依然不对公众参与的有效性进行实质审查,那么在环评中公众的切身利益将无从保障。

虽然在环评诉讼的司法实践中,法官出于环评高度专业性的限制以及对行政权的尊重,对环评的司法审查范围可能会有所限制,但法官对于公众参与程序的评判不应受专业领域的限制。为了确保公众参与的有效性,法院不应仅对公众参与的形式合法性进行审查,还应对公众参与方式的正当性和合理性作出司法判断,具体可在公众参与方式的选择裁量是否恰当、公众是否被赋予充分的评论与意见交流的机会、环评机关是否对公众意见作出回应、最终环评审查结果是否考虑了公众的合理建议等问题上拓展更深的司法介入空间。[②] 法院在审理过程中应当结合环评报告的方法、质量、结论等指标对公众参与进行内容上的考察。而环境保护行政部门在公众参与的审查上也应当提供更多的资料以供司法审查及其决策的合理性考察。法院应当同时认真考察环评报告制作阶段的公众参与以及审批阶段的公众参与的有效性。通过严格检视规则的运用,可以反过来促进环境保护主管部门在建设项目环评审查时加强对公众参与有效性的审查,以防止将来面临诉讼需要提供充分、合理的证据时,拿不出任何证明其行政决策合理性材料

---

① 参见田开友、阮丽娟:《环境影响评价司法审查的正当性阐释》,载《吉首大学学报(社会科学版)》2015 年第 1 期。

② 也有学者认为,可利用补正判决在参与方式的优化选择、公众表达机会的增加、公众意见反馈的积极性方面发挥更好的作用。唐明良:《环评行政程序的法理与技术——风险社会中决策理性的形成过程》,社会科学文献出版社 2012 年版,第 258 页。

的境况。①

四、主要法律条文链接

《中华人民共和国行政许可法》第47条 行政许可直接涉及申请人与他人之间重大利益关系的,行政机关在作出行政许可决定前,应当告知申请人、利害关系人享有要求听证的权利;申请人、利害关系人在被告知听证权利之日起五日内提出听证申请的,行政机关应当在二十日内组织听证。

申请人、利害关系人不承担行政机关组织听证的费用。

《中华人民共和国环境保护法》第56条 对依法应当编制环境影响报告书的建设项目,建设单位应当在编制时向可能受影响的公众说明情况,充分征求意见。

负责审批建设项目环境影响评价文件的部门在收到建设项目环境影响报告书后,除涉及国家秘密和商业秘密的事项外,应当全文公开;发现建设项目未充分征求公众意见的,应当责成建设单位征求公众意见。

《中华人民共和国环境影响评价法》第5条 国家鼓励有关单位、专家和公众以适当方式参与环境影响评价。

《中华人民共和国环境影响评价法》第22条 建设项目的环境影响报告书、报告表,由建设单位按照国务院的规定报有审批权的生态环境主管部门审批。

海洋工程建设项目的海洋环境影响报告书的审批,依照《中华人民共和国海洋环境保护法》的规定办理。

审批部门应当自收到环境影响报告书之日起六十日内,收到环境影响报告表之日起三十日内,分别作出审批决定并书面通知建设单位。

国家对环境影响登记表实行备案管理。

审核、审批建设项目环境影响报告书、报告表以及备案环境影响登记表,不得收取任何费用。

五、结论

环评公众参与缺乏法律救济途径的后果是公众参与流于形式,这严重

---

① 参见吴宇:《建设项目环境影响评价公众参与有效性的法律保障》,载《法商研究》2018年第2期。

阻碍了公众参与在环评中所应发挥的积极作用。从我国的司法实践来看，我国的环评行政诉讼也才起步，环评诉讼案件在环境行政诉讼案件中所占比例很小，争议焦点主要涉及项目是否需要环评（规避环评前置审批）、开发业主公众参与材料不真实、系争项目应编报环评表抑或环评书之争（关系公众参与的程度）、环评申报材料补正通知是否可诉等争点，且环评诉讼的原告多为项目业主，居民提起诉讼从而启动对整个环评程序的司法审查甚至建构起风险沟通场域的案例相对罕见。① 本案的典型意义在于：人民法院通过严格审慎的审查，分析了《行政许可法》第47条有关是否存在"重大利益关系"以及听证程序的适用条件，最终撤销环保机关作出的被诉行政行为，保障了公民在环境管理领域的知情权、陈述权、申辩权和听证权等权利，很大程度上彰显了程序正义和司法公正。

本案作为一起典型的体现公众参与原则的环保行政许可案件，同时也是一起与群众利益息息相关的民生案件，两审法院以环保机关所审批的洗浴项目与相邻群众存在重大利益关系，未告知相邻群众有陈述、申辩和听证的权利违反法定程序为由，撤销环保机关作出的审批意见，既有力地维护了相邻群众的合法权益，又强化了司法对行政权力的监督，对引导和规范环保机关的同类审批行为，促进公众参与环境行政许可的决策与监督，提高行政审批的程序意识，具有重要意义。

---

① 参见唐明良：《环评行政程序的法理与技术——风险社会中决策理性的形成过程》，社会科学文献出版社2012年版，第245页。

8. 政府环境信息公开行为的司法审查

——柏某诉D市环境保护局环境信息公开案*

一、案情概要

柏某原系H省D市某村村民。2011年其居住地因城市开发公益需要进行了征收拆迁，其在该处的房屋、土地也被拆迁、征收，因此搬迁到了其在D市下陆区新下陆占本六社区查家湾租赁的私房居住。2014年3月7日，柏某在D市环境保护局网站申请公开涉及K环保公司（与其原居住地相邻）生产经营的有关信息，D市环境保护局向其作出了答复，答复的内容涉及K环保公司的原材料及产品、产量情况，厂区建设过程执行环保规定情况，该公司试生产过程中排放的污染物符合国家规定的排放标准等方面。2014年4月8日，柏某又向该局提出查档申请。2014年5月5日，该局作出了《关于柏某查档申请书的答复意见》，但未将该答复意见及时送达，故柏某向D市人民政府行政复议委员会申请行政复议。柏某不服复议决定后，提起行政诉讼。

---

* 本案来源：湖北省黄石市中级人民法院行政判决书，(2015)鄂黄石中行终字第00010号。

二、判决要旨

一审法院认为，根据2007年《政府信息公开条例》第13条、第14条①，柏某原是在H省D市某村（K环保公司现生产厂房旁）居住生活的村民，但其原居住地的土地和房屋在2011年因政府开发需要被征收拆迁，其已搬离了原处，租住在与原居住地相距很远的D市下陆区新下陆占本六社区查家湾私房，其不具备《政府信息公开条例》规定的因自身生产、生活、科研等特殊需要而申请政府信息公开的资格。柏某也未提供相关的证据证实其申请公开的信息系因其自身生产、生活、科研等特殊需要。故柏某不是该局进行政府信息公开的利害关系人，且经庭审质证的证据证实，该局已向柏某送达了《关于柏某查档申请书的答复意见》，该局不存在不履行政府信息公开职责的行为，故判决驳回柏某的诉讼请求。

柏某不服该判决，提起上诉。二审法院认为，原审判决对D市环境保护局《关于柏某查档申请书的答复意见》的合法性未予审查，导致实体处理不当，判决撤销D市X区人民法院的行政判决；撤销D市环境保护局作出的《关于柏某查档申请书的答复意见》中对柏某申请阅印K环保公司上一年度经营活动情况的答复；驳回柏某的其他诉讼请求。

三、判决评释

我国2014年修订的《环境保护法》第53条明确规定了公民、法人和其他组织依法享有获取环境信息、参与和监督环境保护的权利。而环境信息公开制度是保障环境知情权实现的前提和基础。② 政府环境信息公开制度是指政府依据法定程序以法定形式公开与社会成员利益相关的所有环境信息，并允许公众对环境信息进行查阅、引用、复制、收听、收看、收藏的制度。原国家环境保护总局于2007年4月颁布《环境信息公开办法（试行）》（已失效），这是继国务院颁布《政府信息公开条例》之后第一部有关政府环境信息公开的部门规章。除此之外，在其他环境法律法规中，也零散地规定了政府环境信息公开的内容。如2003年施行、2012年修正的《清洁生产促进

---

① 本案法院裁判时援引的是2007年《政府信息公开条例》，下文不再逐一说明。

② ［法］亚历山大·基斯：《国际环境法》，张若思编译，法律出版社2000年版，第22～26页。

法》,2014 年修订的《环境保护法》。结合本案,对政府环境信息公开行为的司法审查,要解决以下两个关键问题。

(一)有权申请政府环境信息公开的主体

2007 年《政府信息公开条例》第 13 条①规定,公民、法人或者其他组织还可以根据自身生产、生活、科研等特殊需要,向国务院部门、地方各级人民政府及县级以上地方人民政府部门申请获取相关政府信息。据此,司法实践中,判断是否有权申请相关政府信息的标准仍然是申请人是否为利害关系人。二审法院认为,柏某原住房位于 K 环保公司旁边,因征收拆迁,柏某现临时居住在新下陆,其现住址虽然与 K 环保公司相距较远,但根据拆迁补偿方案,柏某即将分得的还建房仍在该公司附近,该公司的生产及排污状况与其生活有关,其有权依据 2007 年《政府信息公开条例》第 13 条申请政府公开其提出的相关信息。原审判决认定柏某不是 D 市环境保护局应公开政府信息的利害关系人显属错误。

对于何谓"自身生产、生活、科研等特殊需要",目前的法律界定并不清楚。实践中,一些行政机关工作人员可能以申请人不能合理说明申请获取政府信息系根据自身生产、生活、科研等特殊需要为由,拒绝提供相关信息。而在部分国家和地区,对于公众申请环境信息公开,法律一般不要求公众说明其与申请公开的环境信息之间存在何种利益关系。比如,欧盟《奥尔胡斯公约》明确宣示,在该公约规定的范围内,公众享有在环境事务中获取信息、参与决策和获得司法救济的权利,不应因公民资格、国籍或住所而受到歧视,而法人则不应因其注册地或其有效活动的中心地而受到歧视。获得环境信息作为公众环境知情权的表现之一,应惠及任何人,首先,是由于知情权通常被特别赋予了"人权"的属性;②其次,环境是人类进行生产、生活活动的基础条件,任何人都与之息息相关,都有权了解自己周围的环境状况;最后,由于环境问题的复杂性、累积性和普遍关联性,任何人都与之存在利害关系,很难有是直接利害关系人还是间接利害关系人的明确具体的判断标准。

---

① 2019 年修订的《政府信息公开条例》已删除此条。

② 参见赵正群:《得知权理念及其在我国的初步实践》,载《中国法学》2001 年第 3 期。

当然,在设计中国保障公众环境知情权的制度时,需要根据中国的现实国情来判断。我国之所以不允许任何人无须理由就可以申请政府环境信息公开,是出于防止公众滥用知情权的考虑。但是,一般认为,判断公众申请信息公开的行为是否构成滥用知情权,应当考虑是否存在以下情形:"是否存在大量频繁的申请;是否存在向同一机关一次性提交大量申请的情形;是否存在就同一申请向不同机关或向同一机关在不同时间提出的情形;是否存在明知不是政府信息而执意要求公开的申请;是否存在已经获取和知晓所申请的政府信息仍以明显不能成立的理由逐一提起行政复议或行政诉讼的情形;是否在提出申请、行政复议、行政诉讼的程序中存在故意扰乱秩序的行为等等。"①如果存在上述情形之一的,可以认为公众是在不合理地行使知情权,行政机关或者法院可以拒绝其信息公开的申请。

如何解决公众知情权与政府信息公开能力之间的冲突,是一个必须认真对待的问题。从既能扩大公众的环境知情权,又不过分超越当前政府部门环境信息公开能力的角度来看,在申请政府公开环境信息方面,有两种比较可行的途径:一是参考目前环境公益诉讼的做法,规定符合法定条件的社会组织可以无须理由申请政府公开环境信息。为了避免社会组织滥用申请信息公开的权利,可以对其在一定期限内申请信息公开的数量进行限制。对于公民个人,在申请政府信息公开时,则可以仍然要求其证明生产、生活、科研需要。二是规定任何人都可以申请公开环境信息,无须提供理由,但可以对公众在一定期限内申请信息公开的数量进行限制,公众能证明自己有生产、生活或者科研需要的,可以适当放宽数量限制。当然,"对申请政府信息公开进行资格条件限制,不是一个方向和未来,只是一个暂时安排,是一个过渡方案。从制度发展和完善的方向来看,势必走向无资格条件限制的制度模式"。② 值得庆幸的是,2019 年修订的《政府信息公开条例》采纳了学界和实务界的观点,已经删除原第 13 条,在第 35 条对申请人滥用权利进行了限制,即申请人申请公开政府信息的数量、频次明显超过合理范围,行政机关可以要求申请人说明理由,行政机关认为申请理由不合理的,

---

① 高鸿:《政府信息知情权的滥用及其规制》,载《人民司法》2015 年第 10 期。

② 杨小军:《论申请政府信息公开的资格条件》,载《国家行政学院学报》2011 年第 2 期。

告知申请人不予处理。

（二）政府环境信息公开的范围

政府信息公开案件属于具有给付内容的行政不作为案件，而行政不作为分为积极的不作为和消极的不作为两种，本案中，D市环境保护局针对柏某提出的四项请求仅公开了一项，对其他三项均以不同的理由拒绝公开属于积极不作为，对该局不予公开的理由是否成立即是否有事实及法律依据须进行合法性审查。在本案中，原审判决仅以D市环境保护局已送达《关于柏某查档申请书的答复意见》为由，就认定该局不存在不履行政府信息公开的职责，进而驳回柏某的诉讼请求显属错误。

《环境信息公开办法（试行）》第12条第3款规定了政府环境信息公开的例外①。也即"环保部门不得公开涉及国家秘密、商业秘密、个人隐私的政府环境信息。但是，经权利人同意或者环保部门认为不公开可能对公共利益造成重大影响的涉及商业秘密、个人隐私的政府环境信息，可以予以公开"。该款前半部分规定了不公开的范围，包括国家秘密、商业秘密和个人隐私。

隐私权是"自然人享有的对其个人的、与公共利益无关的个人信息、私人活动和私有领域进行支配的一种人格权"。② 许多国家从法律上对隐私权加以承认并予以保护，而且国际社会也对此给予广泛的重视，数次将其纳入国际条约。③ 我国《反不正当竞争法》第9条第4款将商业秘密定义为"不为公众所知悉，具有商业价值并经权利人采取相应保密措施的技术信息、经营信息等商业信息"。它同隐私权一样，与私益有关。而国家秘密事关国家安全与利益，各国均将国家秘密列入不公开的事项，如美国规定为"国防外交政策"，日本规定为"因公开而可能危害国家安全、损害与其他国家或国际机关间信赖关系抑或对于与其他国家或国际机关间的交涉带来不利益"的信息。当我们享受权利时，不得损害国家、集体和他人的合法权益，以上这些信息公开的例外正是这一理念的集中体现。

---

① 依据2019年8月22日发布的《生态环境部关于废止、修改部分规章的决定》（中华人民共和国生态环境部令第7号），该办法已废止。

② 王利明主编：《人格权法新论》，吉林人民出版社1994年版，第487页。

③ 如《世界人权宣言》第12条、《公民权利和政治权利国际公约》第17条等。

然而,“法律保障的不只是经济利益,而是极其多样的利益”。[①] 由于环境的公共物属性,环境信息公开往往与维护环境公共利益密切联系在一起。在公共利益与个人隐私和商业秘密发生冲突时,隐私权必须让位于知情权。这也是《环境信息公开办法(试行)》第12条第3款后半部分的要求。这一点恩格斯早在19世纪就已经指出:“个人隐私应受法律的保护,但个人隐私甚至阴私与重要的公共利益——政治生活发生联系的时候,个人隐私就不是一般意义上的私事,而是属于政治的一部分,它不再受隐私权的保护,它应成为历史记载和新闻报道不可回避的内容。”[②]

问题在于,我国尚未对个人隐私、国家秘密和商业秘密作出严格的界定,有关法律规定本身也不一定科学。例如,《保守国家秘密法》第9条将国家事务重大决策中的秘密事项、国民经济和社会发展中的秘密事项以及科学技术中的秘密事项等作为国家秘密加以保护。其中包括许多重要的经济信息,它们都应该被视为国家秘密。又如,商业秘密的概念也比较模糊:一个企业的生产工艺和流程是否算商业秘密?企业只有公开工艺和流程,公众才能了解在哪些环节会产生哪种污染,是否存在环境威胁,但企业如果说这是商业秘密不能公开时公众又该怎么办?

根据《环境信息公开办法(试行)》,环保部门对政府环境信息不能确定是否可以公开时,可以报有关主管部门或同级保密工作部门确定。在本案中,对柏某要求查阅H市环境保护局自2007年以来对K环保公司书面核查和实地检查的档案记录以及该公司生产期间废气废水排放检测报告、分析情况的申请,该局已就是否涉密向上级机关及保密部门发出书面请示,但一直未得到答复,故该局向柏某作出“向上级部门和保密局去函咨询”的回复并无不当。但本书认为,即使上级部门和保密局回复了,这个回复是否公正、权威,也有待确认。

针对环境信息公开与不公开界限难以准确认定的事实,我国可以制定一套信息级别确定机制,对环境信息进行分类,确定环境信息的级别,分为

---

① [德]马克斯·韦伯:《论经济与社会中的法律》,张乃根译,中国大百科全书出版社1998年版,第32~33页。

② 《马克思恩格斯全集》(第18卷),人民出版社1964年版,第591页。

一般信息和机密信息,将机密信息归入安全系统。一旦信息或数据被确定为机密,这类信息应确保无法在电脑硬盘上找到。对接触机密信息的人员进行培训和每年认证,确保取得一致答复和有效协调,同时制定一套非常严密的跟踪系统,保证机密信息不泄露。只要政府各部门统一使用该信息安全系统,就可以避免环境信息发布机构各自制定一套公开与不公开的规则而导致冲突矛盾的现象。

对于环境信息公开与否的争议,应设立一个专门的裁决机构来处理。例如,在美国的康涅狄格州、纽约州,设有州一级的行政委员会来处理信息公开的争议。这个委员会非常独立,也具有较高的权威性,他们只对法律负责。只要委员会裁定不应保密的信息,就一定能够公开。①

四、主要法律条文链接

《中华人民共和国政府信息公开条例》第35条 申请人申请公开政府信息的数量、频次明显超过合理范围,行政机关可以要求申请人说明理由。行政机关认为申请理由不合理的,告知申请人不予处理;行政机关认为申请理由合理,但是无法在本条例第三十三条规定的期限内答复申请人的,可以确定延迟答复的合理期限并告知申请人。

五、结论

在完善我国公众环境知情权时,应当考虑社会稳定的需求以及政府环境信息公开的能力。从切实可行的角度来看,为了平衡政府对环境信息的管理权、政府公开环境信息的能力和公众环境知情权之间的关系,应当在政府信息公开的法律法规中明确将环境信息的范围扩大到"环境政策、立法、计划、项目及环境协议等的措施和影响或可能影响环境的活动"以及"成本效益及其他经济分析以及(c)项下环境决策的消费分析"等内容。政府环境信息公开的义务主体范围也应更广,除了国家、地区和地方级别的政府、其他公共责任实体外,还应包括有公共责任或职能、提供直接或间接与环境相关的公共服务的法人或自然人。对于不公开环境信息的标准应作详细界定,如对个人隐私、商业秘密和国家秘密进行界定,且各相关法律不应互相矛盾。同时,可以规定一个概括性的标准,例如,只有当信息披露会对合法

① 参见王树义主编:《环境法系列专题研究》(第2辑),科学出版社2006年版,第253页。

利益造成“负面影响”时,才可以不公开信息。在每一个案例中,披露所影响的公共利益要同拒绝披露所影响的利益进行权衡,如果前者重于后者,信息公开就必须进行。

9. 以程序合法性审查行政机关的行政行为

——J 公司诉某区城市管理行政执法局行政处罚案*

一、案情概要

2013 年 12 月，上海市某区城市管理行政执法局（以下简称区城管局）在该区某镇河岸边发现一堆垃圾，其中有 J 公司成品标示卡、塑料外包装袋等废弃物，执法人员遂当场制作现场检查笔录，拍照取证，并向该公司开具了责令改正通知书和谈话通知书，后再次核查现场时发现有焚烧痕迹。经调查，J 公司承认该处垃圾为其产生的生产垃圾，但并非其倾倒；后案外人岳某于 2014 年 1 月向区城管局承认曾向 J 公司收购废弃物，以及其丈夫此后将无价值的废弃物倾倒的事实。该局随后以留置送达方式向 J 公司送达行政处罚听证告知书，该公司未在法定期限内提出听证申请。2014 年 2 月，区城管局对 J 公司作出罚款 45,000 元的行政处罚决定。J

* 本案来源：上海市第一中级人民法院行政判决书，(2014) 沪一中行终字第 384 号。

公司不服诉至法院，请求撤销上述处罚决定。

二、判决要旨

某区人民法院一审认为，依照2009年《上海市市容环境卫生管理条例》第38条，单位产生的废弃物，由单位负责收集、运输或者委托市容环境卫生作业服务单位收集、运输。废弃物的处置，由市市容环境卫生管理部门统一组织实施。原告J公司将废弃物（垃圾）擅自给没有相应资质的人员处理，致使废弃物未得到有效处置，其行为违反了该条例的上述规定，被告区城管局据以处罚并无不当，法院遂判决驳回J公司的诉讼请求。该公司上诉后，上海市第一中级人民法院判决驳回上诉、维持原判。

三、判决评释

2014年修正的《行政诉讼法》对行政程序的瑕疵作了“违反法定程序”与“程序轻微违法”之二分，在法律后果上留有无效、可撤销与确认违法的余地，而在判决方式上则涉及确认无效、撤销（含重作）与确认违法判决，强化了我国行政程序瑕疵之司法审查的科学性与可操作性。因此，在司法审查中，对行政行为的程序进行合法性审查也成为关键问题之一。根据本案情况，双方对程序问题的争议在于：第一，某区城管局的先调查、责令改正，再立案是否合法；第二，未进行处罚前的事先告知是否违法；第三，听证告知书是否已依法送达。

（一）某区城管局的先调查、责令改正，再立案是否合法

行政程序就是由行政行为的步骤、顺序、时间、方式要素构成的行政行为过程之总和。[①] “违反法定程序”之关键在于正确界定“法定程序”。本案中，J公司主张某区城管局存在未立案先调查、先责令改正违反了环境行政处罚法定程序。某区城管局辩称，立案之前进行调查再决定是否立案是行政处罚一般程序的规定，先行责令改正有利于及时制止污染后果扩散，达到环境保护的目的。

根据2021年修订的《行政处罚法》的相关规定，行政处罚的程序包括简易程序、普通程序、听证程序，在符合适用简易程序进行处罚的案件之外

① 参见应松年、杨小君：《法定行政程序实证研究——从司法审查角度的分析》，国家行政学院出版社2005年版，第1页。

的所有行政处罚案件,均是普通程序的案件的范围。因此,普通程序的规定也更为严格,操作也比较复杂。根据《行政处罚法》,环保行政机关在实施行政处罚适用普通程序时,必须经过立案、调查取证、案件审查、事先告知(听证)、行政处罚决定和送达等程序。因此,普通程序与简易程序相比,具有完整性和严肃性。

从立案的概念分析,行政处罚程序中的立案是指行政机关对公民、法人或其他组织的检举、控告以及本机关在检查中发现的违法行为或事件,认为有必要调查处理的,决定进行查处的活动。行政机关对于检举、控告材料或者来访的接受,不是立案活动,只有对这些材料作出进行调查的决定,才是立案。一般情况下,立案就意味着违法行为或事件已发生,应当受到追究,立案是行政处罚程序的开始,是一个独立的阶段。根据《环境行政处罚办法》第 22 条的规定,环境保护主管部门对涉嫌违反环境保护法律、法规和规章的违法行为,应当进行初步审查,并在 7 个工作日内决定是否立案。经审查,符合下列四项条件的,予以立案:(1)有涉嫌违反环境保护法律、法规和规章的行为;(2)依法应当或者可以给予行政处罚;(3)属于本机关管辖;(4)违法行为发生之日起到被发现之日止未超过 2 年,法律另有规定的除外。违法行为处于连续或继续状态的,从行为终了之日起计算。

可见,立案是环境行政处罚程序的第一个环节。《环境行政处罚办法》明确了立案环节的审查内容,符合所列四项立案条件的予以立案,并且符合立案条件的必须立案。案件经初步审查,符合立案条件的,应当立案。执法中,案件经立案登记、案件承办人初审、领导审批同意后,才开始对案件进行调查。立案是作出行政处罚的必经程序,但并不一定是启动调查的先行程序。一方面,这是由于行政机关决定立案应当建立在有初步证据的基础上,不进行事先调查便难以决定是否立案;另一方面,也是由于证据取得往往强调及时性,及时调查取证便于行政机关依法、有效履行职权。

本案中,某区城管局执法人员在立案前对现场进行拍照,制作现场检查笔录,并询问相关见证人,以固定证据,在发现废弃物带有 J 公司标识的情况下,向 J 公司送达询问通知书,在初步确定事实的基础上,进行正式立案,这一系列行为并不违背程序正当性的要求。由于行政处罚的最终目的在于防止违法行为的发生或消除违法行为后果,故某区城管局在确定现场废弃物源于J公司且抛弃废弃物的地点靠近河道后，第一时间责令J公司改正，也有利于防止污染的扩大。

根据《环境行政处罚办法》第24条的规定，对需要立即查处的环境违法行为，可以先行调查取证，并在7个工作日内决定是否立案和补办立案手续。本条是对紧急案件先行调查取证的规定。也就是说，在一般程序先立案、后调查的基础上，本条针对需要立即查处的环境违法行为作了例外规定，即在特殊情况下可以先行调查取证，后补充立案。也就是说，办理环境违法案件的一般程序为先立案、后调查。但遇到紧急情况（特殊情况）时，若不立即取证，则可能产生证据灭失等不利后果；日后再进行调查，可能难以取得证据或者难以取得充分有效的证据，不利于查清违法事实、准确适用法律、正确实施处罚。

（二）未进行处罚前的事先告知是否违法

在行政处罚中，行政主体尊重和保障当事人的程序性权利是行政处罚有效成立的法定条件之一，这些权利[①]行政主体必须予以保障，其目的是保护行政相对人的合法权益，监督行政主体依法行使职权，使无辜的人不受处罚，使违法行为人受到公正处理。[②] 尤其是行政处罚决定前的事先告知程序确立了行政机关的告知义务和当事人的知情权，构成了公开原则的具体内容，也为公正原则提供了基本前提。[③]

《行政处罚法》中的听证程序系针对较重的行政处罚而作出的特别程序规定，故在保障相对人陈述、申辩等权利的规定上，较行政处罚的一般程

---

① 《行政处罚法》第7条第1款规定，公民、法人或者其他组织对行政机关所给予的行政处罚，享有陈述权、申辩权；对行政处罚不服的，有权依法申请行政复议或者提起行政诉讼。第44条规定，行政机关在作出行政处罚决定之前，应当告知当事人拟作出的行政处罚内容及事实、理由、依据，并告知当事人依法享有的陈述、申辩、要求听证等权利。第45条第1款规定，当事人有权进行陈述和申辩。行政机关必须充分听取当事人的意见，对当事人提出的事实、理由和证据，应当进行复核；当事人提出的事实、理由或者证据成立的，行政机关应当采纳。第62条规定，行政机关及其执法人员在作出行政处罚决定之前，未依照本法第44条、第45条的规定向当事人告知拟作出的行政处罚内容及事实、理由、依据，或者拒绝听取当事人的陈述、申辩，不得作出行政处罚决定；当事人明确放弃陈述或者申辩权利的除外。

② 参见陈向武、孙敬秋、李瑞红：《农业行政执法文书应用（十）——〈行政处罚事先告知书〉的应用》，载《中国动物检疫》2015年第11期。

③ 参见张建队：《卫生行政处罚事先告知相关问题浅析》，载《中国卫生法制》2015年第2期。

序规定更为缜密，其本身不仅能起到事先告知权利的作用，还为相对人的权利提供了更为严格的程序保护。《行政处罚法》所规定的听证程序明确要求拟处较大数额罚款的，行政主体应当告知当事人享有听证的权利。相对于一般规定而言，该程序属于特别规定，应当优先适用，但该程序中并无处罚前再次进行事先告知的规定。故本案中某区城管局在拟对 J 公司作出超过 3 万元罚款行政处罚决定的情形下，向 J 公司送达行政处罚听证告知书，符合《行政处罚法》的程序规定，且无须再作事先告知。

（三）听证告知书是否已依法送达

根据我国《行政处罚法》第 63 条的规定，听证是指行政机关拟作出某些较重的行政处罚决定，由该行政机关召开公开会议，听取当事人的评价及意见，并对利害关系人的陈述、申辩和质证进行解释和答复的行政程序法律制度。听证制度是行政机关在作出影响相对人合法权益的决定前，由行政机关告知决定理由和听证权利，行政相对人表达意见、提供证据以及行政机关听取意见、接纳证据的程序所形成的一种法律制度。它的基本精神是以程序的公正保证结果的公正。

我国《行政处罚法》规定，行政机关拟作出较大数额罚款、没收较大数额违法所得、没收较大价值非法财物、降低资质等级、责令停产停业等较重行政处罚决定时，当事人有要求举行听证的权利。如果行政机关对处罚相对人的罚款金额，个人（包括个体工商户）在 2000 元以上，单位在 1 万元以上，处罚相对人都可以依法要求行政机关举行听证。

对于本案，虽然某区城管局提供的视频资料未在复议程序中提供，证明效力上确有瑕疵，但该资料能够印证送达回执上注明的 J 公司拒绝签收的事实，以及向 J 公司送达行政处罚听证告知书的事实，故该瑕疵并不足以影响对送达已依法完成事实的认定。在此，涉及对行政程序瑕疵的认识。广义的行政程序瑕疵被作为程序违法、程序不当的上位概念使用，这也是常用的理解；而狭义的行政程序瑕疵则指代“在保证主要事实明确、实体基本公正基础上的次要性程序违反”，其在法律后果上不以无效或被撤销为必然。[①] 从大量的司法裁判文书来看，“程序瑕疵”不被视为违法。例如，在

---

① 参见梁君瑜：《行政程序瑕疵的三分法与司法审查》，载《法学家》2017 年第 3 期。

“宜昌市妇幼保健院与宜昌市工商局行政处罚上诉案”中,法院认为工商局的处罚决定书内容不完备,属轻微瑕疵,但该瑕疵没有达到侵害相对人合法权益的程度,不影响该决定的有效成立,故不能认定为程序违法,最终维持了一审法院的判决。[①] 本案中,因为J公司在收到听证告知书后未申请听证,属于对其享有的陈述申辩权利的放弃,某区城管局经复核后作出行政处罚决定并无不当。

四、主要法律条文链接

《环境行政处罚办法》第22条 环境保护主管部门对涉嫌违反环境保护法律、法规和规章的违法行为,应当进行初步审查,并在7个工作日内决定是否立案。

经审查,符合下列四项条件的,予以立案:

(一)有涉嫌违反环境保护法律、法规和规章的行为;

(二)依法应当或者可以给予行政处罚;

(三)属于本机关管辖;

(四)违法行为发生之日起到被发现之日止未超过2年,法律另有规定的除外。违法行为处于连续或继续状态的,从行为终了之日起计算。

《环境行政处罚办法》第24条 对需要立即查处的环境违法行为,可以先行调查取证,并在7个工作日内决定是否立案和补办立案手续。

《中华人民共和国行政处罚法》第7条 公民、法人或者其他组织对行政机关所给予的行政处罚,享有陈述权、申辩权;对行政处罚不服的,有权依法申请行政复议或者提起行政诉讼。

公民、法人或者其他组织因行政机关违法给予行政处罚受到损害的,有权依法提出赔偿要求。

《中华人民共和国行政处罚法》第44条 行政机关在作出行政处罚决定之前,应当告知当事人拟作出的行政处罚内容及事实、理由、依据,并告知当事人依法享有的陈述、申辩、要求听证等权利。

《中华人民共和国行政处罚法》第45条 当事人有权进行陈述和申辩。行政机关必须充分听取当事人的意见,对当事人提出的事实、理由和证

---

① 参见《最高人民法院公报》2001年第4期。

据，应当进行复核；当事人提出的事实、理由或者证据成立的，行政机关应当采纳。

行政机关不得因当事人陈述、申辩而给予更重的处罚。

《中华人民共和国行政处罚法》第63条 行政机关拟作出下列行政处罚决定，应当告知当事人有要求听证的权利，当事人要求听证的，行政机关应当组织听证：

（一）较大数额罚款；

（二）没收较大数额违法所得、没收较大价值非法财物；

（三）降低资质等级、吊销许可证件；

（四）责令停产停业、责令关闭、限制从业；

（五）其他较重的行政处罚；

（六）法律、法规、规章规定的其他情形。

当事人不承担行政机关组织听证的费用。

五、结论

程序具有一定的工具价值：第一，程序的设立一般是以实现实体法上的内容为目的，不存在只是为了程序而设立程序的情况。第二，程序运行的一个重要任务是查明据以适用实体法的事实，防止事实不清、适用法律错误。第三，程序本身的瑕疵也会影响实体目的的实现。比如，一项行政许可申请可能由于不符合法定程序被驳回，从而导致行政相对人不能获得被许可的实体权利。

程序本身也有独立于实体的内在价值：一是公正的程序可以体现对于参与者人格尊严的尊重。合乎理性的决定过程可以使那些受决定结果直接影响的人获知并了解决定者据以定案的根据、决定的内容以及结果形成的过程，使其感到他们提出的证据、事实和主张得到了充分合理的考虑和采纳，他们的参与是富有意义的，他们的人格受到了应有的尊重。二是公正的程序可以使参与者预见其权利的实现。公正的程序可以通过其固定化的处理流程，将一种对不确定结果的担忧转化为一种对确定过程的关注，并以结果的拘束力来巩固这一选择的确定性。三是公正的程序可以提高行政效率。行政活动的本质要求是提高行政效率，维护相对人的合法权益；所以行政活动应以较少的人力、物力和财力，实现便民、公平、高效的行政管理目的。因此,程序本身既具有工具价值也具有独立价值,在行政执法中,我们应坚持程序工具价值与独立价值的辩证统一,既要避免“重实体、轻程序”从而导致法律程序的虚无现象,也要防止只重形式不重实体最终失去实体正义的弊端。

本案法院以程序合法性审查行政机关的具体行政行为的合法性,对行政执法提出了更高要求。环境行政主管部门在环境行政执法过程中,应重视执法程序的合法性,摒弃行政执法“重结果、轻程序”的思想,规范行使行政处罚权,促进依法行政。

10. 检察机关提起环境行政公益诉讼之实践探索

——G省L市A区人民检察院诉G省Z县D镇人民政府环境行政公益诉讼案*

一、案情概要

D镇人民政府将位于G省Z县与A区交界处的原龙岩飞机制造厂后山地块约5亩场地作为D镇生活垃圾临时堆放场,其辖区内的L村村委会也组织将该村生活垃圾集中倾倒至垃圾堆放场附近。2015年11月,L市A区人民检察院向D镇人民政府发出检察建议书,建议D镇人民政府在一个月内将倾倒的垃圾清理完毕,并恢复地块原状,责令L村村委会停止垃圾倾倒。因D镇人民政府未按期进行恢复,A区人民检察院作为公益诉讼人提起行政公益诉讼,请求确认D镇人民政府未依照法律规定选址垃圾堆放场的行政行为违法;判令D镇人民政府履行法定职责,责令其辖区内的L村村委会停止在该地块倾倒垃圾;判令D镇人民政府采取补救措施,将

* 本案来源:2017年3月7日,最高人民法院发布的环境公益诉讼十大典型案例之一。

该地块的垃圾清除，恢复该地块原状。2016 年 2 月，D 镇人民政府向 L 村村委会发出通知，禁止该村向该地块倾倒垃圾，并组织人员、车辆将临时堆放场的垃圾清运完毕。

二、判决要旨

G 省 Q 市人民法院（跨行政区域管辖）一审认为，D 镇人民政府选址堆放该镇生活垃圾的行为，是其实施社会管理和公共服务职能的行为，但其选址未经环境卫生行政主管部门指定，垃圾堆放场亦未采取防扬散、防渗漏、防流失、防雨等防治措施，造成了较严重的环境污染。公益诉讼人在发现违法行为后，向 D 镇人民政府发出检察建议，但 D 镇人民政府并未积极进行整改，在本案审理过程中，D 镇人民政府才履行其管理职能将垃圾清运，尚未达到生态环境明显改善的效果。由于本案受理后，D 镇人民政府已向其辖区内的 L 村村委会下达通知，禁止该村在该地块倾倒垃圾并将原有垃圾清理覆土，一审法院判决确认 D 镇人民政府选址垃圾堆放场的行政行为违法；限 D 镇人民政府按照专家意见及建议继续采取补救措施，确保该区域生态环境明显改善；驳回公益诉讼人的其他诉讼请求。宣判后，双方当事人均未上诉，一审判决已生效。①

三、判决评释

检察机关提起公益诉讼试点工作是党的十八届四中全会确定的一项重要司法改革任务，也是人民法院充分发挥审判职能，推进全面依法治国，加强国家治理体系和治理能力现代化建设的重要工作。2015 年 7 月，全国人大常委会发布《关于授权最高人民检察院在部分地区开展公益诉讼试点工作的决定》，授权检察机关在 13 个省（自治区、直辖市）试点提起公益诉讼，试点工作为期两年，并明确试点期满后，对实践证明可行的，应当修改完善有关法律。在试点工作完成后，全国人大常委会于 2017 年 6 月修改了《行政诉讼法》，将人民检察院提起行政公益诉讼制度正式确定下来。

截至 2017 年 6 月，各试点地区检察机关共办理公益诉讼案件 9053 件，其中，办理生态环境和资源保护领域公益诉讼案件 6527 件。在试点地区检

---

① 参见刘婧：《最高法发布十件环境公益诉讼典型案例》，载中国法院网 2017 年 3 月 8 日，chinacourt. org/article/detail/2017/03/id/2573898. shtml。

察机关办理的公益诉讼案件中,绝大多数都涉及相关行政管理部门,其中与国土、环保、林业、水利水务、人民防空、住房和城乡建设、农业以及财政部门有关的案件就占全部案件量的74%。① 根据2016年12月末的司法实践数据,各试点地区检察机关共办理公益诉讼案件4378件,其中诉前程序案件3883件,提起诉讼案件495件。在试点地区检察机关提起的495件公益诉讼案件中,民事公益诉讼57件,行政公益诉讼437件,行政公益附带民事公益诉讼1件,行政公益诉讼案件占比超过80%。同时,在检察机关办理的3883件诉前程序案件中,涉及行政公益诉讼的有3763件,占比97%。②

环境公益诉讼,乃是"民众参与"与"司法监督"之力量,是有利于达到环境保护目标之诉讼制度,值得重视与推展。③ 正确认识环境行政公益诉讼,需要把握好以下三个关键词。

(一)公益

公益诉讼的目的往往不是个案救济,而是维护国家和社会公共环境利益,环境的共同性使这种利益对公众具有重要意义。同时,环境公益诉讼不只是处理该纠纷本身,纠纷涉及的环境社会问题也将被划入诉讼结果的影响范围,可谓"一箭双雕"。④ 环境公益诉讼通过诉讼裁判的结果,确认一定的环境公益价值的存在,由此影响社会环境、经济政策的制定与执行,具有促进环境政策形成的机能。⑤ 从2016年最高人民检察院发布的《检察机关提起环境公益诉讼试点工作典型案例》及试点地区检察机关提起公益诉讼的实践效果来看,检察机关提起的行政公益诉讼,对于提高地方政府与行政机关的依法行政意识,加强和改进行政机关的执法监管工作,引导政府完善社会治理,促进环保等行政执法部门加强履职等都起到了很好的警示教育

---

① 参见于潇:《最高检:检察机关提起公益诉讼督促行政机关依法行政》,载正义网,spp.gov.cn/zdgz/201706/t20170630_194406.shtml。

② 参见徐卉:《探索检察机关提起公益诉讼的中国模式》,载搜狐网2017年2月22日,news.sohu.com/a/126910122_120078003。

③ 参见李建良:《论环境法上之公民诉讼》,载《法令月刊》2000年第51卷第1期。

④ See G. Alan Tarr, *Judicial Process and Judicial Policymaking*, West Publishing Company, Chapter 9 (1994).

⑤ 参见傅剑清:《环境公益诉讼若干问题研究》,武汉大学2003年硕士学位论文,第35~36页。

作用,并且通过法院判决的宣告和执行,促进了相关行政机关强化监管责任、规范监管行为,切实提高了地方政府依法行政、严格执法水平。

(二)诉讼

检察机关公益诉讼人必须通过诉讼的方式实现维护公益的目的,尽管其本身具有法律监督的职责,但是一旦进入了诉讼,就要按照诉讼的规律和要求行事。

首先,要解决的是检察机关提起环境行政公益诉讼的原告资格问题。2017 年 6 月,全国人大常委会修改了《行政诉讼法》,在第 25 条增加一款作为第 4 款:"人民检察院在履行职责中发现生态环境和资源保护、食品药品安全、国有财产保护、国有土地使用权出让等领域负有监督管理职责的行政机关违法行使职权或者不作为,致使国家利益或者社会公共利益受到侵害的,应当向行政机关提出检察建议,督促其依法履行职责。行政机关不依法履行职责的,人民检察院依法向人民法院提起诉讼。"这一规定正式确立了检察机关提起公益诉讼的资格。

根据需要,检察机关还可以提起行政附带民事诉讼,综合运用民事、行政手段较为周全地实现保护社会公共利益的目的。例如,在"吉林省白山市人民检察院诉白山市江源区卫生和计划生育局、白山市江源区中医院环境行政附带民事公益诉讼案"中,检察机关提起行政附带民事公益诉讼,督促行政机关依法履行监管职责,监督行政管理相对人履行环境保护法定义务并承担停止侵害的民事责任,取得了较好的法律效果和社会效果。①

其次,诉讼的功能具有明显的预防性质。因为诉讼的提起不以发生实质性的损害为要件,即对公益的侵害不需要现实地发生,根据有关情况合理地判断其具有发生侵害的可能性即可提起诉讼。同时,环境公益诉讼的请求内容不仅针对已发生的事件采取救济措施,还包括通过禁止令等防止或减轻未来环境公益损害结果的发生。

最后,赋予检察机关公益调查职权,解决"取证难"问题。与社会组织相比,检察机关提起公益诉讼在证据收集和调查、诉讼能力方面具有优势,

---

① 参见刘婧:《最高法发布十件环境公益诉讼典型案例》,载中国法院网 2017 年 3 月 8 日,chinacourt. org/article/detail/2017/03/id/2573898. shtml。

有利于及时、有效地维护社会公共利益。检察机关提起公益诉讼,同时开展相关证据的调查收集,能够有效缓解公益诉讼取证难的问题。但是,目前检察机关基于诉讼监督权所拥有的调查取证权、调卷权、询问权等权力在环境公益诉讼案件中能否使用,检察机关收集的证据的证明力大小等问题都没有明确的法律依据,司法实践中检察机关开展公益诉讼调查依据的大多是地方规范性文件,比如,2008 年无锡市发布的《关于在环境民事公益诉讼中具有环保行政职能的部门向检察机关提供证据的意见》规定,检察机关可以向有关环保机关发出协助提供证据材料通知书,调取有关证据材料。这些依据法律效力层级过低,约束性不强。

公益调查职权是检察机关提起环境公益诉讼的核心问题,应该在《民事诉讼法》《行政诉讼法》中赋予检察机关一定范围的公益调查权,使检察机关能够顺畅地获得环境损害的第一手证据,这样可以进一步实现在环境公益诉讼中原告、被告双方的诉讼力量均衡,有效弥补行政取证手段的不足。当然,基于辩论原则,检察机关调取的非官方证据材料必须经过法庭审理和双方质证,方能作为法院裁判的依据。

(三)检察机关

检察机关的法律监督职能和公共利益的诉讼代表人这两种职能发生某种意义上的重叠或者结合之后,确实有别于民事公益诉讼中社会组织提起的公益诉讼。

首先,检察机关在依法享有起诉权的基础上,在诉前程序中积极履行监督职能,督促行政机关纠正违法行政行为、履行法定职责,支持社会组织提起公益诉讼,加强对国家利益和社会公共利益的保护,实现了预期目的。据统计,试点地区检察机关在提起公益诉讼之前,督促行政机关履行职责、支持社会组织提起诉讼 4562 件,行政机关已履行职责或者纠正违法行为 3206 件,社会组织提起公益诉讼 28 件。[①] 云南省检察机关将督促行政机关依法行政作为开展公益诉讼试点工作的重要目标,先采取诉前检察建议方式对侵害公益的行政不作为进行监督,对逾期未纠正违法或履行职责的案件提起公益诉讼。截至 2017 年 6 月,云南省检察机关共对 777 件行政案件

---

① 参见 2017 年《最高人民检察院工作报告》。

通过发出检察建议履行诉前程序，其中77.99%的案件经督促行政机关依法履职得到处理。① 其次，在诉讼中坚持正当程序原则，这不仅对裁判者、审理者适用，也适用于任何一方诉讼参加人。

但是，检察机关在进行环境行政公益诉讼中，仍需注重以下两方面的问题。

第一，设立专项资金解决诉讼成本高难题。环境公益诉讼面临巨大的诉讼成本难题，尤其是评估费、鉴定费、诉讼费以及其他费用让环境公益诉讼举步维艰。目前，无锡、昆明、贵阳等地将环境修复资金和服务功能损失等款项缴入专户或基金，主要用于修复被损害的生态环境，同时，支付提起其他环境民事公益诉讼的原告在诉讼中所需的调查取证、专家咨询、环境监测、鉴定评估等必要费用。基于这一成功经验可知，建立环境公益诉讼专项资金是解决环境公益诉讼成本高难题的有效途径。该资金的主要来源可包括政府财政拨款、法院判决无特定受益人的环境损害赔偿金、社会各界捐赠的资金及存款利息，主要适用范围包括案件受理费、申请执行费、调查取证费、鉴定评估费、勘验费、环境修复费等。同时，制定检察机关提起环境公益诉讼资金管理办法，设立专项资金管理办公室，规范专项资金申请、拨付程序、批准权限、监督机制等，加强专项资金管理，保证专项资金良性运转。

第二，与环保部门建立环境保护协作机制。负有环境保护监督管理职责的部门在专业技术、设备、执法手段等方面具有优势，是保护环境公共利益的主要力量。在环境公益诉讼中，检察机关对受理的涉及侵害环境公益的民事、行政案件材料或线索，先向环保部门初步核查，后者通过及时审查并将结果告知检察机关可以避免检察机关不必要的诉讼；在公益诉讼审理过程中，环保部门可以向检察机关提供环境保护相关法律、法规及政策，协助收集与诉讼相关的环境监测、化验、鉴定、评估等资料或数据，帮助检察机关查明案件事实。然而，目前我国除2016年12月最高人民法院、最高人民检察院联合发布的《关于办理环境污染刑事案件适用法律若干问题的解

---

① 参见张琦：《云南省检察机关提起公益诉讼试点两年 促成238家环境污染企业关停整治》，载民主与法制网2017年6月16日，dfcn. mzyfz. com/detai/2020. asp? dfid = 34&id = 356257。

释》强化了环境监管执法与环境犯罪刑事司法“两法”衔接外，检察机关和环保部门就环境公益诉讼尚未建立有效的协作机制。检察机关与环保部门建立环境保护协作机制，能够充分发挥联席会议、案件咨询、协助调查等协作机制作用，将会大大提高检察机关开展环境公益诉讼的效率。

四、主要法律条文链接

《中华人民共和国固体废物污染环境防治法》第20条 产生、收集、贮存、运输、利用、处置固体废物的单位和其他生产经营者，应当采取防扬散、防流失、防渗漏或者其他防止污染环境的措施，不得擅自倾倒、堆放、丢弃、遗撒固体废物。

禁止任何单位或者个人向江河、湖泊、运河、渠道、水库及其最高水位线以下的滩地和岸坡以及法律法规规定的其他地点倾倒、堆放、贮存固体废物。

《中华人民共和国行政诉讼法》第25条第4款 人民检察院在履行职责中发现生态环境和资源保护、食品药品安全、国有财产保护、国有土地使用权出让等领域负有监督管理职责的行政机关违法行使职权或者不作为，致使国家利益或者社会公共利益受到侵害的，应当向行政机关提出检察建议，督促其依法履行职责。行政机关不依法履行职责的，人民检察院依法向人民法院提起诉讼。

五、结论

本案公益诉讼人起诉后，行政机关主动履职，检察机关提起公益诉讼所发挥的监督效果十分明显，较好地实现了立法机关授权的目的。审理者根据公益诉讼的特点，结合生态环境是否得到明显改善等情况，对行政机关履行法定职责范围的判断标准进行了探索和创新，并注意在法律授权的框架内开展试点，坚持正当程序基本规则，在作出对一方当事人不利裁决前，充分听取其辩论意见，作出行政机关已履行其行政管理职能、公益诉讼目的部分实现的认定，对类案处理发挥了较好的示范效应。同时，需要特别强调以下两点：

1. 检察机关提起行政公益诉讼，必须严格履行诉前程序。提起公益诉讼前，人民检察院应当依法督促行政机关纠正违法行政行为、履行法定职责。诉前程序的主要目的在于增强行政机关纠正违法行政行为的主动性，这也是为了最大限度地节约诉讼成本和司法资源。通过诉前程序推动侵害公益问题的解决,不仅是检察机关提起公益诉讼工作的重要内容,也是公益诉讼制度价值的重要体现。只有当行政机关应当纠正而拒不纠正,坚持不履行法定职责,致使国家和社会公共利益持续处于受侵害状态的,检察机关才应当提起行政公益诉讼。检察机关提起行政公益诉讼仅是在公共利益严重受损而无相关救济渠道时的一种司法补救措施,具有救济性和终局性。

2. 依法适时变更诉讼请求。在行政公益诉讼审理过程中,行政机关纠正违法行为或者依法履行职责而使人民检察院的诉讼请求全部实现的,人民检察院可以变更诉讼请求,请求判决确认行政行为违法,或者撤回起诉。该条规定的目的在于实现诉讼请求的同时,提高诉讼效率,节约司法资源。检察机关提出检察建议和提起行政公益诉讼,目的都是督促涉案行政机关积极依法履行职责,有效维护国家和社会公共利益。

由于环境行政公益诉讼有别于一般的行政诉讼,虽然试点方案对试点案件范围、诉讼参加人、诉前程序、提起诉讼的条件、诉讼请求等作出了明确规定,但在今后的工作中,还需结合实践经验和具体情况,在诉讼管辖、诉讼程序、举证规则等方面,制定适当、具体的诉讼规则,以推动环境行政公益诉讼健康顺利地发展。

第 二 部 分

危险废物污染环境民事案件判决评析

11. 环境侵权民事责任构成要件

——J 市人民检察院诉甲、乙公司危险废物污染侵权责任案*

一、案情概要

J 市甲公司是一家经营生活垃圾处理及焚烧发电、污泥资源化处理处置的企业，经 J 省丙公司检验，甲公司产生的飞灰螯合物中含有砷、钡、铬、硒等重金属；经丁公司检验，甲公司产生的飞灰螯合物中含有二噁英。2014 年 11 月，甲公司与无危险货物运输资质的 J 市乙公司签订运输合同，由乙公司负责将其生产中形成的飞灰螯合物运输至生活垃圾填埋场。但由于 J 市生活垃圾填埋场处于过负荷填埋的状态，为维持正常运营，2015 年 1 月至 2016 年 7 月，乙公司并没有将飞灰螯合物运至 J 市生活垃圾填埋场，而是将 45，913.46 吨飞灰螯合物倾倒在甲公司东北角的炉渣场内。乙公司还私刻 J 市环境卫生科学研究所的公章，盖在危险废物转移单上，伪造转移飞灰螯合物至 J 市生活垃圾填埋场的假

---

* 本案来源：吉林省吉林市中级人民法院民事判决书，(2017) 吉 02 民初 32 号。

象。J市环保局于2016年8月25日作出《关于责令J市甲公司限期依法处置违法填埋的飞灰螯合固化物的通知》后,甲公司共计转移飞灰螯合物13,177.86吨至J市生活垃圾填埋场。出于对J市公安局关于乙公司孙某等涉嫌环境污染立案侦查的要求,甲公司于2016年9月7日后未再继续运输倾倒飞灰螯合物,亦未对倾倒区域进行治理。

J省J市人民检察院对甲公司与乙公司提起了公益诉讼,要求甲公司与乙公司在判决生效后一个月内将填埋在甲公司东北角的飞灰螯合物和炉渣运输至J市生活垃圾填埋场或者共同承担22,785.50吨运输费用合计921,390元,并共同承担淤泥清理费用405,180元和样品检测费用10万元,合计505,180元。

二、判决要旨

法院审理认为,甲公司与乙公司的行为违反了《环境保护法》第64条,《侵权责任法》第8条、第65条、第66条,2014年《固体废物污染环境防治法》第16条、第17条的规定,判决甲公司与乙公司立即将甲公司东北角炉渣场内现存的全部飞灰螯合物及炉渣进行清理,且甲公司需在对倾倒飞灰螯合物影响区域内的淤泥进行治理后,委托相应检测单位对该区域的土壤环境进行检测。如果甲公司与乙公司不履行上述义务,应当立即向J省J市人民检察院给付飞灰螯合物及炉渣清理费用合计921,390元。

三、判决评释

(一)环境侵权民事责任的定义

根据《环境保护法》第64条关于环境保护民事责任的规定:"因污染环境和破坏生态造成损害的,应当依照《中华人民共和国侵权责任法》的有关规定承担侵权责任。"这是将污染者的侵权责任转致于《侵权责任法》。《侵权责任法》第65条规定:"因污染环境造成损害的,污染者应当承担侵权责任。"《民法典》生效后,《侵权责任法》即失效。依据《民法典》第1229条,因污染环境、破坏生态造成他人损害的,侵权人应当承担侵权责任。由法条可知,环境侵权民事责任属于特殊的民事侵权。

(二)环境侵权民事责任构成要件

环境侵权民事责任构成要件是指环境污染的侵权行为人承担民事责任所应该满足的条件。由于环境问题的特殊性,环境污染民事责任的构成要件与一般民事责任构成要件具有明显的不同,具体表现在以下方面。

1. 有排污行为,但不以行为的违法性为要件

根据我国《民法通则》(已废止)第 124 条,环境污染侵权须以"违反国家保护环境防止污染的规定"为前提,这说明《民法通则》认为环境侵权民事责任的承担是以环境侵权行为人行为的违法性为前提条件的。但是,《民法通则》的这一规定没有考虑环境问题的特殊性。众所周知,环境污染是人类正常生产、生活活动产生的伴随品,它在经济发展过程中具有不可避免性。所以国家必须允许企业排污行为的存在,通过制定环保标准将其排污限制在"忍受的限度之内",对不超过国家规定的污染物排放标准排放污染物的行为均可以按照规定发放排污许可证。但合法的排污行为并不代表不会造成环境污染,更不代表污染者损害了受害人权益的可以免于赔偿,如果这样就违背了"有损害就有赔偿"的社会正义的要求。所以,在追究环境侵权责任时不应考虑环境污染行为是否具有"违法性",而是只要造成环境污染损害的事实,即使排污行为是合法的,行为人也应当承担民事损害赔偿责任。因此,我国 2009 年《侵权责任法》第 65 条规定,因污染环境造成损害的,污染者应当承担侵权责任。此条规定纠正了《民法通则》第 124 条"违法性"要件的要求,更符合环境污染侵权的本质属性。《民法典》第 1229 条规定,因污染环境、破坏生态造成他人损害的,侵权人应当承担侵权责任。该规定扩大了《侵权责任法》规定的范围,污染环境的行为,以及破坏生态造成他人损害的行为都要承担侵权责任。

本案中,甲公司在生产中形成飞灰螯合物属于甲公司在正常的生产活动中的排放行为,只要此公司处于经营状态下,排放行为就不会停止,并不是说它对环境不会造成损害,故而不应以违法性作为认定环境侵权人的行为要件。

2. 有损害事实

环境侵权的损害事实与传统的侵权行为的区别在于,除一般的人身损害、财产损害和精神损害外,还应当包括环境权益的损害以及生态破坏等。

环境损害主要表现为两个方面:其一,生活环境的损害。人们只有在一定的环境质量限度内,才能正常、舒适地生活。如果超过这个限度,则意味着生活环境会受到损害,人们难以安全、舒适地生活。其二,生态环境的损

害。阳光、水、森林等环境要素相互联系、相互作用、相互制约,并组成各种生态系统。作为一个整体,系统中任何一个部分受到损害,都会破坏生态系统的整体性。① 对环境本身损害进行确认的意义在于:

第一,环境损害的提出,能够改变传统上仅将环境看作致人权益受损之"媒介",重视对人的救济而忽略对环境损害之弥补这种观念。实际上,自然因素被污染损害而导致的生态环境恶化,生物群落及非生物因素组成的各种生态系统被破坏,也会间接地、潜在地、长远地影响人类的生活环境,这是构成侵权损失的重要部分。在我国环境形势日益严峻的背景下,重视对环境本身损害的救济,具有重要的现实意义。

第二,环境损害的提出,有利于改变传统救济方式重视事后惩罚和补救、忽视事前的预防和保护的策略,将预防环境损害放在第一位是一种先进而且更为有效的环境保护观念。在传统的环境侵权观念当中,只有当环境这一"介质"损害到一定程度,以致于产生人身、财产严重损害后果时,惩罚救济措施方才启动,如此的保护措施往往导致环境损害愈演愈烈。

第三,环境损害的提出,与传统的环境损害民事责任一起,构成了完整的环境损害民事责任体制。这样,既有对环境损害的预防和补救措施,又有对以环境为媒介的人身财产损害的救济;既有事前的预防,又有事后的补偿。如此形成了全过程、全方位的损害补偿机制,极大地加强了对环境及人类的双重保护。

党的十八届三中全会明确提出对生态环境损害的责任者实行严格的赔偿制度。2015 年,中共中央办公厅、国务院办公厅印发了《生态环境损害赔偿制度改革试点方案》(中办发〔2015〕57 号,已废止),在吉林等 7 个省市部署开展改革试点,取得明显成效。为进一步在全国范围内加快构建生态环境损害赔偿制度,在总结各地区改革试点实践经验的基础上,2017 年 8 月 29 日,中央全面深化改革领导小组第三十八次会议审议通过《生态环境损害赔偿制度改革方案》,该方案明确规定,2018 年起在全国试行生态环境损害赔偿制度。2020 年 8 月 31 日,生态环境部等 11 部门联合发布《关于推进生态环境损害赔偿制度改革若干具体问题的意见》,对生态环境损害

① 参见蔡守秋主编:《环境资源法学》,人民法院出版社 2003 年版,第 363 ~ 364 页。

赔偿具体负责的部门或机构、索赔的启动、生态环境损害调查、鉴定评估、赔偿磋商、司法确认等事项进行了具体规定。改革试点和全面试行以来,全国各省市积极推进,在全国范围内已初步构建起责任明确、途径畅通、技术规范、保障有力、赔偿到位、修复有效的生态环境损害赔偿制度,全面完成了改革的阶段性目标。2022 年 4 月 26 日,生态环境部、最高人民法院、最高人民检察院等 14 个部门联合印发《生态环境损害赔偿管理规定》,标志着当前我国生态环境损害赔偿改革已由试点试行阶段迈入常态化运行阶段。生态环境损害赔偿制度的常态化实施,可为环境本身损害赔偿立法积累经验。

我国《民法典》第 1235 条对生态环境损害赔偿进行了规定,强调违反国家规定造成生态环境损害的,国家规定的机关或者法律规定的组织有权请求侵权人赔偿下列损失和费用:生态环境受到损害至修复完成期间服务功能丧失导致的损失;生态环境功能永久性损害造成的损失;生态环境损害调查、鉴定评估等费用;清除污染、修复生态环境费用;防止损害的发生和扩大所支出的合理费用。

本案中,甲公司和乙公司将共计 45,913.46 吨飞灰螯合物倾倒在甲公司东北角的炉渣场内,对环境造成了污染,损害了他人的环境权益。

3. 排污行为与损害事实之间存在因果关系

因果关系是指环境侵害行为与环境损害事实之间存在一定的逻辑联系。环境侵权具有间接性、复杂性、潜伏性和不确定性的特征,其因果关系十分复杂,不易查明和认定。这是因为:第一,一般侵权行为大多直接作用于受害人,环境侵权则要通过"环境"这一载体作用于人体和财产,其因果关系不容易显现。第二,环境侵权的原因事实是排放于环境的各种污染物。第三,污染物在环境中具有潜伏性和积累性,实施污染行为与发生损害结果之间可能有一个相当长的时间差,这也使因果关系认定极为困难。第四,很多污染是多因复合作用的结果,人生病也可能有多种原因。基于这些特殊情况,在环境侵权中如果坚持严密、科学的因果关系证明,很可能陷入科学争论和裁判难决的泥沼。故在环境侵权中应适用因果关系推定原则,它是在无过错责任代替过错责任的情况下产生的。

在环境法中,对因果关系推定的法律方法有三种主张:(1)盖然性因果关系理论。它认为受害人只需要证明侵害行为所引起的可能性达到某种程度,即推定因果关系的存在或证明没有该行为,就不会发生结果的盖然性,便可以推定因果关系。(2)流行病学(疫学)因果关系推论。它是将某疾病发生的原因,就疫学上可考虑的若干因素,利用统计学的方法,调查各因素与疾病发生之间的关系,选出关联性(盖然性)较大的因素,对之进行综合性的研究及判断。(3)间接反证说的因果关系。它是指若是被侵权人能证明因果关系链条中的某部分事实,就推定其余部分事实全部存在,由排污行为者反证其不存在的责任。①

4. 实行无过错责任原则,不以行为人主观上有过错为要件

无过错责任是指一切污染危害环境的单位、个人只要对国家、其他单位或者个人客观上造成了损失(财产、人身),即使主观上没有过错,也应承担民事赔偿责任。②

无过错责任原则成为环境侵权领域各国所普遍采用的归责原则,其理由是:一方面环境侵权自身的特征决定了在环境侵权损害赔偿的诉讼中要证明加害人的主观过错不仅是困难的,而且往往对于受害人来讲是不经济的,无法实现对受害人充分有效的救济,维护其合法权益;另一方面也符合环境侵权损害赔偿社会化理论,赔偿目的不在于对具有"反社会性行为"的制裁,而在于对危险事故所致不幸损害的合理分配,补偿受害人所受的损失,即所谓"分配正义"。因此,无过错责任原则是环境侵权责任的必然选择。相对于过错责任,无过错责任适用范围更广,适用条件更加严格,现实需要性更大。

我国关于环境侵权无过错责任的立法明确,无论是作为民事基本法的《民法典》,还是作为环境基本法的《环境保护法》,抑或各环境单行法,都贯彻了无过错责任的立法原则。

四、主要法律条文链接

《中华人民共和国环境保护法》第64条 因污染环境和破坏生态造成损害的,应当依照《中华人民共和国侵权责任法》的有关规定承担侵权

---

① 参见蔡守秋:《环境资源法学》,人民法院出版社2003年版,第365页。

② 参见韩德培主编:《环境保护法教程》(第7版),法律出版社2015年版,第360页。

责任。

《中华人民共和国民法典》第1229条 因污染环境、破坏生态造成他人损害的，侵权人应当承担侵权责任。

《中华人民共和国民法典》第1231条 两个以上侵权人污染环境、破坏生态的，承担责任的大小，根据污染物的种类、浓度、排放量，破坏生态的方式、范围、程度，以及行为对损害后果所起的作用等因素确定。

《中华人民共和国民法典》第1235条 违反国家规定造成生态环境损害的，国家规定的机关或者法律规定的组织有权请求侵权人赔偿下列损失和费用：

（一）生态环境受到损害至修复完成期间服务功能丧失导致的损失；

（二）生态环境功能永久性损害造成的损失；

（三）生态环境损害调查、鉴定评估等费用；

（四）清除污染、修复生态环境费用；

（五）防止损害的发生和扩大所支出的合理费用。

《中华人民共和国固体废物污染环境防治法》第5条 固体废物污染环境防治坚持污染担责的原则。

产生、收集、贮存、运输、利用、处置固体废物的单位和个人，应当采取措施，防止或者减少固体废物对环境的污染，对所造成的环境污染依法承担责任。

《中华人民共和国固体废物污染环境防治法》第20条 产生、收集、贮存、运输、利用、处置固体废物的单位和其他生产经营者，应当采取防扬散、防流失、防渗漏或者其他防止污染环境的措施，不得擅自倾倒、堆放、丢弃、遗撒固体废物。

禁止任何单位或者个人向江河、湖泊、运河、渠道、水库及其最高水位线以下的滩地和岸坡以及法律法规规定的其他地点倾倒、堆放、贮存固体废物。

最高人民法院《关于审理环境民事公益诉讼案件适用法律若干问题的解释》第18条 对污染环境、破坏生态，已经损害社会公共利益或者具有损害社会公共利益重大风险的行为，原告可以请求被告承担停止侵害、排除妨碍、消除危险、修复生态环境、赔偿损失、赔礼道歉等民事责任。

最高人民法院《关于审理环境民事公益诉讼案件适用法律若干问题的解释》第20条 原告请求修复生态环境的，人民法院可以依法判决被告将生态环境修复到损害发生之前的状态和功能。无法完全修复的,可以准许采用替代性修复方式。

人民法院可以在判决被告修复生态环境的同时,确定被告不履行修复义务时应承担的生态环境修复费用;也可以直接判决被告承担生态环境修复费用。

生态环境修复费用包括制定、实施修复方案的费用,修复期间的监测、监管费用,以及修复完成后的验收费用、修复效果后评估费用等。

五、结论

本案中,甲公司和乙公司共同实施了排放污染物的行为,即将共计45,913.46吨的飞灰螯合物倾倒在甲公司东北角的炉渣场内。乙公司还私刻J市环境卫生科学研究所的公章,盖在危险废物转移单上,伪造转移飞灰螯合物至J市生活垃圾填埋场的假象。当今社会的发展越来越依靠科学技术,技术工艺和生产的过程也变得越来越复杂,只要人类活动继续,那么人们即使是在环境所能承受的范围内活动,仍然会对环境造成一些不可避免的损害。两个公司的倾倒行为不仅对环境造成了破坏,也对国家公共利益、他人的健康和财产造成了损害。甲公司焚烧生活垃圾产生的飞灰经处理形成的螯合固化物,仍属于危险废物,其不按规定填埋,对环境造成了污染。环境具有公共性,大部分的环境要素都属于国家所有,因此,对环境的损害就是对国家公共利益的损害。经过检测,发现填埋区域内土壤淤泥中锌和砷的含量超过《土壤环境质量标准》三级标准值,污染面积达3718平方米,区域内飞灰螯合物及其搅拌混合物的重量约22,785.50吨,炉渣重量为7912.20吨,损坏了土壤这一环境要素,造成的环境影响不容忽视。

相比于其他民事侵权责任,环境侵权责任构成要件明显具有特殊性:(1)有排污行为,但不以行为的违法性为要件;(2)损害事实;(3)排污行为与损害事实之间有因果关系;(4)过错推定原则。

12. 共同环境侵权构成要件及其责任承担

——常州市环境公益协会诉储某等五被告环境公益诉讼案评析*

一、案情概要

2012 年 9 月 1 日至案发，没有危险废物经营许可证的储某利用无锡金科化工有限公司（以下简称金科公司）的危险废物经营许可证并以其名义与无锡翔悦石油制品有限公司（以下简称翔悦公司）签订废油处置合同，并与常州精炼石化有限公司（以下简称精炼公司）签订油渣、白土渣回收协议，在博世尔公司的场地上从事“含油滤渣”的处置经营，从违规购置的危险废物中提炼废润滑油进行销售牟利。

2014 年 7 月 18 日，常州市环境公益协会起诉储某等五被告要求其承担受污染土地的整治、环境修复的费用，常州市人民检察院支持起诉。诉讼过程中，法院委托江苏常环环境科技有限公司（以下简称常环公司）进行损害评估鉴定，同时为了让公众参与环境修复，要求

---

* 本案来源：江苏省常州市中级人民法院民事判决书，（2014）常环公民初字第 2 号。

常环公司出具3套环境生态修复方案。

2014年8月6日,法院将3套方案在受污染场地周边予以公示,在现场发放问卷收集公众的意见。法院最终以该公众意见作为参考并综合案情确定了环境修复方案,要求常环公司按照环境修复方案提供鉴定意见。常环公司于2014年9月3日向法院提供了《常州市博世尔物资再生利用有限公司场地环境污染损害评估技术报告》。法院最终以该技术报告为依据作出判决。

二、判决要旨

储某向江苏省常州市生态环境法律保护公益金专用账户支付环境修复赔偿金283.07万元。向常环公司支付评估费用359,700元。博世尔公司、金科公司、翔悦公司、精炼公司对储某应承担的责任承担连带责任。

三、判决评释

本案的争议焦点之一在于五被告是否构成共同环境侵权。

原告常州市环境公益协会的观点是,储某没有处置危险废物的资质,却从事对危险废物进行收购、处置、销售牟利等违法行为,且没有采取污染防治措施,造成了严重的环境污染,严重损害了公共利益,应承担相应的赔偿责任。博世尔公司明知储某的行为违法,仍将其公司场地租借给储某,其主观上有过错。金科公司将其危险废物经营许可证出借给储某、博世尔公司使用。翔悦公司和精炼公司明知储某没有危险废物经营许可证,仍向储某、博世尔公司出售油泥、滤渣等国家规定的危险废物。以上均属于共同环境污染侵权,博世尔公司等四被告明知储某的行为违法仍对其提供帮助,应当对损害结果承担连带责任。

被告博世尔公司认为,原告常州市环境公益协会关于被告储某与其公司的关系是凭空捏造的,并且公司同样是受害者。被告金科公司认为,其没有借给储某许可证,储某的个人行为与公司没有关系。被告翔悦公司承认,其将白土渣交给了没有危险废物经营许可证的储某进行处置、售卖等行为违法,但并没有直接对环境造成污染,并且在储某非法处置的危险废物中,原告没有确切证据证明污染物有多少是属于其公司的,公司愿意承担一定的赔偿责任,不认为应该和储某一起承担连带责任。被告精炼公司认为,其对环境污染事实存在过失,但是即使其主观上有过错,其行为与本案的损害结果没有直接的因果关系,也没有与其他被告的行为结合导致同一损害结果的产生,不构成共同环境污染侵权,不承担连带责任。

常州市人民检察院认为,被告储某没有处置危险废物的资质,却从事对危险废物进行收购、处置、销售牟利等违法行为,且没有采取污染防治措施,造成了严重的环境污染,严重损害了公共利益,应承担相应的赔偿责任。被告金科公司违规出借危险废物经营许可证给被告储某使用,并允许被告储某以其名义收购危险油泥、滤渣等国家规定的危险废物,其在主观上具有明显过错,应对环境损害结果承担连带赔偿责任。被告翔悦公司在明知被告储某没有危险废物经营许可证的情况下,仍将危险废物出售给储某进行非法处置,在主观上也存有过错,应承担连带赔偿责任。根据相关法条的规定,被告储某、金科公司、翔悦公司应共同承担环境污染侵权责任。

下文拟就此问题,在检讨法院判决的基础之上,探析我国现行法律体系下的规范依据与判断标准。

(一)共同环境污染侵权责任的构成要件

所谓共同环境污染侵权,是指两个或者两个以上的加害企业的排污行为导致他人人身或者财产权益遭受同一的不可分割的损害。[①] 虽说共同环境污染侵权兼具环境污染侵权和共同侵权的一些特点,但共同环境污染侵权的构成也有其独特之处。

首先,主体必须是复数。此处的复数是指侵权主体为两人或两人以上。这也是共同环境污染侵权和一般环境污染侵权的重要区别之一。在实践中,共同环境污染侵权行为的主体可能是自然人,也可能是法人或其他组织,同时还可能是自然人与法人或其他组织的结合。从侵权主体的类型来看,包括直接排放污染物的生产者、污染物的处置者,还包括污染物集中治理设施的运营者,有时还会涉及相关行政机关。本案中,共同环境污染侵权行为人就是自然人与法人相结合,其中被告储某为自然人,博世尔公司、金科公司、翔悦公司和精炼公司四被告为法人。

其次,各侵权行为具有关联共同性。共同环境污染侵权要求有共同的侵害行为,即各侵权行为人实施的侵害行为之间具有关联性,共同导致环境

① 参见张梓太:《环境法律责任研究》,商务印书馆2004年版,第129页。

污染损害结果的发生。我们目前尚不能确定一个统一的、可参考的关联性标准，因为不同类型的多人环境污染行为的关联共同性表现形式会有所不同。① 因而，“只要数个环境侵权原因行为之间具有结合性或通过综合考虑而具有社会公认是一个共同行为的那种程度的整体性，即可认为是共同的违法行为”。② 日本的“四日市烟害案”是一起关联性认定的典型案件，日本法院认为，只要企业集体性地选址设立、大体上进行同样的作业、有煤烟持续不断地排出等客观事实存在，即可认定存在关联共同性，应当承担连带责任。本案例中，在同一时空内，被告储某非法处置危险废物、博世尔公司提供场地、金科公司出借危险废物经营许可证、翔悦公司和精炼公司出卖危险废物的行为构成一个整体，导致周边土地严重污染的危害结果。五被告之间的行为具有共同关联性，构成共同环境污染侵权。

翔悦公司和精炼公司认为其将废弃物通过合同交给他人处理或者处置，它们的防治污染的责任也就转移了。根据《环境保护法》，企事业单位防治污染的责任属于公法上的义务。所谓公法上的义务，是对公众、社会及国家承担的义务，一般不随着民事合同关系而转移。但是随着环境治理社会化和环保产业的发展，排污企业将污染物交付给第三方处理的做法越来越普遍，当污染物经合法的程序转移给符合资质的企业处理时，污染物处理产生的法律后果的承担已经转移至污染物的实际处理企业。然而，这种责任的转移是有条件的，即排放污染物的企业尽了法定的管理和注意义务。实践中，一些排污企业没有尽职尽责地审查受托方污染物处理的资质和能力，有时甚至明知对方既无资质，又无处理能力，仍然将废弃物交给对方处理，更有甚者与受托方签订虚假合同违法转移废弃物。这都会使这些排污企业对污染物异地产生的污染具有过失，也与损害事实有因果关系，因此不能免除法律责任。

再次，侵害行为与损害结果之间存在总体的因果关系。共同环境污染侵权中会同时存在多个加害人，并且各加害人的行为之间具有关联性。但

---

① 参见肖海军编著：《环境事故认定与法律处理》，湖南人民出版社 2003 年版，第 274 ~ 275 页。

② 张浩强：《论共同环境侵权》，载《当代法学》2002 年第 2 期。

是,其并不要求每一个加害人的侵权行为都与损害结果有一一对应的因果关系。因而成立共同环境污染侵权只要求各加害人的行为与损害结果之间有总体上的因果关系。总体的因果关系一般以“多因一果”的形式呈现,可以是多个加害人的侵权行为同时发生,并且各加害人的行为均足以造成全部损害结果的发生;也可以是多个加害人的侵权行为,每一个都不能独立导致全部损害结果的产生,但各加害人的侵权行为结合在一起造成了全部的损害结果。本案中,被告储某在没有向环保局报批环境影响评价文件,没有配备一系列的防治设施,且没有取得危险废物经营许可证的情况下,非法处置危险废物,污染了周边环境。被告博世尔公司明知储某无处置危险废物的资质,仍提供堆放危险废物的公司厂房,造成其场地内土壤被严重污染的损害事实发生。被告翔悦公司和精炼公司在明知储某违规自行处置危险废物的行为的情况下,仍违规操作向其出售危险废物。被告翔悦公司和精炼公司的行为与其他三被告的行为相结合,同损害事实的发生之间有必然联系,存在总体的因果关系。

最后,同一的损害结果发生的事实。结果同一性是共同环境污染侵权的重要标志,而且危害结果不是将各加害人行为导致的损害简单相加,而是作为一个密不可分的整体。如果各个加害行为人的侵权行为是针对不同的受害人实施的,或者即使是针对同一受害人,但是不同的权益分别遭受侵害,或者即使是侵害同一权益,但是能够分成事实层面的损害后果和法律层面的损害后果,就有可能构成分别侵权或并发侵权,而非共同侵权行为。[①]因而,只有在多个加害行为结合后产生了同一的且不可分离的危害结果,才是真正的共同环境污染侵权。如果没有同一个损害结果,即使各加害人的行为相互结合,也不一定构成共同环境污染侵权。在本案中,储某等五被告共同实施的加害行为相结合后导致了同一的损害事实:博世尔公司场地内的土地被危险废物污染,该损害结果不可分割,故储某等五被告构成共同环境污染侵权。

(二)共同环境污染侵权责任的承担

与《侵权责任法》(已失效)第67条相比较,《民法典》第1231条有两处

---

① 参见李新:《数人侵权形态划分及其责任承担标准的法律探析——兼评我国〈侵权责任法〉的相关规定》,载《法学杂志》2010年第1期。

重大的修改:一是原因行为处增加了“破坏生态”这一侵权形态,这是“环境污染和生态破坏责任”这一章整体的变化;二是增加了认定责任份额的原因力判断因素,从仅列举“污染物的种类、排放量”两个因素增加为“污染物的种类、浓度、排放量,破坏生态的方式、范围、程度,以及行为对损害后果所起的作用”等因素。此外,有个别文字的修改,如将“污染者”改为“侵权人”。

结合最高人民法院《关于审理环境侵权责任纠纷案件适用法律若干问题的解释》(以下简称《环境侵权纠纷司法解释》)的规定,可以就数人环境侵权的责任及其份额承担规则作如下梳理。

1. 共同环境侵权行为的责任承担

两个以上侵权人共同实施污染环境、破坏生态行为造成损害的,因存在共同意思联络,为共同加害行为,应当适用《民法典》第 1168 条关于“二人以上共同实施侵权行为,造成他人损害的,应当承担连带责任”的规定。各共同侵权人对被害人承担连带责任后,按照《民法典》第 1231 条的规定确定各侵权人的责任份额。实践中有观点认为,共同侵权行为属于过错责任的范畴,行为人承担责任的基础在于其是否具有主观过错,适用无过错责任归责原则的环境侵权不可能成立共同侵权。我们认为,无过错责任原则虽不以行为人的故意、过失为要件,但这不意味着行为人没有过错,行为人不仅可以因故意、过失致人损害,同样也可以事先通谋策划。因此,在适用无过错责任的环境侵权中,只要数个环境污染、生态破坏者之间存在共同故意或者共同过失,则构成共同侵权,应当承担连带责任。这种情形下,判断行为人承担连带责任的基础在于他们主观上的意思联络。对于此种类型的环境共同侵权行为的认定,遵循共同侵权的一般规则即可。

2. 无意思联络数人环境侵权的责任承担

两个以上侵权人分别实施污染环境、破坏生态行为造成同一损害的,因不存在共同意思联络,仅在损害后果上具备同一性,构成无意思联络数人环境侵权,应当适用《民法典》第 1172 条关于“二人以上分别实施侵权行为造成同一损害,能够确定责任大小的,各自承担相应的责任;难以确定责任大小的,平均承担责任”的规定,由各侵权人承担按份责任,直接适用第 1172 条规定确定各自的责任份额。《民法典》第 1172 条所规定的“能够确定责任大小的”,既包括《环境侵权纠纷司法解释》第 3 条第 2 款所规定的“每一个侵权人的污染环境、破坏生态行为都不足以造成全部损害”,又包括该条第 3 款所规定的“部分侵权人的污染环境、破坏生态行为足以造成全部损害,部分侵权人的污染环境、破坏生态行为只造成部分损害”。在后者情形下,虽然足以造成全部损害的部分侵权人对全部损害承担责任,但这仍然是与其过错相当的“损害担责”原则的体现。换言之,在后者情形下,被侵权人既可以对只造成部分损害的行为人主张部分损害,同时对足以造成全部损害的行为人主张全部损害;也可以仅对足以造成全部损害的行为人主张全部损害。在造成部分损害的行为人不具备执行能力或未被起诉时,足以造成全部损害的行为人需要对全部损害承担责任,随后可行使追偿权;在造成部分损害的行为人具备执行能力时,对于共同造成损害部分,造成部分损害的行为人与足以造成全部损害的行为人根据各自责任大小确定相应的责任,难以确定责任大小的,平均承担赔偿责任。对全部损害中扣除共同损害后余下的部分,由足以造成全部损害的行为人承担责任。两个以上侵权人分别实施污染环境、破坏生态行为造成同一损害的,虽不具备共同意思联络,但每一个侵权人的侵权行为都足以造成全部损害的,应当适用《民法典》第 1171 条关于“二人以上分别实施侵权行为造成同一损害,每个人的侵权行为都足以造成全部损害的,行为人承担连带责任”的规定。所谓“足以”并不是指每个环境侵权行为都实际上造成了全部损害,而是指即便没有其他侵权人的共同作用,独立的单个污染环境、破坏生态行为也有可能造成全部损害。是故,各行为人对被害人承担连带责任后,按照《民法典》第 1171 条规定确定各自的责任份额。两个以上侵权人分别实施污染环境、破坏生态行为危及他人人身、财产安全,其中一人或者数人的行为造成他人损害的,应当适用《民法典》第 1170 条关于“二人以上实施危及他人人身、财产安全的行为,其中一人或者数人的行为造成他人损害,能够确定具体侵权人的,由侵权人承担责任;不能确定具体侵权人的,行为人承担连带责任”的规定。

在此种情形下,各个污染环境、破坏生态的行为人构成共同危险行为。能够确定具体侵权人且具体侵权人为两人以上的,由各侵权人承担相应的按份责任或连带责任。确定未造成他人损害的行为人不承担侵权责任。不能确定造成他人损害之具体侵权人的，由各个污染环境、破坏生态的行为人承担连带责任。各行为人在对被害人承担连带责任的基础上，能够确定责任大小的，按照《民法典》第1231条的规定确定各自应当承担的责任份额；难以确定责任大小的，平均承担责任。

四、主要法律条文链接

《中华人民共和国民法典》第1168条　二人以上共同实施侵权行为，造成他人损害的，应当承担连带责任。

《中华人民共和国民法典》第1229条　因污染环境、破坏生态造成他人损害的，侵权人应当承担侵权责任。

《中华人民共和国民法典》第1231条　两个以上侵权人污染环境、破坏生态的，承担责任的大小，根据污染物的种类、浓度、排放量，破坏生态的方式、范围、程度，以及行为对损害后果所起的作用等因素确定。

最高人民法院《关于审理环境民事公益诉讼案件适用法律若干问题的解释》第20条　原告请求修复生态环境的，人民法院可以依法判决被告将生态环境修复到损害发生之前的状态和功能。无法完全修复的，可以准许采用替代性修复方式。

人民法院可以在判决被告修复生态环境的同时，确定被告不履行修复义务时应承担的生态环境修复费用；也可以直接判决被告承担生态环境修复费用。

生态环境修复费用包括制定、实施修复方案的费用，修复期间的监测、监管费用，以及修复完成后的验收费用、修复效果后评估费用等。

五、结论

本案中，被告储某非法处置危险废物；被告博世尔公司明知储某的行为违法，仍放任其在公司场地内持续进行环境污染的行为；被告金科公司对储某借其危险废物经营许可证实施违法处置行为是明知的；被告翔悦公司和精炼公司在明知被告储某没有危险废物经营许可证的情况下，仍将危险废物出售给储某进行非法处置。五被告的行为相互结合后，导致了同一损害结果的产生，并且对损害结果均存在过错，构成共同加害的环境污染侵权，应按照《民法典》第1168条的规定承担连带责任。

13. 环境污染侵权中的证明责任问题

——张某诉杨某固体废物污染侵权案*

一、案情概要

张某在2010年年底，向钟某租了位于黑村一组的耕地，投资30余万元种植玫瑰花，但此地实际是杨某出租给钟某的。杨某为了获得暴利，将张某所租耕地旁边的耕地用废土、废渣填高1米左右后，一部分租给詹某生产空心砖，另一部分自己堆放铁矿粉，且整块场地没有设置排水沟。张某与杨某多次交涉未果，无奈只好在场地上修了一条简易排水沟。2011年9月底的一场大雨，将杨某场地上的铁矿粉、水泥粉和石粉的污水全部冲进了张某的家里和玫瑰花田里，后玫瑰花慢慢变黄。2011年10月6日，农业局、丽都花卉和研和农职院的领导、专家、技术员在分析后认为，花根吸收的有毒物质导致其物理性质改变。张某在指导下采取了多种措施，对玫瑰花进行多次杀菌、消毒，用生根肥和营养液挽救根系，但最终玫瑰花还是全部枯萎。

---

* 本案来源：云南省玉溪市红塔区人民法院民事判决书，(2013)玉红环民初字第2号。

在审理过程中,张某针对自己的诉讼主张,向法庭提供以下证据加以证明:一是照片16张,证明玫瑰花被污染后受侵害的情况;二是李某、姜某出具的说明各一份,证明玫瑰花被污水污染后会死亡的事实;三是李某、唐某当庭作证,证明证人参加挖沟,场地被填高,玫瑰花被水淹死,现有玫瑰花是重新栽种的。

二、判决要旨

因审理需要,玉溪市中级人民法院司法技术处于2013年12月11日、31日委托云南乾盛司法鉴定中心对张某所种玫瑰花的死亡与詹某所开的空心砖厂产生的废物之间存在因果关系进行鉴定。但是因存在技术性问题,该中心司法鉴定人反复论证,认为该项鉴定无法完成。

法院认为,依据2001年最高人民法院《关于民事诉讼证据的若干规定》[①]第2条,当事人对自己提出的诉讼请求所依据的事实或者反驳对方诉讼请求所依据的事实有责任提供证据加以证明。没有证据或者证据不足以证明当事人的事实主张的,由负有举证责任的当事人承担不利后果。同时,第4条第1款第3项规定,因环境污染引起的损害赔偿诉讼,由加害人就法律规定的免责事由及其行为与损害结果之间不存在因果关系承担举证责任。本案中,张某主张杨某堆放在场地上的铁矿粉被雨水冲刷后的污水流到其玫瑰花田,将其栽种的玫瑰花污染,导致玫瑰花枯萎死亡,但张某提供的证据不能证明杨某在租给詹某的场地上堆放过铁矿粉,也不能证明杨某堆放铁矿粉的污水冲刷到张某的玫瑰花田及其造成损失的大小。虽然张某栽种的玫瑰花枯萎与杨某堆放铁矿粉的固体废物之间是否存在因果关系的举证责任在杨某,但确定这一因果关系是否存在涉及专门性问题,需要进行司法鉴定,虽经委托但鉴定机构回复称该项鉴定无法完成,致使张某栽种的玫瑰花枯萎的原因无法确定。原告提交的第一组证据,照片没有拍照时间,且庭审中原告陈述,2011年9月其种植的玫瑰花被水淹后,自己又于2012年2月全部清除并重新栽种,现原告提交的照片不能排除是原告在其他时间所拍,故本院不予认定。原告提交的第二、第三组证据不能证明原告的主张,本院不予认定。故张某要求杨某赔偿玫瑰花的损失132万元并将玫瑰

① 该规定已于2019年修正。——编者注

花恢复到污染前状态的请求无事实依据,本院不予支持。一审法院判决驳回原告张某的诉讼请求。

三、判决评释

本案的污染物系从詹某空心砖厂排出的石粉、水泥粉以及被告杨某堆放的铁矿粉。依据我国《固体废物污染环境防治法》第 124 条,固体废物,是指在生产、生活和其他活动中产生的丧失原有利用价值或者虽未丧失利用价值但被抛弃或者放弃的固态、半固态和置于容器中的气态的物品、物质以及法律、行政法规规定纳入固体废物管理的物品、物质。经无害化加工处理,并且符合强制性国家产品质量标准,不会危害公众健康和生态安全,或者根据固体废物鉴别标准和鉴别程序认定为不属于固体废物的除外。铁矿粉、石粉及水泥粉对于砖厂来说已经丧失了其使用价值,其形态也符合我国法律所规定的固废形态,所以属于固体废物没有疑问。但是,本案原告因缺乏证据,诉讼请求不能得到支持,是否正确?下文拟对此进行探析。

(一)环境侵权责任"损害"认定的特殊性

传统的民事侵权责任理论是以损害结果的现实出现为条件,即"有损害才有救济,无损害则无责任"。证据在司法实践中是至关重要的,损害后果若没有充分证据支持就像无本之木、无源之水。一项有效的证据首先要具备证据能力,即一定事实材料作为认定案件事实依据所应具备的法律上的资格,即证据三性:合法性、真实性、关联性;其次还要具备证明力,所谓证据的证明力是指证据对于案件事实的证明作用的大小(强弱),即证据三性中的关联性。关联性与证明力是呈正比的:一项证据与案件的关联性越强其证明力也就越大;相反,关联性越小其证明力也就越弱。当事人举证的证据通过法官思维的整合组成完整的证据逻辑链条,从而证明案件事实与损害后果之间的因果关系,只有因果关系成立才能定案判决。

但是环境侵权作为一种特殊的侵权行为,其中的"损害"不仅应当包括损害的事实还应包括足以造成损害的危险,即要将环境侵权责任从"结果"责任扩展至"危险责任"以更好地践行环境保护法的预防原则,同时体现环境法的科学性。① 这也是因为,环境本身有自净能力,排放到自然环境中的

---

① 参见王甜、邓瑞:《论生态环境损害赔偿责任的责任构成》,载《新形势下环境法的发展与完善——2016 年全国环境资源法学研讨会(年会)论文集》(会议资料)。

污染物大部分被环境消化,不会对人类造成损害,但是环境的自净能力是有限度的,一旦某种污染物的排放量超过了环境所能承受的范围,就会造成污染。污染表现在外界并造成人或物的损害是一个蓄积的过程,这个过程人们一般是很难发现的,这就是环境损害滞后性、潜伏性的表现。例如,土壤污染就需要一个长期的潜伏过程。即使现代工业企业向自然界排放或倾倒的污染物符合各项标准,也不能否认这些物质在经过漫长时间的累积之后不会对土壤造成污染进而危害人体。本案中的损害后果很明显,即原告张某种植的玫瑰花死亡及由此造成的财产损失。在庭审中张某向法院提交了16张照片,证明玫瑰花被污染后受侵害的情况,但是这些照片因为没有标明具体的拍摄时间而未被作为定案证据。

(二)环境侵权责任因果关系推定与举证责任倒置

在传统侵权民事法律责任的追究上,必须在损害行为与损害结果二者之间存在因果关系的前提下,行为人才承担相应的民事责任,即采用必然因果说,认为只有当行为人的行为与损害结果之间具有内在的、本质的、必然的联系的时候,才具有法律上的因果关系。① 环境侵权责任的成立与承担,也必须以因果关系的存在为前提。但是,环境侵权行为本身具有的持续性、间接性、扩张性、滞后性、潜伏性和复合性等特点,使认定环境侵权行为人的行为与损害后果之间具有本质必然的因果关系具有较大的困难。因此,实践中很多国家都采取推定因果关系理论。所谓推定,就是指在基础事实已被证据证明而推定事实未能被证据证明的情况下,依据基础事实与推定事实之间的常态关系来认定推定事实的一种特殊证明方法。"常态关系"是指基础事实与待证事实之间存在一定的充分条件关系,即在大多数场合,只要存在基础事实,就相应地存在待证事实。② 比如,某种疾病或某种财产损失的致害原因虽然多样,但根据诉讼时科学技术的研究成果,能够证明排污者排放的污染物中含有能够导致该案损害后果的特定物质,且受害人人身或财产中确实含有或接触了该物质,则可据此推定排污行为是受害人人身或财产损害的原因行为。本案中,法院

---

① 参见洪东冬:《环境侵权因果关系推定的法律适用》,载《科技展望》2015年第28期。

② 参见邹雄:《论环境侵权中因果关系的认定》,载《中国政法大学学报》2010年第2期。

要求对玫瑰花受到的损害与詹某开办的空心砖厂产生的固体废物之间是否存在因果关系以及张某栽种的玫瑰花受到损失的大小进行司法鉴定，最后因技术水平的限制致使鉴定无法完成。本案中的常态关系是，只要证明玫瑰花中含有杨某堆放的铁矿粉元素，就说明常态关系是存在的，如此就可以推定，原告张某的玫瑰花死亡与被告砖厂所排放的固体废物是有因果关系的。在基础事实存在的情况下，被告就要对此因果关系不存在进行证明，如果被告证明不了，就要承担败诉的责任。因果关系推定理论在一定程度上将举证责任转移给了被告，减轻了原告的举证负担，合法地保护了受害人的权益，使受害方与加害方在诉讼中处于平等的地位，保证了环境侵权诉讼的公正性。

然而，我国在环境侵权诉讼相关的法律和司法解释中，都没有对因果关系认定的方法进行具体规定，只是在环境侵权诉讼中采用了举证责任倒置的证明原则。方便起见，下文将我国现行法律、法规、司法解释、单行法规及其他规范性文件中涉及环境污染侵权举证责任的相关规定予以分类整理，见表1。

表1　环境污染侵权举证责任相关规定

法律法规及规范性文件	条目	发布时间
《民法典》	**第1230条**　因污染环境、破坏生态发生纠纷，行为人应当就法律规定的不承担责任或者减轻责任的情形及其行为与损害之间不存在因果关系承担举证责任	2021年
《固体废物污染环境防治法》①	**第86条**　因固体废物污染环境引起的损害赔偿诉讼，由加害人就法律规定的免责事由及其行为与损害结果之间不存在因果关系承担举证责任	2015年
《水污染防治法》	**第97条**　因水污染引起的损害赔偿诉讼，由排污方就法律规定的免责事由及其行为与损害结果之间不存在因果关系承担举证责任	2017年
最高人民法院《关于民事诉讼证据的若干规定》	**第4条**　下列侵权诉讼，按照以下规定承担举证责任：……（三）因环境污染引起的损害赔偿诉讼，由加害人就法律规定的免责事由及其行为与损害结果之间不存在因果关系承担举证责任	2008年

续表

法律法规及规范性文件	条目	发布时间
最高人民法院《关于审理环境民事公益诉讼案件适用法律若干问题的解释》	**第14条** 对于审理环境民事公益诉讼案件需要的证据，人民法院认为必要的，应当调查收集。对于应当由原告承担举证责任且为维护社会公共利益所必要的专门性问题，人民法院可以委托具备资格的鉴定人进行鉴定	2020年
最高人民法院《关于审理环境侵权责任纠纷案件适用法律若干问题的解释》	**第6条** 被侵权人根据民法典第七编第七章的规定请求赔偿的，应当提供证明以下事实的证据材料：(一)侵权人排放了污染物或者破坏了生态；(二)被侵权人的损害；(三)侵权人排放的污染物或者其次生污染物、破坏生态行为与损害之间具有关联性。 **第7条** 侵权人举证证明下列情形之一的，人民法院应当认定其污染环境、破坏生态行为与损害之间不存在因果关系：(一)排放污染物、破坏生态的行为没有造成该损害可能的；(二)排放的可造成该损害的污染物未到达该损害发生地的；(三)该损害于排放污染物、破坏生态行为实施之前已发生的；(四)其他可以认定污染环境、破坏生态行为与损害之间不存在因果关系的情形	2020年
最高人民法院《〈关于审理环境民事公益诉讼案件适用法律若干问题的解释〉的理解和适用》②	**三、《解释》的主要内容** …… (三)关于原、被告举证能力的适当平衡 社会组织举证能力不足是制约其提起环境民事公益诉讼的重要因素，为实现原、被告双方举证能力上的实质平等，除了人民法院应依法适用侵权责任法关于举证责任的相关规定以及依职权调查收集证据、委托鉴定外，《解释》还规定了以下两方面措施：一是落实公民知情权。环境保护法规定公民有获取环境信息的权利，同时明确了重点排污单位应承担的环境信息公开义务，这为环境侵权行为的受害人行使知情权提供了实体法依据。据此，《解释》对环境民事公益诉讼的被告拒不提供重要环境信息的法律责任予以明确，即原告请求被告提供其排放的主要污染物名称、排放方式等环境信息，法律、法规、规章规定被告应当持有或者有证据证明被告持有而拒不提供，如果原告主张相关事实不利于被告的，人民法院可以推定该主张成立。二是引入民事诉讼法第十五条规定的支持起诉制度，检察机关、负有环境保护监督管理职责的部门及其他机关、社会组织、企业事业单位可以在环境民事公益诉讼中以提供法律咨询、提交书面意见、协助调查取证等方式为原告提供支持和帮助，从而补强社会组织的诉讼能力，更好地维护社会公共利益	2015年

续表

法律法规及规范性文件	条目	发布时间
贵州省高级人民法院《关于推进环境民事公益诉讼审判工作的若干意见》	**17.** 环境民事公益诉讼的原告应当就存在污染环境、破坏生态行为和损害承担举证责任,并应就行为与损害之间存在关联性作出说明;被告应就法律规定的不承担责任或者减轻责任的情形及其行为与损害之间不存在因果关系承担举证责任	2015年
海南省高级人民法院《关于开展环境资源民事公益诉讼试点的实施意见》	**第14条** 环境公益诉讼案件的原告对污染损害行为、污染损害事实承担举证责任。环境公益诉讼案件的被告应当就法律规定不承担责任或者减轻责任的情形及行为与污染损害后果之间不存在因果关系承担举证责任	2011年
昆明市法检两院联合出台《关于办理环境民事公益诉讼案件若干问题的意见》	**三是**明确了环境民事公益诉讼证据原则。1. 环境民事公益诉讼案件的损害事实、损害后果由公益诉讼人(原告)承担举证责,其侵权行为与损害后果之间的因果关系由被告承担举证责任	2010年
昆明市环境保护局《关于办理环境民事公益诉讼案件的指导意见(试行)》	**第13条** 环保行政主管部门在环境民事公益诉讼中,对被告的污染行为、损害事实、损害后果、索赔依据等承担举证责任	2011年
玉溪市中级人民法院、人民检察院《关于办理环境资源民事公益诉讼案件若干问题的意见(试行)》	**13.** 环境资源民事公益诉讼案件中被告的危害行为、损害事实、损害后果由起诉人承担举证责任。 **14.** 环境资源民事公益诉讼案件的被告应当就法律规定不承担责任或者减轻责任的情形及行为与损害后果之间不存在因果关系承担举证责任	2011年

①《固体废物污染环境防治法》于2020年第2次修订,此条已删除。

②该理解和适用依据2015年最高人民法院《关于审理环境侵权责任纠纷案件适用法律若干问题的解释》作出,为便于理解,本表予以保留。

由此可见,我国《民法典》、《固体废物污染环境防治法》和《水污染防治法》以及其他地方规范性文件和司法解释均明确规定,在环境侵权中由被告对法律规定的不承担责任或减轻责任的情形以及行为与损害之间不存在因果关系承担举证责任。只是最高人民法院《关于审理环境侵权责任纠纷案件适用法律若干问题的解释》第6条和贵州省高级人民法院发布的《关于推进环境民事公益诉讼审判工作的若干意见》第17条均规定,在环境侵权赔偿诉讼中需要原告举证的除侵权行为、损害结果外,还需要举证侵权行为与损害结果之间具有关联性。那么此处的关联性与因果关系的关系如何？法条中并未规定。

举证责任倒置存在推定的因素,与因果关系推定理论具有一定的相似性,两者都在一定程度上减轻了原告举证的困难程度。但是两者也存在很大的区别:举证责任倒置要求受害人只对加害行为与损害结果这两个构成要件进行举证,而加害人不仅要承担因果关系不存在的说服责任,而且要承担首先提出证据证明因果关系不存在的责任。① 在因果关系推定中,之所以能够从基础事实为真推定因果关系存在,是因为二者存在常态关系。如果常态关系都不存在那么推定就毫无根据了。举证责任倒置原则的适用,是不需要有常态关系的存在的。不区分具体案件,无论损害成因是否具有特异性,也无论科学上对某种损害后果的发生原因是否有较为明确的认定,都可以从加害行为与损害结果这两个事实中直接推定二者存在因果关系。因此,我国的举证责任倒置中的推定有时是没有完整的逻辑性的,是不完善的。

本案中,法院认为,虽然张某栽种的玫瑰花枯萎与杨某堆放铁矿粉的固体废物之间是否存在因果关系的举证责任在杨某,但要确定这一因果关系是否存在涉及专门性问题,需要进行司法鉴定。由此看来,法院认为如果要证明因果关系的存在,首先要证明玫瑰花与杨某堆放的铁矿粉中某种元素有关系。例如,玫瑰花生长的适宜环境是没有铁元素的存在,过量吸入铁元素会导致玫瑰花死亡;经司法鉴定确认,死亡的玫瑰花中含有大量的铁元素,依此就可推定玫瑰花的枯萎与杨某堆放的铁矿粉有因果关系。本案中,法院要求做的司法鉴定就是鉴定是否有常态关系存在。证明常态关系存在的责任是由原告承担的,由于技术原因无法鉴定,原告就因举证不能而承担了败诉的责任。因此,可以看出法院适用的仍然是因果关系推定理论。相反,如果本案适用举证责任倒置的原则,原告只需要提交杨某堆放铁矿粉的合法有效的证据,铁矿粉流入玫瑰花田的证据以及玫瑰花枯萎的证据,就可以推定杨某堆放的铁矿粉与玫瑰花的枯萎有因果关系,而证明两者无因果关系的责任就由被告杨某承担。但是,由于原告张某提交的证据有限,并且在 2011 年 9 月

---

① 参见薄晓波:《倒置与推定:对我国环境污染侵权中因果关系证明方法的反思》,载《中国地质大学学报(社会科学版)》2014 年第 6 期。

其种植的玫瑰花被水淹后，张某又于2012年2月全部清除重新栽种，致使受有损害的现场已经被毁，仅几张照片的说服力是很弱的。

当然，在具体区分案件的特异性的情况下适用举证责任倒置原则也是有很大积极意义的。在环境侵权诉讼中，当事人往往一方是具有污染行为的企业，另一方是遭受环境损害后果的公民。与企业相比，公民既是受害方也是证据收集弱势的一方，其无论是在证据收集上，还是在环境侵权法律认识上都是比较欠缺的。适用举证责任倒置原则，公民不需要对企业具有污染行为承担举证责任，只需要对自己遭受的损害举证达到盖然性的证明即可，这可以极大地减轻原告的诉讼证明负担。立法这样规定可以为环境污染受害者提供强有力的保护，减轻环境污染侵权案件中处于相对弱势地位的污染受害者的举证责任，平衡两造双方的举证能力，使诉讼双方重新回归平等，强化对污染受害者的救济与保护。

四、主要法律条文链接

《中华人民共和国民法典》第1230条 因污染环境、破坏生态发生纠纷，行为人应当就法律规定的不承担责任或者减轻责任的情形及其行为与损害之间不存在因果关系承担举证责任。

《中华人民共和国固体废物污染环境防治法》第121条 固体废物污染环境、破坏生态，损害国家利益、社会公共利益的，有关机关和组织可以依照《中华人民共和国环境保护法》、《中华人民共和国民事诉讼法》、《中华人民共和国行政诉讼法》等法律的规定向人民法院提起诉讼。

最高人民法院《关于审理环境民事公益诉讼案件适用法律若干问题的解释》第14条 对于审理环境民事公益诉讼案件需要的证据，人民法院认为必要的，应当调查收集。

对于应当由原告承担举证责任且为维护社会公共利益所必要的专门性问题，人民法院可以委托具备资格的鉴定人进行鉴定。

最高人民法院《关于审理环境侵权责任纠纷案件适用法律若干问题的解释》第6条 被侵权人根据民法典第七编第七章的规定请求赔偿的，应当提供证明以下事实的证据材料：(一)侵权人排放了污染物；(二)被侵权人的损害；(三)侵权人排放的污染物或者其次生污染物、破坏生态行为与损害之间具有关联性。

最高人民法院《关于审理环境侵权责任纠纷案件适用法律若干问题的解释》第7条 侵权人举证证明下列情形之一的，人民法院应当认定其污染环境、破坏生态行为与损害之间不存在因果关系：(一)排放的污染物、破坏生态的行为没有造成该损害可能的；(二)排放的可造成该损害的污染物未到达该损害发生地的；(三)该损害于排放污染物、破坏生态行为实施之前已发生的；(四)其他可以认定污染环境、破坏生态行为与损害之间不存在因果关系的情形。

五、结论

现存的法律法规或司法解释未对如何适用举证责任倒置、因果关系推定进行详细规定，造成在司法实践中有的法官应用因果关系推定理论定案，有的法官则应用举证责任倒置定案的混乱局面。因此，立法者应在之后的立法完善中，增加因环境污染引发纠纷的因果关系的认定可以适用因果关系推定的理论来定案的条款，并且对举证责任倒置原则的具体适用出台相关的立法解释，增加条款说明哪些案件适用因果关系推定理论，哪些案件适用举证责任倒置条款。这样在审理案件中法官才不至于迷茫、摇摆不定，才能真正做到有法可依、依法判案。

除此之外，通过本案可以看出在环境污染侵权责任纠纷的案件中，很多当事人提供的证据往往不能支持其诉讼请求。因此在实践中，要加强环境污染防治、生态环境保护方面的普法宣传教育，提高公民的环境意识，从而使公民在环境污染、生态破坏仅存在潜在危险时就能及时发现，从而保存证据，在诉讼中有力地维护自己的合法权益。这对于我国各地的治污防污、保护生态环境也都是非常有意义的。另外，可以鼓励创建一支专业的民间组织，这种组织的成员都是相关的化学、生物等方面的专业人才，他们对于土壤、空气、水、植物等这些环境因素都有专业的研究。在公民怀疑其损害是环境污染造成的时候，可以自主寻求这些组织的帮助，从而及时保存证据，避免在诉讼程序启动后，损害现场不复存在的情况下再找司法鉴定组织进行鉴定。这样不仅有利于维护当事人的环境权益，同时也可以提高司法判案的效率。

14. “主动磋商、司法保障”的生态环境损害赔偿民事纠纷救济途径

——贵州省首例生态环境损害赔偿协议司法确认案*

一、案情概要

2012年6月,X劳务有限公司与贵阳K化肥公司签订委托劳务协议,由X劳务有限公司承担贵阳K化肥公司污泥渣清运工作,将污泥渣运往贵阳K化肥公司建设的交椅山渣场。2012年年底,X劳务有限公司在未办理任何堆存或倾倒手续的情况下,开始将污泥渣运往大鹰田地块内非法倾倒,2015年年底停止运渣。堆场长360米,宽100米,堆填厚度最大50米,占地约100亩,目前堆存量约8万立方米。2016年11月,贵州省环境保护厅委托贵州省环境科学研究设计院对上述环境污染损害进行鉴定评估,并出具了《贵阳K化肥公司大鹰田废渣倾倒环境污染损害评估报告》。2017年1月13日,贵州省环境保护厅受贵州省政府委托,作为

* 本案来源:生态环境部第一批生态环境损害赔偿磋商十大典型案例。

赔偿权利人与X劳务有限公司、贵阳K化肥公司,就向大鹰田废渣倾倒造成生态环境损害赔偿事宜,经磋商达成协议,并向Q市人民法院申请司法确认。

二、判决要旨

2017年1月22日,Q市人民法院立案受理并进行了审查。2017年1月23日至2月6日,Q市人民法院在贵州省高级人民法院门户网站对协议主要内容进行了公示。按照协议,X劳务有限公司和贵阳K化肥公司需要承担907.62万元,这笔费用包括渣场综合整治及生态修复工程等费用757.42万元、前期应急处置费用134.20万元,以及环境损害鉴定评估费用11万元等。2017年3月28日,贵州省Q市人民法院生态保护法庭向申请人送达司法确认书,确认赔偿权利义务双方签订的生态环境损害赔偿协议具有法律强制执行力,如果赔偿义务人逾期不履行赔偿义务,法院可强制执行。

三、判决评释

党的十八届三中全会提出,对造成生态环境损害的责任者严格实行赔偿制度。2015年12月,中共中央办公厅、国务院办公厅(以下简称"两办")印发的《生态环境损害赔偿制度改革试点方案》(已废止)指出,国务院授权指定的试点省级政府作为本行政区域内生态环境损害赔偿权利人,对造成大气、地表水、地下水、土壤等环境要素和植物、动物、微生物等生物要素的不利改变,及上述要素构成的生态系统功能退化的污染环境、破坏生态责任人,按照民事纠纷解决途径,追究其生态环境损害赔偿责任。2016年8月30日,中央全面深化改革领导小组第二十七次会议审议通过了《关于在部分省份开展生态环境损害赔偿制度改革试点的报告》,同意在贵州、重庆、云南等7省(直辖市)开展生态环境损害赔偿制度改革试点。贵州作为试点省份之一,向环境保护部上报并印发《贵州省生态环境损害赔偿制度改革试点工作实施方案》(以下简称"贵州方案")。2016年11月,贵州启动生态环境损害赔偿试点工作,确定清镇市、仁怀市、遵义市播州区、福泉市、普安县人民法院生态环境保护法庭专属管辖贵州省境内的生态环境损害民事案件。在各地试点的基础上,2017年8月29日中央全面深化改革领导小组第三十八次会议审议通过了《生态环境损害赔偿制度改革方案》(以下简称《方案》)。2020年修订的《固体废物污染环境防治法》第122条也明确规定,固体废物污染环境、破坏生态给国家造成重大损失的,由设区的市级以上地方人民政府或者其指定的部门、机构组织与造成环境污染和生态破坏的单位和其他生产经营者进行磋商,要求其承担损害赔偿责任;磋商未达成一致的,可以向人民法院提起诉讼。

(一)磋商是及时实现"损害担责"的关键

根据《民事诉讼法》等相关法律,处理生态环境损害赔偿民事纠纷,一般有3种方式:和解、调解和民事诉讼。和解是赔偿权利人和赔偿义务人双方经过协商,达成和解协议,赔偿义务人自愿履行协议。调解是在第三方主持下,赔偿权利人和赔偿义务人对生态环境损害事宜进行磋商,达成调解协议,赔偿义务人自愿履行协议。这两种纠纷解决方式比较便捷,所用时间短,但是协议不具有法律上的强制执行力,如果赔偿义务方不履行协议约定的义务,协议将成为一纸空文,法院无法强制执行。由于解决生态环境损害赔偿需要具备很强的专业知识,实践中和解与调解有时处理赔偿事宜不够专业,以至于可能损害国家和公共利益,不能达到保护生态环境、惩处破坏生态环境行为的目的。

通过民事诉讼解决生态环境损害赔偿事宜,一般来说,比和解与调解更具专业优势,法院的判决也体现了司法权威性,具有强制执行力。但是,在实践中,有些案件审理的时间比较长,可能贻误治理修复时机。再者,赔偿权利方和义务方在法庭上的"针锋相对",也有可能引发赔偿义务方的敌对情绪,即其不积极配合生态环境治理修复。

众所周知,污染环境、破坏生态会造成大气、地表水、地下水、土壤、森林等环境要素和植物、动物、微生物等生物要素的不利改变,如果不"及时"修复,污染会持续扩散,生态会持续衰退,因而"及时"修复尤为重要。为了弥补以上生态环境损害赔偿纠纷救济途径的不足,"两办"及"贵州方案"中有一个重要内容,就是实施赔偿磋商、完善赔偿诉讼规则。根据相关规定,在发生生态环境损害后,省级人民政府可指定相关职能部门代表国家,提出生态环境损害赔偿要求,与责任人进行磋商,磋商结果可向人民法院申请司法确认,赋予执行力;磋商不成可向人民法院提起损害赔偿诉讼,让污染者担责,用赔偿款去治理和修复被破坏的生态环境。这种"主动磋商、司法保障"的原则,鼓励赔偿权利人主动与义务人就损害事实与程度、修复启动时间与期限、赔偿的责任承担方式与期限等具体问题进行磋商,并统筹考虑修复方案技术可行性、成本效益最优化、赔偿义务人赔偿能力、第三方治理可行性等情况,达成赔偿协议。这种协商性机制的创立,进一步丰富了我国生态环境管理模式,弥补了强制性行政手段和公益诉讼的短板,将有效促进生态环境保护管理效率的提升。

(二)生态环境损害赔偿中为什么可以进行磋商?

首先,这是生态环境损害赔偿中的不确定性所要求的。环境问题尤其是环境风险存在的不确定性带来了生态环境损害赔偿中的不确定性,比如修复方案技术可行性、成本效益最优化等问题都存在不确定性。在这种情况下,污染者往往比行政主管机关掌握着更多、更全面的相关信息。当沟通和磋商的规则和议程不明确的时候,污染者总是强调特殊行为程序的经济后果,而对此经济后果的评估即使是受过科学训练的行政机关人员也很难做到。如果在生态环境损害赔偿中设定磋商程序,可以让其中的利益相关者(政府、工厂和公众)通过沟通、谈判来进行赔偿,将有利于各方相互谅解,最终达成共识,解决生态环境损害的问题。

其次,环境立法预留的行政自由裁量范围为磋商提供了条件。早在1980年,弗雷泽河特别工作组(Fraser River Task Force)的研究报告就指出,污染控制法中的行政许可制度执行是非常困难的,因为法律条文写得"模棱两可或者含混不清并且缺少具体的信息",所以执行的时候,许可通常就是"在地区经理的指导下"执行的。[①] 大量的环境行政自由裁量权的存在是"合作行政"在环境执法中适用的法律基础。生态环境损害赔偿中的磋商即为此背景下"合作行政"的典型样态之一。生态环境损害赔偿磋商通过"磋商"这一具有私法内核的方式,在充分尊重生态环境损害赔偿义务人身份和定位的基础上,就有关生态环境维护和保护的事项展开沟通交流,并以生态环境损害赔偿义务人最终接受为目标。这种行政行为有助于改善过去那种存在多时的、固化的生态环境行政监管关系,有助于提高行政相对人对

① The Final Report of the Fraser River Task Force(July 30,1980)presented by A. Ackerman, B. Clapp et al.

行政事务的参与和关注程度。生态环境损害赔偿行政磋商的推行还意味着行政法基本原则的变革，即行政行为开始受“可接受性”原则的规范和约束。所谓可接受性原则是指行政主体施加行政行为要达到预期目的和法律效果，应当以行政相对人了解、认可和肯定为标准。这将改变我国以管控和调节为主要手段，注重行政机关优益地位的现象，有利于加强行政主体对行政相对人的意愿、观点和立场的尊重与关注。

（三）生态环境损害赔偿中的磋商属性

《方案》并没有明确磋商的性质，①从德国行政法上的双阶理论来看，②“民事磋商说”抑或“行政磋商说”均是建立在公私分立的理念上所形成的一种片面化解释，只能对生态环境损害赔偿磋商制度的部分面貌进行诠释。事实上，伴随现代行政任务的变迁，法学意义上的国家类型业已实现从自由法治国到社会法治国的转变，行政主体不仅要执行传统的管制性任务，还要为社会提供经济、社会和文化等方面的各种给付。③ 行政机关在生态环境损害赔偿磋商制度运行中的角色既表现为行使公权力的行政主体，④又表现为作为民事主体身份的赔偿权利人。⑤ 基于双阶理论的分析思路，我们认为生态环境损害赔偿磋商制度中的多重法律关系也可以划分为两个阶段：第一阶段为作出磋商决定的阶段。该阶段涵盖行政机关从组织开展生态环境损害调查、鉴定评估、修复方案编制等工作到根据评估报告作出是否启动磋商之决定的全过程。在这一阶段，行政机关行为的作出具有单方性，并受行政法的基本原则约束，属于公权行政行为。第二阶段为磋商协议的形成及履约阶段，针对的是作为赔偿权利人的行政机关与赔偿义务人之间

① 就目前的研究来看，生态环境损害赔偿磋商制度主要被定性为“民事磋商”和“行政磋商”。观点参见王金南：《实施生态环境损害赔偿制度　落实生态环境损害修复责任》，载《中国环境报》2015 年 12 月 4 日，第 2 版；韩英夫、黄锡生：《生态损害行政协商与司法救济的衔接困境与出路》，载《中国地质大学学报（社会科学版）》2018 年第 1 期。

② 参见严益州：《德国行政法上的双阶理论》，载《环球法律评论》2015 年第 1 期。

③ 参见陈海嵩：《国家环境保护义务论》，北京大学出版社 2015 年版，第 4 ~ 8 页。

④ 行政机关在磋商启动之前需要组织开展生态环境损害调查、鉴定评估、修复方案编制等工作，此时扮演的角色便是行使公法调查权的公权力机关。

⑤ 在磋商协议履行上，《方案》中“对经磋商达成的赔偿协议，可以依照民事诉讼法向人民法院申请司法确认”之规定，从侧面说明了磋商的私法属性，此时的行政机关是与赔偿义务人处于平等地位的民事主体。

如何通过磋商达成协议并履行的问题。该过程强调双方的互动性,应该适用私法规范来约束双方的行为。因此,基于双阶理论构建多重法律关系之间层次结构的思路,生态环境损害赔偿磋商制度可以被划分为以行政决定作出为内容的公法关系和以契约生成及履行为内容的私法关系。①

(四)磋商制度的时效性如何实现?

生态环境损害赔偿引入磋商制度的最大优势在于时效性。主要通过以下方式实现:

第一,磋商通过赔偿权利人、赔偿义务人、②利益相关主体等的平等对话,充分尊重参与磋商各主体的意思自治,能够平衡各主体的利益,以达到及时定分止争的效果。

第二,基于上述各方主体的意思自治,赔偿义务人也将是磋商制度中的"受益"主体,因为赔偿的及时解决能够保障赔偿义务人的正常经营,避免诉讼周期过长带来的不利影响。从另一角度来看,赔偿义务人及时履行赔偿义务,也为生态修复的开展提供了资金保障。

本案中,贵州省人民政府委托省环保厅代表国家,作为赔偿权利人代表,在省律师协会主持下,与本案的赔偿义务人 X 劳务有限公司和贵阳 K 化肥公司达成生态环境损害赔偿协议,并申请法院予以确认,没有经过普通的民事诉讼程序,解决了赔偿事宜,这是解决生态环境赔偿纠纷的一次有益尝试。

(五)生态环境损害赔偿如何磋商?

贯彻落实"两办"及"贵州方案",生态环境损害赔偿磋商是重要方式和途径。其具体实施机制如下。

首先,启动程序前,完成生态环境损害调查等基础工作。"贵州方案"明确,启动生态环境损害赔偿磋商时,应已经完成生态环境损害调查、鉴定

---

① 参见刘莉、胡攀:《生态环境损害赔偿磋商制度的双阶构造解释论》,载《甘肃政法学院学报》2019 年第 1 期。

② 《方案》中"赔偿权利人"与"赔偿义务人"的术语表达明显传递出"权利—义务"之平权法律关系的内涵,故行政机关作为赔偿权利人的角色应发生于平等协商的情境之下,在生态环境损害赔偿磋商制度运行中表现为损害赔偿的磋商过程,以及经磋商达成赔偿协议的履行两个阶段。

评估、修复方案编制等工作。本案进行磋商时,始终根据贵阳市环境保护局《关于大鹰田废渣倾倒造成生态环境损害案件的调查报告》、贵州省环境科学研究设计院(技术协作单位为中国环境科学研究院)编制的《贵阳K化肥有限公司大鹰田废渣倾倒环境污染损害评估报告》等事实证据,依据相关法律进行。这样做是为了避免磋商专业性不强,没有合理评估损害结果等现象,从而实现应有的生态修复效果,维护国家利益。

其次,专业人员主持和参与磋商。过去在司法确认案件中,一般是人民调解委员会组织磋商。但是,生态环境损害赔偿纠纷是专业性强的案件,需要具备较强的环境资源法律实践经验的专业人员参与,才能使案件处理更具专业优势。在本案中,贵州省环保厅听取法庭建议,由贵州省律师协会作为第三方,组织双方进行磋商。贵州省律师协会(生态文明律师服务团)作为生态环境损害赔偿第三方独立调解机构,其根据赔偿权利人和赔偿义务人的委托,确定磋商主持人、记录员。除律师主持磋商外,还邀请专业人士参与磋商,以保证磋商的公正性,发挥专业人员的优势。从贵州省生态环境损害赔偿鉴定评估专家库中,抽取环境污染防治、法律等方面的专家,并邀请生态环境损害侵权行为地县级以上地方人民政府、依法成立的以保护生态环境为宗旨的社会组织、公众代表等参与磋商。

再次,制定完善的磋商程序。“贵州方案”规定了完善的磋商会议程序,以保证磋商的程序和实体公正。比如,磋商会议程序包括:(1)赔偿权利人代表就生态环境损害赔偿情况进行陈述,发表赔偿意见并出示相关证据;(2)生态损害鉴定评估机构代表就鉴定评估情况进行说明;(3)赔偿义务人进行陈述并发表意见;(4)调解机构归纳争议焦点,根据鉴定评估结果,综合考虑修复方案的技术可行性等因素,提出磋商建议,与双方当事人进行充分磋商。通过本案的磋商,尝试设计制作了参加生态环境损害赔偿磋商的邀请函、生态环境损害赔偿磋商告知书、生态环境损害赔偿协议、生态环境损害赔偿磋商委托函、生态环境损害赔偿磋商协议进行司法确认的申请等一整套法律文书。

最后,为磋商设定保障措施。如果出现第一次磋商没能达成一致协议,或者达成协议经法院确认后,赔偿义务人不履行义务等情况,“贵州方案”规定了保障措施。一是磋商会议暂未达成共识的,磋商小组可以再次组织磋商，再次磋商的时间间隔一般不超过10个工作日，磋商次数原则上不超过2次，重大、疑难的案件最多不超过3次。二是磋商未达成一致或者赔偿协议司法登记确认前，赔偿义务人反悔拒不履行赔偿协议的，赔偿权利人应及时提起生态环境损害赔偿民事诉讼。三是赔偿协议经有管辖权的人民法院进行司法登记确认后，若赔偿义务人违约，赔偿权利人可以直接向有管辖权的人民法院申请强制执行。

四、主要法律条文链接

《贵州省生态环境损害赔偿磋商办法（试行）》第11条 启动生态损害赔偿磋商应具备以下几个条件：

（一）赔偿权利人向赔偿义务人提出磋商建议并得到义务人的同意；

（二）完成生态环境损害调查；

（三）符合规定的生态环境损害鉴定评估机构完成生态环境损害鉴定或评估；采用简易评估认定程序的应当有专家出具的专家意见；

（四）生态修复方案初步编制完成（含替代修复）；

（五）法律、法规等规定的其他条件。

《贵州省生态环境损害赔偿磋商办法（试行）》第15条 召开磋商会议。磋商会议按下列程序举行：

（一）记录员核对各方参会人员的身份和到会情况，宣布会议纪律和注意事项，介绍会议主持人、参与磋商各方当事人的基本情况，受邀参与磋商人的基本情况；

（二）会议主持人宣布磋商会议开始，介绍案由，告知各方当事人的权利和义务；询问各方当事人是否申请主持人、记录员和磋商小组成员回避；

（三）赔偿权利人代表就生态环境损害赔偿情况进行陈述、发表赔偿意见并出示相关证据；

（四）相关行政机关（或单位）对生态环境损害调查情况进行说明；

（五）生态环境损害鉴定评估机构对鉴定评估情况进行说明；

（六）赔偿义务人进行陈述并发表意见；

（七）第三人进行陈述并发表意见；

（八）受邀参与磋商人发表意见；

（九）调解机构归纳争议焦点，根据鉴定评估结果，综合分析修复方案的技术可行性、第三方修复可行性及生态环境损害赔偿义务人经济赔偿能力等因素,提出磋商建议,与双方当事人进行协商。

赔偿权利人和赔偿义务人对生态环境损害事实、调查结论和损害鉴定等无争议的,磋商程序可以进行简化,直接针对争议问题进行协商。

《中华人民共和国固体废物污染环境防治法》第122条第1款 固体废物污染环境、破坏生态给国家造成重大损失的,由设区的市级以上地方人民政府或者其指定的部门、机构组织与造成环境污染和生态破坏的单位和其他生产经营者进行磋商,要求其承担损害赔偿责任;磋商未达成一致的,可以向人民法院提起诉讼。

五、结论

生态环境损害赔偿磋商是中共中央、国务院于2015年在《生态文明体制改革总体方案》中确立的一项创新机制,[①]它是生态环境损害赔偿制度改革的重要内容。2020年我国生态环境损害赔偿制度试行工作顺利结束,贵州省作为生态环境损害赔偿制度改革首批试点省份之一,在生态环境损害赔偿磋商领域展开了诸多积极探索,并取得了一系列创新性成果。例如,2017年12月7日,该省率先颁布全国首部省级政府制定的生态环境损害赔偿磋商专门性规范性文件——《贵州省生态环境损害赔偿磋商办法(试行)》。具体到本案,以下生态环境损害赔偿磋商实践经验值得借鉴。

(一)概括性委托

在案件办理过程中,Q市人民法院建议贵州省政府法制办,由贵州省人民政府对此类案件做一个概括性委托,委托省相关职能部门代表国家作为赔偿权利人,不再每个案件委托一次。今后凡是涉及生态环境赔偿的个案,相关职能部门不必再向省政府申请,就可以代表国家直接作为赔偿权利人参与损害赔偿程序。

(二)尊重环境损害磋商的专业性

生态环境损害赔偿纠纷本身具有专业性强、复杂程度高等特点,这就需要具有较强环境知识、法律知识等方面的主体参与,才能更好地促进赔偿磋

---

① 参见宋亚容、汪劲:《生态环境损害赔偿磋商达成一致的影响因素分析》,载《环境保护》2022年第9期。

商活动的进行。本案中引入律师主持磋商,还邀请环保、法律等专业人员作为第三方主体参与磋商,最终促成双方达成一致,签订生态环境损害赔偿协议,这不仅有利于提高磋商的成功率,也更有利于彰显磋商的专业性。

(三)通过公示保证程序公正、接受监督

为保障程序公正,便于接受公众监督,Q 市人民法院将双方达成的磋商协议、修复方案等内容在贵州省高级人民法院门户网站进行了为期 15 天的公示,之后再出具司法确认书。通过采取于政府网站或其他媒体公示的方式,及时将赔偿磋商、生态环境修复方案等内容公开,不仅可保证《方案》中的"信息共享,公众监督"原则、《关于推进生态环境损害赔偿制度改革若干具体问题的意见》中的"接受公众监督"等中央关于生态环境损害赔偿磋商工作重要指导精神的落地落实,也可进一步提升赔偿磋商程序的公正性与透明度。当然,关于信息公开的主体、期限、程序、方式等具体事项的设定尚值得深入研究与探索,但不可否认的是,本案中所采用的公示方法可为上述诸多问题的进一步完善提供经验借鉴与方法指引。[①]

① 参见周婷婷:《生态环境损害赔偿磋商制度的构建》,载《广西社会科学》2021 年第 10 期。

15. 固体废物污染环境造成损害的生态修复

——张某等人承包水塘污染修复案*

一、案情概要

2015 年 10 月，广州市从化区人民检察院在履行渎职检察职责时发现，从化区鳌头镇中塘村大石古水塘（面积约 50,020 平方米，深度约 50 米，属于农用地性质）的实际承包人张某、经营管理者邝某等人从 2012 年 11 月开始，在没有办理建筑废弃物处置证和其他相关证照的情况下，有偿允许他人向涉案水塘大量倾倒建筑垃圾和生活垃圾，严重影响了周边村民的生活。

2015 年 9 月，从化区环保局对该水塘的水体和周边空气质量进行应急采样监测。经检测，水塘中水体的化学需氧量超过农田灌溉水质标准，水塘围场内及周边空气中臭气浓度严重超标。从化区人民检察院于 2015 年 11 月督促鳌头镇政府依法履行职责，鳌头镇政府曾责成张某、邝某进行垃圾清理工作。2015 年 11 月，从化区

---

* 本案来源：广东省广州市中级人民法院民事判决书，（2016）粤 01 民初 107 号。

人民检察院将该线索移送广州市人民检察院。

广州市人民检察院在民事公益诉讼起诉书中描述：经现场查看，张某、邝某仅清理了水塘表面的漂浮垃圾，未清理沉底垃圾，且大量垃圾没有清理即被当场填上泥土，塘水呈乌黑色，至今仍散发着恶臭。经评估，造成地表水生态环境损害120万元，涉案水体恢复至地表水Ⅴ类水质标准需要花费1250万元以上，严重影响当地生态环境的健康持续发展。广州市人民检察院就“张某、邝某污染环境案”，于2016年2月向广州市中级人民法院提起民事公益诉讼。庭审过程中，根据专业机构作出的评估报告，涉案水塘生态环境损害费用为1050万元。广州市人民检察院据此将诉讼请求变更为“赔偿水塘受污染期间环境功能损失费用人民币1050万元”。

二、判决要旨

法院审理认为，环境保护部华南环境科学研究所、广州市从化区环境监理二所、中国广州分析测试中心的监测和检验结果显示，涉案水塘因被倾倒垃圾，水塘水体的氨氮值、化学需氧量、臭气浓度均超标，造成环境污染，损害了社会公共利益。

一审判决自判决生效起3个月内，被告张某、邝某共同修复涉案水塘，使其水质达到地表水Ⅴ类水质标准；逾期未修复的，由法院选定具有专业资质的机构代为修复，费用由被告共同承担；自判决生效之日起10日内，被告共同赔偿生态环境受到损害至恢复原状期间服务功能损失费用1050万元（以上款项上缴国库，用于修复被损害的生态环境）。如果未按期赔付，依法加倍支付逾期产生的债务利息。

三、判决评释

我国环境公益诉讼经过多年的发展，关注重点已经从原告资格转变为实体权利的救济，诉讼主要围绕救济环境损害进行，以修复生态（或者环境）为核心。然而，生态修复作为新兴的、复杂的法律救济手段，司法实践在运用这一手段时面临许多挑战。

（一）生态修复的法律依据问题

原环境保护部办公厅2016年发布的《生态环境损害鉴定评估技术指南总纲》使用了“生态环境恢复”的术语，生态环境恢复是“指生态环境损害发生后，采取各项必要的、合理的措施将生态环境及其生态系统服务恢复至基线水平,同时补偿期间损害。按照恢复目标和阶段不同,生态环境恢复可包括基本恢复、补偿性恢复和补充性恢复”。2015 年最高人民法院《关于审理环境民事公益诉讼案件适用法律若干问题的解释》①(以下简称《环境民事公益诉讼司法解释》)及其相关司法实践使用了生态环境修复和替代性修复的用语。该司法解释第 20 条第 1 款规定,“原告请求恢复原状的,人民法院可以依法判决被告将生态环境修复到损害发生之前的状态和功能”。该司法解释中的“生态环境修复”其实相当于《生态环境损害鉴定评估技术指南 总纲》规定的生态环境恢复的基本恢复中的人工恢复措施,亦即生态环境恢复措施。同时,该司法解释第 20 条第 1 款还规定,“无法完全修复的,可以准许采用替代性修复方式”。在最高人民法院环境资源审判庭看来,替代性修复方式包括同地区异地点、同功能异种类、同质量异数量、同价值异等级等多种情形,上述方式都能使生态环境恢复到受损害之前的功能、质量和价值。替代性修复适用于“被损害的某处生态环境确实无法复原的情形”,亦即“部分或全部无法原地原样恢复的”情形。替代性修复可以在原受损生态环境所在地及其附近开展,也可以在异地开展。因此,替代性修复可以包括原地异质恢复、异地同质恢复和异地异质恢复等多种方式。需要强调的是,替代性修复提供的生态环境及其生态系统服务需要与原受损生态环境及其生态系统服务等值或大体相当,且位于同一个流域或生态区域。然而,《环境民事公益诉讼司法解释》本身没有清晰界定替代性修复的适用情形,这可能导致司法实践中适用替代性修复时偏离生态环境恢复目标的现象。②

《民法典》施行之前,法院关于生态修复的判决基本上以《民法总则》(已失效)或《侵权责任法》(已失效)有关“排除妨害、消除危险、恢复原状”等民事责任的规定为依据。但是这种生态修复不同于民法上规定的“恢复原状”,后者主要是救济民事权益,是一种私权的救济方式,而环境损害主要体现为公共利益的损害,生态修复主要为公法上的救济。所以在追究

① 该解释已于 2020 年修正。

② 参见王小钢:《生态环境修复和替代性修复的概念辨正——基于生态环境恢复的目标》,载《南京工业大学学报(社会科学版)》2019 年第 1 期。

"恢复原状"这一责任时,必须考虑生态系统受损害的程度,生态系统稳定和健康的基准,以及环境中公众的利益诉求,也就是说需要一系列公法和技术规则的补充。本案中,法院在审理案件时需要同时适用环境保护立法和侵权责任立法的规定,根据环境法的规定确定法律责任是否成立,根据侵权责任法的规定确定承担责任的形式。这确实会在一定程度上造成法律适用的割裂,例如,《侵权责任法》中无法找到救济环境损害的依据,而《环境保护法》中找不到生态修复的内容,所以只能依据《环境民事公益诉讼司法解释》。但是,《民法典》第 1234 条解决了《环境保护法》与《侵权责任法》割裂的问题,为生态环境修复提供了明确的法律依据。

(二)水塘受污染后环境功能损失费如何确定?

庭审中,公益诉讼人明确"环境功能损失费"是指最高人民法院《关于审理环境民事公益诉讼案件适用法律若干问题的解释》第 21 条规定中所指的"生态环境受到损害至恢复原状期间服务功能损失",两被告对赔偿金额有争议。

美国和欧盟当下都已选择将生态环境恢复成本(修复成本)方法作为生态环境损害评估的主要方法。当然,在生态环境恢复工程措施存在技术上不可行的情况下,或者在生态环境恢复工程成本远高于预期收益的情况下,可以采取环境价值评估方法。我国生态环境损害鉴定评估技术政策实际上也吸收了美国的自然资源损害评估程序和欧盟的生态环境损害评估经验,建立了以生态环境恢复成本方法为导向的生态环境损害鉴定评估程序。

按照《生态环境损害鉴定评估技术指南　总纲》,开展生态环境恢复,至少需要进行生态环境损害实物量化,计算生态环境损害实物量。对生态环境质量的损害,一般以特征污染物浓度为量化指标。对生态系统服务的损害,一般选择指示物种种群密度、种群数量、种群结构、植被覆盖度等指标作为量化指标。然后,进行生态环境损害价值量化。可以选择替代等值分析方法,编制和筛选生态环境恢复方案,估算生态环境恢复工程量和工程费用;也可以选择采用环境价值评估方法,计算生态环境损害数额。

为积极推进环境损害鉴定评估技术规范体系建设,原环境保护部于 2014 年印发了《环境损害鉴定评估推荐方法(第Ⅱ版)》。根据该推荐方法,以下三种情况适用虚拟治理成本法:(1)环境污染造成的生态环境损害无法通过恢复工程完全恢复;(2)生态环境损害恢复成本远远大于其收益;(3)缺乏生态环境损害恢复评价指标。另外,原环境保护部于2017年9月在《关于生态环境损害鉴定评估虚拟治理成本法运用有关问题的复函》附件,即《关于虚拟治理成本法适用情形与计算方法的说明》中作出了相关说明,并将其抄送其他相关机关。在此说明中,其将上述三种情况的第三种改成了"排放污染物的事实存在,由于生态环境损害观测或应急监测不及时等原因导致损害事实不明确或生态环境已自然恢复",并且又列举了两项不能适用虚拟治理成本法的情形:(1)实际发生的应急处置费用或治理、修复、恢复费用明确,通过调查和生态环境损害评估可以获得的;(2)突发环境事件或排污行为造成的生态环境直接经济损失评估。根据《突发环境事件应急处置阶段环境损害评估推荐方法》,生态环境损害数额是虚拟治理成本与受污染区域环境功能区所对应的环境敏感系数的乘积,该系数区间为1.5~10,其具体确定原则见表2。

表2 虚拟治理成本法确定生态环境损害数额的原则

污染类型	环境功能区类型	生态环境损害数额
地表水污染	Ⅰ类	大于虚拟治理成本的8倍
	Ⅱ类	虚拟治理成本的6~8倍
	Ⅲ类	虚拟治理成本的4.5~6倍
	Ⅳ类	虚拟治理成本的3~4.5倍
	Ⅴ类	虚拟治理成本的1.5~3倍
地下水污染	Ⅰ类	大于虚拟治理成本的10倍
	Ⅱ类	虚拟治理成本的8~10倍
	Ⅲ类	虚拟治理成本的6~8倍
	Ⅳ类	虚拟治理成本的4~6倍
	Ⅴ类	虚拟治理成本的2~4倍
土壤污染	Ⅰ类	大于虚拟治理成本的8倍
	Ⅱ类	虚拟治理成本的4~8倍
	Ⅲ类	虚拟治理成本的2~4倍

在本案中,法院认为,《环境损害鉴定评估报告》载明:该水塘由于长期

被倾倒垃圾，塘中污染物浓度水平较高，预计长时间内难以通过一次性工程完全恢复至基线浓度水平，且恢复成本远远大于其收益，故选择环境价值评估方法中的虚拟治理成本法进行生态环境损害量化核算；《突发环境事件应急处置阶段污染损害评估技术规范（征求意见稿）》中对地表水的损害确定原则系根据受污染影响区域的环境敏感度分别乘以 1.5～10 的倍数作为损害数额的上下限值。因涉案水塘的水质在受污染前为地表水，考虑其长期受纳的垃圾产生的环境危害大、时间跨度长等因素，评估机构确定以 3 倍计算环境损害数额并未超出上述规定的范围，公益诉讼人主张张某、邝某赔偿水塘受污染期间环境功能损失费用 1050 万元有事实和法律依据，法院予以支持。

（三）生态修复责任的承担方式的确定问题

生态修复的对象是受到严重污染，对于人体健康和经济、社会活动的安全存在严重危害或者风险的场地和区域。修复是一个系统工程，包括四个层面的内容：一是消除和减少污染物质；二是污染物质难以消除时，采取安全措施持续防止和减少污染特质的扩散；三是消除和减少环境物理、化学、生物等特性的变化；四是恢复生态系统的生态、历史和文化功能。①

法院判决承担环境修复责任的方式包括行为责任和经济责任。行为责任是指判决责任人在规定的时间内自行完成生态恢复的任务。这种方式下，金钱责任和行为责任合二为一，行为人在专业机构或者政府部门的指导下有权决定具体的修复技术和措施。无锡市中级人民法院的经验认为，在环境评估还不完善、经济成本难以核算的情况下，判定责任人按照一定的要求承担修复责任可以避免许多难题。经济责任是指判决责任人承担生态修复的成本费用。当责任人在规定的期限内拒绝承担生态修复责任，没有能力或者无正当理由不能完成生态修复责任时，可以由他人代为履行环境修复责任，但费用由责任人承担。昆明、广州等地法院的案例倾向于将修复责任核算为一定的费用，责令责任人支付费用。这些费用或者打入环境保护基金，或者上缴国库以待将来修复使用。确定生态修复责任后，要求责任人承担行为责任还是经济责任的问题，表面上看似技术和能力的问题，实质上与伦理和公平

① 参见李挚萍：《环境修复法律制度探析》，载《法学评论》2013 年第 2 期。

也有关系，两种责任相互替代，看似平等，但是在本案中却有极大的差别。本案的第二被告已经 70 多岁，经济条件一般，身体状况不好，行动不便，思维有一定的障碍，在法庭上多次失控大哭。400 余万元的生态修复款显然超出其偿付能力，若法院判决被告支付修复款，此案基本无法执行，达不到应有的社会效果。法庭宣判本案的第二被告承担修复的行为责任，行为人虽然也会面临行为人没有专业技术能力等难题，但是他可以通过争取他人的帮助，争取社会的救援来解决这一问题。本案判决留给了被告更多的选择，也留给社会各界帮助解决此事更多的空间。

(四)案件的执行问题

法院判决两名被告在 6 个月之内共同修复受污染的水塘，修复标准由环保部门审核。如果过期没有修复，由环保部门指定具有专业资质的机构代为修复，修复费用由两名被告共同承担，并担负连带责任。由此可见，法院将监督判决执行的责任主要交给了当地环保部门，这也是不少法院的共同做法。生态修复的周期长、过程复杂、技术性强，法院跟踪执行有诸多难题，而环保部门是环境治理和修复的主管部门，这样做既能发挥它们的特长，也能监督它们履行职责。当然，法院不能对判决的执行完全置之度外，否则会影响司法的威力和公信力。在案件执行的各个关键环节，法院都应该进行监督，发现执行偏离轨道，要加以纠正，对于执行不到位的情况则需要采取进一步的强制措施。

四、主要法律条文链接

《中华人民共和国民法典》第 1234 条 违反国家规定造成生态环境损害，生态环境能够修复的，国家规定的机关或者法律规定的组织有权请求侵权人在合理期限内承担修复责任。侵权人在期限内未修复的，国家规定的机关或者法律规定的组织可以自行或者委托他人进行修复，所需费用由侵权人负担。

最高人民法院《关于审理环境民事公益诉讼案件适用法律若干问题的解释》(2020 修正)第 20 条 原告请求修复生态环境的，人民法院可以依法判决被告将生态环境修复到损害发生之前的状态和功能。无法完全修复的，可以准许采用替代性修复方式。

人民法院可以在判决被告修复生态环境的同时，确定被告不履行修复义务时应承担的生态环境修复费用;也可以直接判决被告承担生态环境修复费用。

生态环境修复费用包括制定、实施修复方案的费用,修复期间的监测、监管费用,以及修复完成后的验收费用、修复效果后评估费用等。

最高人民法院《关于审理环境民事公益诉讼案件适用法律若干问题的解释》(2020修正)第21条 原告请求被告赔偿生态环境受到损害至修复完成期间服务功能丧失导致的损失、生态环境功能永久性损害造成的损失的,人民法院可以依法予以支持。

五、结论

我国《环境民事公益诉讼司法解释》在一定程度上采用了生态环境恢复成本方法。然而,我国环境公益诉讼和生态环境损害赔偿诉讼司法实践却在一定程度上扩大了替代性修复的概念外延和适用范围,可能会引发将来的替代性修复司法实践逐渐偏离生态环境恢复目标的后果。诚然,在什么情况下判决"生态环境修复",在什么情况下准许"替代性修复",法院都拥有一定程度的自由裁量权。然而,这种自由裁量权必须在一定程度上受制于生态环境恢复的目标、恢复生态学的基本原理和生态环境鉴定评估技术政策。

为了顺应生态修复的要求,我国的法律责任体系可考虑从以下方面完善:(1)明确修复成本追偿机制。在政府或者其他单位和个人代替企业履行了修复环境的责任后,确定他们有权向责任者追偿修复成本。造成环境损害的责任人的赔偿责任应当包括环境修复的成本和费用。(2)延长诉讼时效。因为环境污染损害往往是累积的、长期的结果,如果一味将长时间形成的环境污染损害简单地归类于历史遗留问题,由政府进行生态修复,将会纵容违法。有条件地溯及既往可以产生明显的威慑作用。(3)建立生态修复责任社会化机制。生态修复具有一定的社会性,我们可以利用诸如环境保险、环境基金等制度来分化和分担生态修复责任。

16. 公益诉讼与私益诉讼之界限

——自然之友与绿发会诉常隆公司等三被告危废污染案*

一、案情概要

2016年4月18日,C市外国语学校新校址因与前化工厂为邻,不少学生出现皮炎、湿疹、支气管炎、血液指标异常、白细胞减少等异常症状,个别学生还被查出患淋巴癌、白血病等恶性疾病。究其原因,学校相邻地块上原有三家化工厂,即江苏常隆化工有限公司(以下简称常隆公司)、C市常宇化工有限公司(以下简称常宇公司)、江苏华达化工集团有限公司(以下简称华达公司),主要产品是克百威、灭多威、异丙威等剧毒杀虫剂。该地块的土壤、地下水不仅含有氯苯、四氯化碳、萘、茚并芘等多环芳烃有机污染物,还含有金属汞、铅、镉等重金属污染物,其中污染最重的是用作杀虫剂主要原料的氯苯,它在地下水和土壤中的浓度超标高达94,799倍和78,899倍,四氯化碳浓度超标也有22,699倍。自

---

* 本案来源:江苏省常州市中级人民法院民事判决书,(2016)苏04民初214号。

2006 年开始,三公司先后启动搬迁工作,至 2009 年年底三公司均基本完成搬迁工作。

2016 年 5 月,中国政法大学环境资源法研究和服务中心与苏州工业园区绿色江南公众环境关注中心支持北京朝阳区自然之友环境研究所(以下简称自然之友)、中国生物多样性保护与绿色发展基金会(以下简称绿发会)为原告,将常隆公司、常宇公司、华达公司作为被告起诉至 C 市中级人民法院。两原告提出,被告三公司均是从事化工产品加工的企业,其在生产经营及对危险废物管理过程中严重污染案涉地块及周边环境后搬离,但却未对其进行修复处理,导致了"C 市外国语学校污染事件",且案涉地块及其周围土壤、地下水等生态环境损害目前仍未得到有效修复。

二、判决要旨

法院一审认为,自然之友与绿发会作为专门从事与环境相关活动的非营利性社会团体,依法有权对损害社会公共利益的行为提起环境民事公益诉讼,且三被告的长期化工生产经营对案涉地块的土壤、地下水造成了污染。由于土壤与地下水之间存在高度关联性,而地下水亦存在一定的流动性,因此,案涉地块化工生产排放的污染物并非仅损害了土地使用权人利益,同时也具有损害社会公共利益的风险,所以两原告提起的诉讼具有公益性。但是,2011 年 3 ~ 5 月,C 市新北区政府在拟对案涉地块进行商业住宅项目的开发过程中发现,案涉地块土壤和地下水污染严重,须对污染场地实施修复。C 市政府组织开展了修复工作,至 2016 年 2 月,案涉地块污染场地土壤修复调整工程完成并通过验收。在后续的环境污染检测、环境修复工作继续实施的情况下,两原告提起本案公益诉讼、维护社会环境公共利益的诉讼目的已逐步实现。因此,一审判决驳回原告的诉讼请求,案件受理费 1,891,800 元由两原告共同负担。

三、判决评释

本案的最大争议焦点在于诉讼标的是否具有公益性,环境公益诉讼与私益诉讼有何区别。下文拟从环境公益诉讼的概念入手,探讨环境公益诉讼的特点以及环境公益诉讼与环境私益诉讼的界限区分,以加深对环境公益诉讼的理解。

(一)环境公益诉讼的概念

许多学者认为,“公益诉讼”就是“公益”与“诉讼”的简单合成,因此分别定义了“公益”与“诉讼”,然后将二者的意思简单相加。这样的定义方式值得商榷,因为在司法实践过程中,我们需要考虑的因素很多,比如诉讼目的或者功能往往是定义公益诉讼概念的关键。[①] 因为诉讼本来就带有很强的目的性,案件的原告不可能无目的地对被告提起诉讼,司法机关也不允许当事人没有诉讼目的地起诉,而我们通过一个案件的诉讼目的往往就能初步判定它到底是“私益诉讼”还是“公益诉讼”。私益诉讼一般是指出于个人利益或者私人目标的考虑而提起的诉讼,但是公益诉讼的提起通常并非出于个人利益或者私人目标的考虑,公益诉讼作为实现特定社会目标的工具,其成功与否通常不在于赢取个案胜利,而在于社会目标的实现。[②]

学界对于环境公益诉讼的定义也不尽相同,通说认为,环境公益诉讼是指公民、企事业单位、社会团体依据法律的规定,在环境受到或可能受到污染和破坏的情形下,为维护环境公共利益,向法院提起的保护生态环境利益的诉讼制度。[③] 它是公益诉讼的一个属种,是为了维护公共利益而特别设立的诉讼制度,公益性是其应有之义。环境公益诉讼的目标不仅是解决当事人之间的权益争议,更重要的是恢复生态环境和功能,这就决定了恢复原状在责任承担方式中处于核心地位。本案中,原告请求被告消除其污染物对案涉地块及周边区域土壤、地下水等生态环境的影响,并承担相关生态环境修复费用,旨在尽最大的可能恢复案涉地块的生态环境和功能,这与环境公益诉讼的目标是一致的。

(二)环境公益诉讼的特点

环境公益诉讼是保护环境的重要武器,它是相对于保护个体环境权利及相关权利的“环境私益诉讼”而言的。厘清“环境公益诉讼”与“环境私益诉讼”的界限对于原被告双方以及审判方都至关重要。环境公益诉讼区别

---

① 参见徐祥民、胡中华、梅宏:《环境公益诉讼研究》(第2版),中国法制出版社2009年版,第19页。

② 参见王树义:《论生态文明建设与环境司法改革》,载《中国法学》2014年第3期。

③ 参见张建伟:《论环境公益诉讼制度》,载《河海大学学报(哲学社会科学版)》2004年第4期。

于环境私益诉讼的特点包括以下方面。

1. 主体不具有直接利害关系

环境公益诉讼的被诉行为侵害或危及的是社会的公共利益,一般并不直接损害原告的私人利益。所以环境公益诉讼的发起者不一定是与本案有直接利害关系的人。从理论上来说,环境公益诉讼的提起者包括社会成员,如公民、企事业单位和社会团体。① 提起环境公益诉讼的社会成员,既可以是直接的受害人,也可以是无直接利害关系的人。任何组织或个人为了维护国家、社会利益都可以对侵害公共环境利益之人提起诉讼。环境公益诉讼的对象既包括一般的民事主体,也包括国家行政机关。当一般的民事主体(如企事业单位和个人)的行为对环境公共利益造成损害,而环境行政控制无力或不能干预时,其即可成为环境公益诉讼的对象。国家行政机关未履行法定职责,构成了对环境公共利益损害的不当行政行为,其也是环境公益诉讼的对象。在本案中,自然之友与绿发会作为两家非营利性的民间环保组织与案件的诉讼标的没有直接利害关系,案涉地块的环境污染对两组织没有直接的影响,自然之友和绿发会与三被告之间也没有直接的利益冲突,两社会组织纯粹是从公共利益的角度出发对三被告提起了公益诉讼。

2. 诉讼标的具有公益性

诉讼标的是诉讼的构成要素之一,是指当事人之间发生争议,而请求人民法院作出裁判的一种法律关系。在本案中,自然之友和绿发会与常隆、常宇、华达三公司就案涉地块的环境侵权问题产生争议。诉讼标的是否具有公益性是本案的一个争议焦点。案件标的是否具有公益性的关键在于该法律关系是否牵涉不特定的多数人的利益,如果案件标的只涉及双方当事人,那么毫无疑问该案件就是一个普通的私益诉讼,如果案件的标的涉及的权利义务关系针对不特定多数人,那么该案的诉讼标的就具有公益性。② 在本案中,作为诉讼标的的环境侵权法律关系具有明显的不特定多数性,这是由环境的特征决定的。三被告经营所产生的固体废物具有挥发性,其不仅

---

① 参见万宏伟:《环境民事公益诉讼的理解与完善》,载《甘肃理论学刊》2014 年第 2 期。

② 参见郑学林、林文学、王展飞:《〈关于审理环境民事公益诉讼案件适用法律若干问题的解释〉的理解和适用》,载《人民司法》2015 年第 5 期。

会因难以降解而易污染土壤,还会通过渗滤液对水体造成污染,而水的流动性较强,因此该环境污染会侵害不特定多数人的环境权益。

3. 诉讼目的具有公益性

以目的来衡量诉讼性质是最为通行的做法,因目的带有主体性与私密性。另外,诉讼请求在诉讼过程中可以被清晰认知。如果造成环境污染或破坏的受害者本人提起诉讼,其提起的诉讼请求主要目的是弥补受损的环境,即使该诉讼请求在一定程度上能使受害者的"私益"得到补偿,也丝毫不影响该诉讼的环境公益性质。亦即虽然不是纯粹为了保护环境公益,但只要其主要目的在于保护环境公益并产生了保护环境公益的效果,就可认定为环境公益诉讼。反之,如果受害者仅仅是为了弥补环境损害而导致的人身、财产利益的损失,却没有任何阻止环境致害者的污染破坏行为或修复受损害环境等请求,则应当是普通的民事诉讼,而非环境公益诉讼。

环境公益诉讼的目的是维护环境公共利益。具体来说,是为了保护国家环境利益、社会环境利益以及不特定多数人的环境利益,追求社会公正、公平,保障社会的可持续发展。总而言之,环境公益诉讼的一切出发点都在于"环境公共利益"。那么何谓"环境公共利益"?"公共利益"首先是在消费上不排他的利益;其次是不可分性的利益;最后,其供给具有一定的外部效应,即"一荣俱荣,一损俱损"。也可以说,"公共利益"就是指国家利益、社会利益和带有不特定多数人利益的社区利益。① 具体到环境公益诉讼中,有的学者认为,环境公益诉讼中的公共利益是指所涉及范围内的全体社会成员对环境所享有的经济利益、健康利益、娱乐利益以及美学利益等多种利益的总称。此概念虽然明确了环境利益的主体及对象范围,但尚不能完全体现环境公共利益的特性,我们认为,"环境公共利益"是由不特定多数主体所享有的,具有整体性、层次性、多元性和发展性的环境重大利益。具体包括以下几层含义:

第一,环境公共利益是环境上的重大利益。我国《环境保护法》第 2 条

① 参见陈学敏、何钢:《环境公益诉讼"公益"之探讨》,载《世界环境》2011 年第 2 期。

已对“环境”作出列举式的界定。[①] 需要注意的是,环境公共利益应为重大利益。因环境侵害与经济发展具有相伴相生的关系,环境侵害行为在损害环境利益的同时,还可能具有不同程度的社会有用性,因此,只有当其行为对环境污染和破坏超过了人类的承受度,且危及社会的可持续发展时,方为法律所不允许。

第二,环境公共利益具有整体性和层次性。生态系统中生物之间、生物与非生物环境之间的相互依存决定了某一环节的失调可能导致整个生态系统的破坏和瓦解。从这个意义上讲,环境公共利益是作为一种“生态整体利益”被“享有”;而不能具体地被分割为几个部分,由各主体独自“分享”。同时,在不同地区或不同国家,环境公共利益又会表现出不同的特征,因此在解释环境公共利益时要对地域性的差异加以关注。

第三,环境公共利益具有主体不特定性和内容多元性。环境公共利益的享有者是多数人,并且是不特定的多数人,这是公共利益区别于集体利益等多数人利益的关键点,也是环境公益诉讼区别于传统民事诉讼的关键点。同时,环境公共利益的内容具有多元性,既包括现实利益,又包括未来利益;既包括经济利益,又包括健康利益、娱乐利益以及美学利益等多种利益。

第四,环境公共利益具有发展性。发展性说明环境公共利益的内涵和外延是不断变化的,时代的进步会使早期还不是公共利益的内容被不断纳入法律保护。例如,当今的环境公共利益既包括当代人的环境利益,还包括后代人的环境利益,这就使环境利益在时间和空间上得到了扩展,具有了“时空性”。[②]

4. 诉讼结果具有环境预防和补救功能

环境公益诉讼具有显著的预防性,同时兼具补救功能。环境公益诉讼的提起及最终裁决并不要求一定有损害事实发生,只要根据有关情况合理判断出某一行为可能使社会公益受到侵害,即可提起诉讼,由违法行为人承

---

① 《环境保护法》第2条规定:“本法所称环境,是指影响人类生存和发展的各种天然的和经过人工改造的自然因素的总体,包括大气、水、海洋、土地、矿藏、森林、草原、湿地、野生生物、自然遗迹、人文遗迹、自然保护区、风景名胜区、城市和乡村等。”

② 参见刘益:《环境民事公益诉讼目的论——兼评最高法院〈关于审理环境民事公益诉讼案件适用法律若干问题的解释〉》,载《重庆理工大学学报(社会科学)》2015年第2期。

担相应的法律责任。这样可以有效地保护国家利益和社会秩序不受违法侵害行为的侵害,把违法行为消灭在萌芽状态。在环境公益诉讼中,这种预防功能尤为明显且重要,因为环境一旦遭受破坏就难以恢复原状,所以法律有必要在环境侵害尚未发生或尚未完全发生时就容许公民使用司法手段加以排除,从而阻止环境公益遭受无法弥补的损失或危害。①

本案中,两原告要求三被告公司承担环境修复费用3.7亿元,但这相对于环境破坏后治理恢复的费用可能只是杯水车薪。尽最大的可能去补救已经产生的环境损害,将损害结果降到最低,也是环境公益诉讼所要追求的结果。

(三)环境民事公益诉讼与私益诉讼的比较

环境民事公益诉讼和私益诉讼是一组相对应的概念。环境民事公益诉讼概念有广义和狭义之分。广义的环境民事公益诉讼,是指为维护社会公共利益提起的民事诉讼,既包括没有直接利害关系的民事主体提起的保护社会公共利益的诉讼,也包括有直接利害关系的民事主体提起的保护社会公共利益的诉讼。狭义的环境民事公益诉讼,是指没有直接利害关系的民事主体,为维护社会公共利益提起的民事诉讼。《民事诉讼法》第58条和《环境保护法》第58条规定的环境公益诉讼即为狭义的环境民事公益诉讼。所谓私益诉讼,是指因污染环境、破坏生态行为受到损害的公民、法人和其他组织依据《民事诉讼法》第122条提起的民事诉讼。环境公益诉讼与私益诉讼在诉讼目的、诉讼请求上存在区别,同时又在审理对象、案件事实认定等方面存在紧密联系,因此,如何协调两者之间的关系是构建环境公益诉讼程序制度需要考虑的一个重要问题。两者的区别表现在以下方面:

1. 两诉讼原告主体存在差异。利益诉讼的主体是固定的、单一的,是与案件有直接利害关系的主体;而环境公益诉讼的主体是不特定的,或者可以说是多元化的,这一主体主要包括环保组织、检察机关、行政机关、个人及其他组织。

2. 两种诉讼分别侵害的法益不同。利益诉讼侵害的是私人的人身权和财产权,而环境公益诉讼侵害的法益则是国家、社会或集体的利益,一般可

---

① 参见隋禾:《环境权私法化问题研究》,载《山东社会科学》2013年第S2期。

以表现为“公众环境权”。①

3. 诉讼的直接目的不同。公益诉讼以维护公共利益为直接目的，而私益诉讼则更注重私人利益的维护，两者利益存在冲突。

4. 诉讼所得利益归属不同。私益诉讼的诉讼利益（大多是被告支付的赔偿款）直接归属于原告，由原告自由支配，供其补偿受损害的利益；而环境公益诉讼的诉讼利益所有权一般不归原告，而是交由专门的组织用于环境修复。

正是由于以上这些区别，环境公益诉讼和私益诉讼在法律适用、程序选择上才有诸多不同。

四、主要法律条文链接

《中华人民共和国民事诉讼法》第58条 对污染环境、侵害众多消费者合法权益等损害社会公共利益的行为，法律规定的机关和有关组织可以向人民法院提起诉讼……

《中华人民共和国环境保护法》第58条 对污染环境、破坏生态，损害社会公共利益的行为，符合下列条件的社会组织可以向人民法院提起诉讼：

（一）依法在设区的市级以上人民政府民政部门登记；

（二）专门从事环境保护公益活动连续五年以上且无违法记录。

符合前款规定的社会组织向人民法院提起诉讼，人民法院应当依法受理。

提起诉讼的社会组织不得通过诉讼牟取经济利益。

《中华人民共和国固体废物污染环境防治法》第121条 固体废物污染环境、破坏生态，损害国家利益、社会公共利益的，有关机关和组织可以依照《中华人民共和国环境保护法》、《中华人民共和国民事诉讼法》、《中华人民共和国行政诉讼法》等法律的规定向人民法院提起诉讼。

最高人民法院《关于审理环境民事公益诉讼案件适用法律若干问题的解释》（2020修正）第4条 社会组织章程确定的宗旨和主要业务范围是维护社会公共利益，且从事环境保护公益活动的，可以认定为环境保护法第五十八条规定的“专门从事环境保护公益活动”。

---

① 沈竞舟、侬俊杉：《公益诉讼中主体资格和证据规则的确定》，载《人民司法》2013年第24期。

社会组织提起的诉讼所涉及的社会公共利益，应与其宗旨和业务范围具有关联性。

五、结论

综上所述，完善环境公益诉讼制度，应当从环境公益诉讼的概念、本质与功能定位出发，确保与诉争案件没有直接利害关系的公众能够出于保护环境公益的目的，以提起环境公益诉讼的方式真正参与环境治理，明确环境公益诉讼补充与监督行政执法的功能定位，厘清行政权和司法权各自的权力边界，形成行政优先、公众参与、司法监督的环境治理模式。以此为基础，解决环境公益诉讼法律适用的难题，应当在现行法律框架下综合运用多种法律解释方法，在后续单行法的修改中结合实践不断细化和完善规则，特别是通过环境行政公益诉讼的不断展开强化对行政机关的监督，真正实现环境公益诉讼的目的和功能。

从本案的判决结果来看，法院对于案件的事实认定存在错误，对于公益诉讼的概念以及其特性把握得不够准确，C市人民法院判决书一方面认为“本案诉讼标的具有公益性”；另一方面又认定因为“涉案地块正在实施环境修复过程中”，“环境公共利益的诉讼目的已在逐步实现”。这两种事实认定存在一定矛盾。法院认定“本案诉讼标的具有公益性”，认为涉案地块不仅损害了土地使用人的利益，而且损害了公共利益，这代表作为本案诉讼标的的环境是公共环境利益的载体，即环境属于公共共用物，而不是案涉地块即某块特定的土地。[①] 但是从法院的判决我们可以看出，法院把案涉地块当作了本案的诉讼标的，如果案涉地块是本案的诉讼标的，那么本案涉及的就是该土地使用权人的利益，不应以公益诉讼立案。根据法院审理认定的事实，法院至少应该判决三被告公司消除危险和赔礼道歉，即满足原告的部分诉讼请求。

---

① 参见蔡守秋：《蔡守秋教授对公益组织诉常州毒地案初审判决的意见》，载360doc个人图书馆，http://www.360doc.com/content/17/0208/23/345789_627660341.shtml。

17. 环境民事公益诉讼的原告资格问题

——T 市环保联合会诉 J、C 等六公司危险废物污染侵权纠纷案*

一、案情概要

2012 年 1 月至 2013 年 2 月，江苏 C 农化有限公司（以下简称 C 公司）、泰兴 J 化工有限公司（以下简称 J 公司）、江苏 S 药业股份有限公司（以下简称 S 公司）、泰兴市 L 化工有限公司（以下简称 L 公司）、泰兴市 F 化工有限公司、泰兴市 Z 化工有限公司违反国家环境保护法律和危险废物管理规定，将其生产过程中产生的废盐酸、废硫酸等危险废物总计 25,934.795 吨，以每吨支付 20 元至 100 元的价格，交给无危险废物处理资质的主体排进泰兴市如泰运河、泰州市高港区古马干河，导致水体严重污染，造成重大环境损害，需要进行污染修复。T 市环保联合会作为公益诉讼人向法院提起公益诉讼，T 市人民检察院出庭支持起诉，请求判令 J、C 等六公司支付以虚拟成本为基数，按照 4.5 倍计算的污染

---

* 本案来源：江苏省高级人民法院民事判决书，（2017）苏环公民终字第 00001 号。

修复费用并承担本案的鉴定评估费用和诉讼费。在诉讼过程中，J、C 等六家公司对 T 市环保联合会是否具备提起环境民事公益诉讼的原告资格提出异议。

二、判决要旨

T 市人民法院一审认为，依照 2012 年修正的《民事诉讼法》第 55 条，依法登记的环保组织具有民事公益诉讼主体资格。T 市环保联合会作为依法成立的参与环境保护事业的非营利性社团组织，为保护水生态环境和维护公众环境权益，有权提起环境民事公益诉讼。一审宣判后，J、C、S、L 这四家公司提起上诉。江苏省高级人民法院二审认为，本案中，T 市环保联合会依据现行法律规定提起诉讼，具备环境民事公益诉讼的原告资格。根据 2012 年修正的《民事诉讼法》第 55 条，T 市环保联合会经 T 市民政局核准成立，并以提供环境决策建议、维护公众环境权益、开展环境宣传教育、政策技术咨询服务为其业务范围，属于依法成立的专门从事环境保护公益活动的社会组织，有权提起环境民事公益诉讼。虽然 2014 年修订的《环境保护法》第 58 条对环境民事公益诉讼主体资格范围作出了新的规定，但该法在本判决作出之日尚未生效，故不适用于本案。

三、判决评释

环境公益诉讼是公益诉讼在环境保护领域的运用，其本质是为了保护环境社会公益的一种“受害人以外”的第三者诉讼。① 在环境公益诉讼案件中，正确认定原告是否具备起诉的原告资格，是整个诉讼顺利进行的重要条件之一。2012 年修正的《民事诉讼法》首次以立法确立了民事公益诉讼制度并赋予“法律规定的机关和有关组织”针对“污染环境、侵害众多消费者合法权益等损害社会公共利益的行为”提起诉讼的权利，②但“法律规定的机关和有关组织”表述太过笼统，导致在环境公益诉讼中，法院难以确认作为起诉人的社会组织是否具备提起环境公益诉讼的原告资格。

2014 年修订的《环境保护法》第 58 条针对“社会组织”作了细化规定，

---

① 参见吕忠梅主编：《环境公益诉讼辨析》，法律出版社 2009 年版，第 13 页。

② 2021 年修正的《民事诉讼法》第 58 条第 1 款规定：“对污染环境、侵害众多消费者合法权益等损害社会公共利益的行为，法律规定的机关和有关组织可以向人民法院提起诉讼。”

明确了提起环境公益诉讼的社会组织应当具备的条件。2015 年,最高人民法院发布了《关于审理环境民事公益诉讼案件适用法律若干问题的解释》(以下简称《环境民事公益诉讼司法解释》),该司法解释对《环境保护法》第 58 条中"社会组织"所应具备的条件进行的阐释,有利于解决在环境公益诉讼中原告资格的认定问题。2017 年修正的《民事诉讼法》第 55 条第 2 款正式通过立法赋予检察机关提起民事公益诉讼的原告资格,从而明确了"法律规定的机关"是包含了检察机关的。为了更好地解决环境公益诉讼中的原告资格问题,我们从以下四个主体方向重点、深入阐述。

(一)公民

2021 年修正的《民事诉讼法》第 122 条规定的民事诉讼起诉条件为:"(一)原告是与本案有直接利害关系的公民、法人和其他组织;(二)有明确的被告;(三)有具体的诉讼请求和事实、理由;(四)属于人民法院受理民事诉讼的范围和受诉人民法院管辖。"由此可知,只有在这四个条件同时具备的情况下,起诉人才具备原告资格。从我国现行的法律和司法解释来看,我国环境公益诉讼完全排除了公民个人的公益起诉权。① 可见,只有在环境受到污染、破坏致使公民自身权利遭受损害时,作为直接利害关系人的公民才有权向人民法院提起诉讼。

近年来,随着环境权等理论研究的不断深入和外国公民环境公益诉讼的不断发展,部分学者认为在公民环境公益诉讼已经拥有成熟的理论基础以及丰富的外国实践经验前提下,应当赋予我国公民在环境公益诉讼中原告的资格。与此同时,也有部分学者反对公民充当环境公益诉讼的原告,他们认为目前公民素质参差不齐、法律意识淡薄、对诉讼热情不高,法律暂时不赋予公民环境公益诉讼的起诉权具有合理性。② 虽然公民参与环境公益诉讼既有利于公民参与环境保护监督,也有利于提升公民的环保意识,维护自己的环境权益;但是赋予公民这一项公益起诉权,有可能导致公民滥用诉权、浪费司法资源的现象。同时,环境公益诉讼专业性较强,公民没有人力、

---

① 参见颜运秋:《我国环境公益诉讼的发展趋势——对新〈环境保护法〉实施以来 209 件案件的统计分析》,载《求索》2017 年第 10 期。

② 参见颜运秋:《我国环境公益诉讼的发展趋势——对新〈环境保护法〉实施以来 209 件案件的统计分析》,载《求索》2017 年第 10 期。

物力、财力对诉讼进行支撑,很难发挥其在环境公益诉讼中的作用。因此,公民环境公益诉讼虽已被许多国家运用而成为一种"潮流",但并不能因为这是一种"潮流"而忽视了我国的实际情况,在我国将公民列为环境公益诉讼的适格原告尚需时日。

(二)国家行政机关

从我国现行法律与司法解释来看,我国国家行政机关并不具备环境公益诉讼的原告资格。在环境保护领域,环境保护行政主管部门是环境保护的统管部门,其他依法行使环境保护监督的管理部门是分管部门,如林业局有保护森林资源的监督管理行政职能。不管是统管部门还是分管部门,它们都拥有法律赋予它们的行政权力。这种行政权力的行使在环境保护中一般体现在对建设项目的环境影响报告书予以审批、对排污者予以行政许可,以及对环境污染者或者资源破坏者予以行政处罚等行政行为中。①

(三)检察机关

2012 年修正的《民事诉讼法》以及 2014 年修订的《环境保护法》对检察机关是否属于具备提起环境公益诉讼的"法律规定的机关"没有作出明确规定。在环境公益诉讼中,检察机关一般情况下只能依据支持起诉原则支持有原告资格的组织向法院提起诉讼。在近年的实践中,多地检察机关探索环境公益诉讼,尝试运用司法力量推进环境治理,但起诉资格问题困扰着检察机关提起公益诉讼的发展。② 为贯彻落实党的十八届四中全会关于探索建立检察机关提起公益诉讼制度的改革要求,2015 年 7 月,根据全国人大常委会的授权和改革试点方案,最高人民检察院制定出台了《检察机关提起公益诉讼改革试点方案》,并选择北京、内蒙古、吉林、江苏、安徽、福建、山东、湖北、广东、贵州、云南、陕西、甘肃 13 个省、自治区、直辖市开展试点。经过两年多的试点,检察机关在环境公益诉讼方面积累了不少宝贵经验,在此背景下,第十二届全国人民代表大会常务委员会第二十八次会议于 2017 年 6 月 27 日通过《关于修改〈中华人民共和国民事诉讼法〉和〈中华人

---

① 参见韩德培主编:《环境保护法教程》(第 7 版),法律出版社 2015 年版,第 39 页。

② 参见李艳芳、吴凯杰:《论检察机关在环境公益诉讼中的角色与定位——兼评最高人民检察院〈检察机关提起公益诉讼改革试点方案〉》,载《中国人民大学学报》2016 年第 2 期。

民共和国行政诉讼法〉的决定》,以立法形式确立了检察机关拥有提起行政公益诉讼和民事公益诉讼的原告资格。

依据2021年修正的《民事诉讼法》第58条,检察机关"在没有前款规定的机关和组织或者前款规定的机关和组织不提起诉讼的情况下,可以向人民法院提起诉讼"。在应当起诉的机关、组织不起诉或没有能力起诉时,检察机关起到一种补充作用,为了维护公共利益,主动以自己为原告提起诉讼,使受损害的环境权益得到救济。在有环境公益诉讼的原告存在时,检察机关虽然不具有起诉权,但可以通过提供法律咨询、提交书面意见、协助调查取证等方式支持社会组织依法提起环境民事公益诉讼。①

环境公益诉讼由于专业程度较高,长期以来都面临着取证难的问题,检察机关提起公益诉讼并开展相关证据的调查收集,有效缓解了公益诉讼取证难的问题。检察机关属于国家机关中的司法机关,它拥有调查取证权,它可以利用法定职权对涉及环境的证据进行收集而不受行政机关的干扰。检察机关作为国家机关,拥有对案件中涉及环境科学的问题进行专业评判的能力,并且还可以依据其司法机关的地位,寻求鉴定机构的帮助。

因此,尽管检察机关作为环境公益诉讼的原告还存在些许缺陷,但与检察机关进行环境公益诉讼所带来的社会效果相比是微不足道的。根据需要,检察机关还可以提起行政附带民事诉讼,综合运用民事、行政手段较为周全地实现保护社会公共利益的目的。

(四)社会组织

2012年修正的《民事诉讼法》最先确定"法律规定的机关和有关组织"享有提起环境公益诉讼的原告资格,但是在这次修正中,对"法律规定的机关和有关组织"的规定较为模糊,很难确定具体哪些机关和组织享有环境公益起诉权,不利于实际操作。2014年修订的《环境保护法》在其立法修改的草案中并没有公益诉讼条款,直到第二次审议时,才纳入了公益诉讼的条款,并将"有关组织"限定为"中华环保联合会以及在省、自治区、直辖市设

① 参见最高人民法院《关于审理环境民事公益诉讼案件适用法律若干问题的解释》。

立的环保联合会"。[①] 随后，由于之前草案规定的环境公益诉讼主体范围过窄以及法律委员会考虑诉讼主体的专业能力、社会信誉等因素，为防止滥诉，将"有关组织"限定为"依法在国务院民政部门登记，专门从事环境保护公益活动连续五年以上且信誉良好的全国性社会组织"。[②] 在第四次审议草案时，遂将"有关组织"扩大到在设区的市级以上人民政府民政部门登记的相关社会组织。[③] 最后，在该草案通过前，由于"信誉良好"在实践中难以把握，遂将"信誉良好"改成"无违法记录"。[④] 由此，2014 年修订的《环境保护法》第 58 条规定的"有关组织"所具备的条件是：第一，依法在设区的市级以上人民政府民政部门登记。第二，专门从事环境保护公益活动连续五年以上且无违法记录。从以上立法修订的过程中，我们可以看出，立法机关对于哪些社会组织具有环境公益诉讼中的原告资格十分慎重。

为了推动环境公益诉讼的发展，最高人民法院制定了环境民事公益诉讼相关的司法解释，并与民政部、原环境保护部共同发布了《关于贯彻实施环境民事公益诉讼制度的通知》。这些规定的出台明确了具备对环境污染、破坏生态、损害公共利益行为提起诉讼的原告资格的社会组织，但是目前具备这一系列要素的社会组织还是相对较少的。2014 年修订的《环境保护法》实施时，全国符合条件的社会组织有 700 家，但是案件主要集中在 10 家，[⑤]且半数以上的社会组织为各省的环保基金会、环保联合会、生态文明研究会、环境科学学会等。从统计数据还能看出，现实状况对环境保护的开展来说不容乐观，社会组织要想在环境公益诉讼中发挥作用，最主要的就是保持其应有的独立性，保障其不受其他机关干预。

---

① 参见《全国人民代表大会法律委员会关于〈中华人民共和国环境保护法修正案（草案）〉修改情况的汇报》，载《中华人民共和国全国人民代表大会常务委员会公报》2014 年第 3 期。

② 参见《全国人民代表大会法律委员会关于〈中华人民共和国环境保护法修正案（草案）〉修改情况的汇报》，载《中华人民共和国全国人民代表大会常务委员会公报》2014 年第 3 期。

③ 参见《全国人民代表大会法律委员会关于〈中华人民共和国环境保护法（修订草案）〉审议结果的报告》，载《中华人民共和国全国人民代表大会常务委员会公报》2014 年第 3 期。

④ 参见《全国人民代表大会法律委员会关于〈中华人民共和国环境保护法（修订草案二次审议稿）〉修改意见的报告》，载《中华人民共和国全国人民代表大会常务委员会公报》2014 年第 3 期。

⑤ 参见李阳：《吕忠梅代表呼吁环境公益诉讼亟待制度保障》，载人民法院报网，http://rmfyb.chinacourt.org/paper/html/2015 -03/14/content_95352.htm? div = -1。

相对而言,社会组织比检察机关更加专业。环境公益诉讼涉及大量环保专业知识和环境科技因素,检察机关内部缺乏这方面的人才,虽然可通过其国家机关地位寻求其他机关部门协助,但是成本较高;而环境保护社会组织中一般会有相应的环保科技人员为诉讼提供专业知识咨询服务,对案件涉及的环境科学问题更容易作出专业评判,在一定程度上节省了聘请专家辅助人的成本。但不容忽视的是,在证据收集和调查方面、诉讼能力方面,检察机关提起公益诉讼会比社会组织更具优势。《环境民事公益诉讼司法解释》第 11 条规定:"检察机关、负有环境资源保护监督管理职责的部门及其他机关、社会组织、企业事业单位依据民事诉讼法第十五条的规定,可以通过提供法律咨询、提交书面意见、协助调查取证等方式支持社会组织依法提起环境民事公益诉讼。"因此,社会组织在提起环境公益诉讼时,检察机关以及其他一些环保机关或者企事业单位等都有义务支持社会组织,这样也在一定程度上弥补了社会组织在收集证据方面的缺陷。

经过对四个主体的深入阐述,在本案中,公民要想成为本案的适格原告,即具备原告资格,其必须是受到排污行为侵害的直接利害关系人。公民提起环境公益诉讼,一方面容易导致滥诉,增加法院的负担;另一方面,公民没有足够的专业知识和足够的财力支撑其进行诉讼。环境保护社会组织更具专业性,也有一定的财力支撑其从事环境公益诉讼活动,所以公民作为环境公益诉讼的原告还是有一定缺陷的。

在本案中,环境管理监督者可以运用行政手段对 J、C 等六家公司以及无危险废物处理资质的主体进行处罚。行政权对这些排污主体具有一定的威慑力,所以行政机关履行好自身的行政监督管理职责,比让其具备环境公益诉讼资格并提起诉讼来说更能起到环境保护的效果。检察机关可以在具有环境公益诉讼原告资格的起诉人不起诉或者无能力起诉时,以替代者身份提起环境公益诉讼,达到维护国家利益、公共利益的目的。但检察机关在专业性方面有所欠缺;而社会组织在专业性方面比检察机关强,但在收集证据、进行诉讼方面与检察机关相比,又略有不足。因此,可以以社会组织作为环境公益诉讼的主体,检察机关依据支持起诉原则支持社会组织进行环境公益诉讼,填补社会组织的不足,两者进行合作从而更好地进行环境公益诉讼。

本案涉及的主体有社会组织、检察机关,社会组织在案件中充当的角色是环境公益诉讼的起诉人,检察机关在案件中起支持起诉的作用。在案件审理过程中,争议焦点之一就是T市环保联合会是否具备诉讼主体资格。从当时已有的法律法规来看,T市环保联合会成立于2014年2月23日,作为依法成立的社会组织,属于2012年修正的《民事诉讼法》第55条规定的具有环境公益诉讼原告资格的有关组织,2014年修订的《环境保护法》在其附则中规定其生效时间是2015年1月1日。由此可见,当时《环境保护法》对具备环境公益诉讼原告资格的社会组织作了限制的第58条还未生效,未生效的规定无法影响T市环保联合会的原告资格。因此,T市环保联合会在本案中具有环境公益诉讼的原告资格是毋庸置疑的。

四、主要法律条文链接

《中华人民共和国民事诉讼法》(2021修正)第58条 对污染环境、侵害众多消费者合法权益等损害社会公共利益的行为,法律规定的机关和有关组织可以向人民法院提起诉讼。

人民检察院在履行职责中发现破坏生态环境和资源保护、食品药品安全领域侵害众多消费者合法权益等损害社会公共利益的行为,在没有前款规定的机关和组织或者前款规定的机关和组织不提起诉讼的情况下,可以向人民法院提起诉讼。前款规定的机关或者组织提起诉讼的,人民检察院可以支持起诉。

《中华人民共和国民事诉讼法》(2021修正)第122条 起诉必须符合下列条件:

(一)原告是与本案有直接利害关系的公民、法人和其他组织;

(二)有明确的被告;

(三)有具体的诉讼请求和事实、理由;

(四)属于人民法院受理民事诉讼的范围和受诉人民法院管辖。

《中华人民共和国环境保护法》第58条第1款 对污染环境、破坏生态,损害社会公共利益的行为,符合下列条件的社会组织可以向人民法院提起诉讼:

(一)依法在设区的市级以上人民政府民政部门登记;

(二)专门从事环境保护公益活动连续五年以上且无违法记录。

最高人民法院《关于审理环境民事公益诉讼案件适用法律若干问题的解释》(2020 修正)第 11 条 检察机关、负有环境资源保护监督管理职责的部门及其他机关、社会组织、企业事业单位依据民事诉讼法第十五条的规定,可以通过提供法律咨询、提交书面意见、协助调查取证等方式支持社会组织依法提起环境民事公益诉讼。

五、结论

确定原告资格既是环境公益诉讼得以实施的前提,也是环境公益诉讼的必要启动程序。综上所述,具备环境公益诉讼原告资格的条件有两个:一个是依法在设区的市级以上人民政府民政部门登记的、专门从事环境保护公益活动连续五年以上且无违法记录的社会组织;另一个是在可以提起环境公益诉讼的主体不提起或者没有能力提起诉讼的情况下的检察机关。近年来,环境公益诉讼原告资格得以扩展,在立法中取得了令人欣喜的进步;但是还是要意识到它的局限性,即公民没有获得提起环境公益诉讼的原告资格,有资格的社会组织范围有限。在未来,当我国公民整体素质和法律意识都有所提升并且公民乐于参加维护公共利益的诉讼时,公民被赋予环境公益诉讼原告资格就成为必然。与此同时,在社会组织进一步提升自己的专业性和独立性后,社会组织能更有效承担起环境公益诉讼的重担时,相信具备环境公益诉讼原告资格的社会组织将不会再受限制。

第 三 部 分

危险废物污染环境犯罪及相关判决评析

18. 污染环境罪构成要件若干争议问题分析

——张某甲等人污染环境罪案*

一、案情概要

张某甲、李某等人均系句容市葛村镇荣盛防水材料厂的经营者，句容市葛村镇荣盛防水材料厂是张某甲、李某与张某龙共同成立的小炼油厂。张某甲、李某等人在该厂未经环保审批，无危险废物经营许可证，且其营业执照于2012年业已到期等情况下，长期从事非法提炼废机油、废重油的生产经营活动。在此期间，该厂曾多次被政府决定关闭、被环保局责令停产，但均未停止生产。案发时，该厂因多次违法炼油而堆放大量危险废物，高达270余吨，安全隐患积累严重，且严重污染了环境。

情节具体如下：2011年11月，张某甲在句容市葛村镇荣盛防水材料厂内，以营利为目的，在未取得危险废物经营许可证的情况下，违反国家规定，非法加工处置

* 本案来源：江苏省镇江市中级人民法院刑事判决书，(2015)镇环刑终字第00002号。

从上海铁路机务综合开发有限公司南京机务分公司购买的7余吨废机油；2012年下半年，张某甲非法处置了由益某委托加工处置的废重油36.353吨，后因执法机关查获，另有13.647吨废重油未能处置；2014年3月，张某甲、李某等人受周某（海运船个体经营者）委托，非法处置废重油52.427吨，后因炼油设备故障及执法机关查获，该批废重油未能处置成功。经江苏省固体废物监督管理中心认定，上述废机油及废重油符合废矿物油（HW08）的条件，属于危险废物。

二、判决要旨

（一）一审判决

丹阳市人民法院认为，被告人张某甲、李某违反国家关于危险废物的处理规定，非法处置危险废物3吨以上，其行为均已触犯刑法，构成污染环境罪；被告人周某明知被告人张某甲、李某无处置危险废物的资格，仍委托其处置，以污染环境罪共犯论处；三被告人依法均应予刑罚处罚。公诉机关指控的事实清楚、罪名成立，予以支持。

其中，对于被告人周某及其辩护人“本案所涉之废物均未处置成功，未造成严重污染环境的后果，被告人周某的行为不构成污染环境罪”的辩护观点，一审法院认为，根据《刑法修正案（八）》和最高人民法院、最高人民检察院《关于办理环境污染刑事案件适用法律若干问题的解释》（法释〔2013〕15号，已废止），本案中，周某所涉50余吨危险废物虽均未处置成功，但并不影响其污染环境罪之构成。故对此辩护观点，法院不予采纳。

对于“被告人张某甲、李某已经着手实行犯罪，由于意志以外的原因部分犯罪未得逞，系犯罪未遂，该未遂部分可以比照既遂犯从轻处罚”的辩护意见，法院予以采纳。被告人周某不服，提起上诉。

（二）二审判决

上诉人周某不服原审判决，提起上诉称：

“一、原审认定事实错误：1. 周某不知道张某甲、李某没有处置危险废物的资质；2. 周某仅是暂存废重油渣包，而非委托处置；3. 被查处时，上诉人的货物已经存放很长时间，由于锅炉有洞，不能加工，既未着手，也未实施处置行为，不存在未处置成功的事实。二、原审判决适用法律错误：1. 上诉人未进行任何处置行为，无着手实施污染环境的行为，不存在未遂；2. 许多权威著作认为污染环境罪应为过失犯罪，依法不存在未遂形态，除非行为人对严重污染的后果持希望或者放任心态，才有成立故意犯罪之可能。本案中，无人欲污染环境，不存在故意犯罪，基层人民法院不能任意扩大范围。”

镇江市中级人民法院对相关事实予以认定后确认：周某对被告人张某甲、李某无处置危险废物的资格主观上系明知，且仍委托其处置，此行为应以污染环境罪共犯论处。故最终维持一审法院关于被告人周某行为的定性，判决周某构成污染环境罪。但因二审中有新证据提出，法院对本案刑罚部分进行了适当调整。

其中，关于污染环境罪是否为故意犯罪的问题。二审法院认为，污染环境罪是故意犯罪，张某甲、李某、周某三人均已着手实施非法处置行为，构成污染环境罪的共犯。因此，对于周某及其辩护人提出的“不构成污染环境罪未遂”的上诉理由不予采信。

关于上诉人周某是否已经着手非法处置危险废物，是否构成污染环境罪（未遂）的问题。二审法院认为，依据《危险废物经营许可证管理办法》第31条第4项，张某甲等人通过加热锅炉实现废重油的蒸馏、脱水从而提炼油料，是处置危险废物的行为。且在明知工厂炼油设施无任何环保设备、无危险废物经营许可证、非法提炼废重油会污染环境等情况下，张某甲等人仍然积极平整场地、维修设备，通知周某到场查看炼油情况，并当场将20余吨废重油加入锅炉，系已着手实施炼油行为；周某明知张某甲等人无危险废物处置资质，仍违反2004年《固体废物污染环境防治法》第57条向张某甲等人非法运输废重油，并非法委托其处置，应以共犯论处。鉴于此，可认定张某甲、李某、周某三人均已着手实施非法处置行为，构成污染环境罪的共犯。但因意志以外的原因未能得逞，应认定为犯罪未遂。因此，对于周某及其辩护人提出的“尚未着手实施犯罪、不构成污染环境罪未遂”的上诉理由不予采信。

三、判决评释

两审法院均认为张某甲、李某和周某的行为触犯刑法，构成污染环境罪。不同的是，因二审中出现新证据，刑罚部分稍作调整，其他并无原则性争议。本案的分歧点主要基于法院意见与辩护意见的差异，围绕污染环境罪主观罪过形态的认定、既遂标准的确立展开。

分歧之一是污染环境罪的主观罪过形态到底是故意还是过失,抑或两者的结合。周某上诉称,“许多权威著作认为污染环境罪应为过失犯罪,依法不存在未遂形态,除非行为人对严重污染的后果持希望或者放任心态,才有成立故意犯罪之可能。本案中,无人欲污染环境,不存在故意犯罪,基层人民法院不能任意扩大范围”。对此,二审法院并不认同,其认为污染环境罪应属故意犯罪。理由是,实践中该类犯罪行为人对其非法排放、倾倒、处置危险废物会产生严重环境污染的后果具有预见性,如本案中张某甲、李某、周某等人,作为长期从事废重油处置、运输的人员,对非法提炼废重油会污染环境不可能不知。因而对周某及其辩护人提出的“该罪应为过失犯罪,依法不存在未遂形态”的辩护意见不予采纳。

分歧之二是污染环境罪的客观方面是否应以实际危害结果的发生为犯罪成立的必备要件,即污染环境罪究竟系结果犯还是行为犯,抑或其他类型。庭审中周某辩称,“本案所涉废物均未处置成功,未造成严重污染环境的后果,自己的行为不构成污染环境罪”。一审法院认为,根据最高人民法院、最高人民检察院《关于办理环境污染刑事案件适用法律若干问题的解释》(法释〔2013〕15 号,已废止)第 1 条第 2 项①,本案中周某所涉的 50 余吨危险废物虽均未处置成功,但并不影响其污染环境罪的构成。对此,二审法院持相同意见。

依照基本案情以及两审法院判决书的基本论证思路,于此需要探讨的核心问题有以下两个。

(一)污染环境罪的主观罪过形式分析

该案的分歧之一在于污染环境罪究竟是过失犯罪还是故意犯罪,抑或两者的结合。这是行为人实施危害行为时的主观心理状态,直接关乎对行为人犯罪行为的定性问题。要解决此问题,首先需对环境犯罪中故意与过失的基本内涵作简单介绍。

在环境刑法中,环境犯罪的故意形态,是指自然人或单位明知自己的污

---

① 现行规定参见最高人民法院、最高人民检察院《关于办理环境污染刑事案件适用法律若干问题的解释》(法释〔2016〕29 号)第 1 条第 2 项。

染和破坏环境的行为会造成危害环境资源的结果,但仍希望或放任这种结果的发生,因而构成犯罪的情形。[①] 环境犯罪的过失形态,是指自然人或单位应当知道自己的行为可能发生危害生态环境的结果,由于疏忽大意而没有预见,或者已经预见但轻信能够避免,因而构成犯罪的情形。[②] 下文拟在此基础上,对污染环境罪的主观罪过形式进行探讨。

1. 污染环境罪主观罪过形式之争

2017 年《刑法》第 338 条规定的污染环境罪,[③]源于 1997 年《刑法》中的"重大环境污染事故罪"。[④] "事故"一词表明行为人对危害结果的发生持排斥态度,故通说认为,重大环境污染事故罪是过失犯罪。因此,对于"企业偷排污染物造成重大环境污染事故"的情形,司法实践中往往不以该罪论处,而是以投放危险物质罪论处。自《刑法修正案(八)》颁布之后,污染环境罪取消了"事故"规定,用"严重污染环境"代替了该罪"前身"的双重结果。但是,对于该罪的主观罪过形态,立法并未言明。理论界与实务界就该罪的主观罪过形态争议颇大,概括起来主要有以下几种观点,现分述于下。

(1)过失说

"过失说"认为,污染环境罪的主观罪过形态只能是过失,包括疏忽大意的过失和过于自信的过失。这里的"过失",是指行为人对自己违反国家规定污染环境的行为产生严重污染环境的危害结果主观上的一种心理状态,即非追求严重污染环境危害结果的发生。换言之,若行为人对其非法排放、倾倒或处置危险物质的行为所生的危害结果持希望或者放任态度,则不构成此罪。

---

① 参见徐平:《环境刑法研究》,中国法制出版社 2007 年版,第 104 页。

② 参见赵秉志、王秀梅、杜澎:《环境犯罪比较研究》,法律出版社 2004 年版,第 86 页。

③ 2017 年《刑法》第 338 条规定:"违反国家规定,排放、倾倒或者处置有放射性的废物、含传染病病原体的废物、有毒物质或者其他有害物质,严重污染环境的,处三年以下有期徒刑或者拘役,并处或者单处罚金;后果特别严重的,处三年以上七年以下有期徒刑,并处罚金。"2020 年《刑法修正案(十一)》对该条进行了修改,具体条文内容见条文链接部分。

④ 1997 年《刑法》第 338 条规定:"违反国家规定,向土地,水体、大气排放、倾倒或者处置有放射性的废物、含传染病病原体的废物、有毒物质或者其他危险废物,造成重大环境污染事故,致使公私财产遭受重大损失或者人身伤亡的严重后果的,处三年以下有期徒刑或者拘役,并处或者单处罚金;后果特别严重的,处三年以上七年以下有期徒刑,并处罚金。"

此学说的提出，主要基于以下几点理由：第一，有学者认为，污染环境罪虽然取消了“事故”一词的规定，但是主观方面与重大环境污染事故罪并无不同，其罪过形式仍应为过失，即行为人对危害结果的发生持排斥态度，具体包括疏忽大意的过失和过于自信的过失两种情形。“行为人对于污染行为的性质是明确认识的，只是因为未有预见或者轻信能够避免严重污染后果的发生，才成立本罪；如果行为人对严重污染后果的发生持希望或者放任态度，则应按照相应的故意犯罪论处。”①第二，有学者从法定刑的设置角度分析该罪的主观罪过形式只能是过失，认为本罪的法定刑在修改前后并无变化，且与其他过失犯罪的刑罚规定亦无实质性区别，故当然应该归属于过失犯罪的类别。若该罪的主观罪过形式为故意，则其法定刑的设置明显有悖于罪责刑相适应原则，无法达到惩治犯罪之效果。第三，倘若行为人明知自己排放、处置有害物质的行为可能发生污染环境的严重后果，仍然放任之，此种情形则应以投放危险物质罪论处。

“过失说”从表面看似乎很有道理，实则缺陷颇多。首先，行为人实施污染环境的行为，虽往往出于追求个人经济利益，其主观上并不期待污染环境危害结果的发生，但以此并不能证明污染环境罪为过失犯罪。行为人为了追求经济等个人利益而实施污染环境的不法行为，仅表明了行为人犯意之诱因，并不能因此认定行为人对污染环境危害结果的发生主观上是过失。事实上，实践中行为人为了追求经济利益，往往对污染环境持放任态度。其次，从法定刑倒推罪数形态，这一做法亦不具备逻辑科学性，与我国犯罪构成要件论证的基本“思维范式”不符。最后，仅凭污染环境罪与投放危险物质罪二者在犯罪构成客观要件上的相似性，便想当然地从解决司法实践问题的角度区分两罪的主观罪过形式，并非一种司法理性，且于法无据。

(2)故意说

“故意说”认为，行为人明知其行为违反国家规定，且有能力判断其排放、倾倒或者处置的物质为有害物质，并能预见实施上述行为是否会造成环境污染以及污染的严重程度等结果，而仍存希望或放任之意志去实施该行

---

① 张军主编：《〈刑法修正案(八)〉条文及配套司法解释理解与适用》，人民法院出版社 2011 年版，第 322 页。

为,方才构成本罪。若仅是过失则不构成本罪。如张明楷教授明确指出:"本罪原为过失犯罪,但经《刑法修正案(八)》修改后,本罪的责任形式应为故意。"①也有学者认为,污染环境罪主观方面仅为间接故意,即明知其行为会发生危害社会之结果,仍然放任此结果发生,因而构成犯罪。

此学说的提出,主要基于以下几点:第一,《刑法修正案(八)》删除了原《刑法》第338条"重大环境污染事故罪"中的"事故"二字,但并未增加表明该罪为过失犯罪或指明其主观罪过为过失的要件,说明本次修订已将污染环境罪从过失犯罪变成了故意犯罪。② 第二,有学者基于"客观的超过要素"来支持故意说,认为污染环境的行为不仅会有对自然环境造成污染的危险,而且可能产生对自然环境造成严重污染的实害结果。行为人在实施污染行为时,通常会预见自己的行为将导致一定的危害结果发生,但是并不能预见对自然环境会造成严重的污染。所以,此处的对自然环境造成严重污染这一结果属于客观的超过要素,行为人不可能提前预见或知晓。③

我们较为赞同故意说的观点。原因有三:首先,从文义解释的角度来看,将污染环境罪认定为故意犯罪未超出法条文字表述范畴,为《刑法》第338条应有之义,不会伤害大众的预测可能性,更不会违背罪刑法定原则的内旨要求。其次,从论理解释的角度来看,将"客观的超过要素"作为故意说的理论支撑依据,具有一定的合理性。最后,将污染环境罪界定为故意犯罪有利于更好地追究环境犯罪主体责任,规制屡禁不止且日益严重的环境污染行为。比如,对于污染环境共同犯罪,如果依据"过失说",此问题难以彻底澄清;而若依据"故意说",问题便能迎刃而解。显然,"故意说"更有利于司法实践操作,更具"法上之实益"。

(3)双重罪过说

该说认为,故意和过失都是污染环境罪的主观罪过形态。具体而言,其中又包含了两种观点:一种观点认为污染环境罪犯罪构成的主观罪过形式应以过失为主,但不排除故意;另一种观点则恰好相反,认为污染环境罪犯

① 张明楷:《刑法学》(第4版),法律出版社2011年版,第995页。
② 参见杨宁、黎宏:《论污染环境罪的罪过形式》,载《人民检察》2013年第21期。
③ 参见周海浪:《污染环境罪的主观责任探疑》,载《人民司法》2013年第23期。

罪构成的主观罪过形式应以故意为主,但不排除过失。

这一观点的提出,主要基于以下几点:第一,有学者认为,“本次修正从某种意义上看正是为了矫正刑法对原重大环境污染事故罪主观罪过的认识上的偏差,这也就不难探明立法者的立法意图——使修正后的污染环境罪的主观方面不但包含故意,也包含过失”。① 第二,也有学者认为,从实质上看本罪同时包括故意和过失,这样能够“使该条的固有疏漏得以弥补,对环境法益的保护更加积极全面,易于对环境污染的行为定罪”。② 换言之,从处罚必要性角度出发,应当将本罪理解为既包括故意行为,也包括过失行为。

“双重罪过说”于现行法律背景下具有明显缺陷:其一,从立法惯例来看,故意犯罪与过失犯罪有不可逾越的鸿沟,将两个不同罪数置于同一罪名之下,不符合立法惯例与刑法理论;其二,将故意犯罪与过失犯罪对应相同的法定刑,不仅未充分考虑区分主观恶性的重要性,亦不符合罪责刑相适应原则,达不到惩治犯罪的目的。

2. 本案主观罪过形式的分析

本案中,上诉人周某在提起上诉时称:“《刑法修正案解读全编》《公检法办案标准与适用》《刑法修正案(八)条文及配套司法解释理解与适用》等著作认为污染环境罪应为过失犯罪,依法不存在未遂形态。除非行为人对严重污染的后果持希望或者放任的心态,才可能成立故意犯罪。在本案中,无人欲污染环境,主观上不存在犯罪故意的可能。虽然刑法修正案及最高人民法院的司法解释,降低了污染环境罪的门槛,但并没有改变污染环境罪主观方面的规定,基层人民法院不能任意扩大范围。”

对于此辩护意见,本书认为其并不具合理性。首先,上诉人周某所列书籍并非正式意义上的法的渊源,不能因此断定污染环境罪即为过失犯罪。其次,《刑法修正案(八)》降低了污染环境罪的入罪“门槛”,意味着该罪规制责任主体范围的进一步扩大。因此,亦应将“故意”作为该罪构成的主观

---

① 汪维才:《污染环境罪主客观要件问题研究——以〈中华人民共和国刑法修正案(八)〉为视角》,载《法学杂志》2011年第8期。

② 孟庆华、王法:《重大环境污染事故罪修改若干问题探讨》,载《江苏技术师范学院学报》2010年第11期。

罪过形式，以顺应《刑法修正案（八）》关于此罪修改的立法趋势，从而将更多的污染环境行为纳入此罪的规制范围。

具体至本案，张某甲和李某经营的材料厂曾多次被政府决定关闭、被环保局责令停产，但仍未停止生产，此可说明张某甲等人对其行为会产生污染环境的后果早已明知，却放任其发生；在二审查明的新证据中，周某长期从事废机油运输、处置工作，且事先应张某甲和李某通知对荣盛防水材料厂的生产经营进行过实地察看，表明其对张某甲、李某等人的非法提炼废油行为具有预知性。周某仍然委托后者替其处置废重油，表明其并非如辩护意见中所言的"无想法"和"非故意"。

综上所述，从认识因素来看，本案中张某甲、李某、周某对于自己非法处置危险废物的行为都有明确预知；从意志因素来看，此三人均对危害结果的发生持放任态度，存在主观上之故意。依此二因素，并结合上述关于污染环境罪主观罪过形式的分析，不难判断张某甲、李某和周某三人构成污染环境罪的共同犯罪。

（二）污染环境罪的既遂形态分析

根据《刑法》第 338 条，污染环境罪犯罪构成的客观方面主要表现为"违反国家规定，排放、倾倒或者处置有放射性的废物、含传染病病原体的废物、有毒物质或者其他有害物质，严重污染环境的"行为。此规定内含三个构成要素，即违法前提、危害行为和危害结果。如前所述，本案的另一分歧之处是污染环境罪的构成是否应以损害结果的发生为必备要件，即如何判定污染环境罪既遂标准的问题。此问题与危害结果这一要素密切相关。

1. 污染环境罪既遂形态之争

众所周知，《刑法修正案（八）》规定的"污染环境罪"，是由 1997 年《刑法》中的"重大环境污染事故罪"发展演化而来。1997 年《刑法》对于"重大环境污染事故罪"的成立，要求"造成重大环境污染事故，致使公私财产遭受重大损失或者人身伤亡的严重后果"。这一表述无疑是将"重大环境污染事故罪"作为结果犯进行处理。不同的是，《刑法修正案（八）》对此表述进行了修改，此后，《刑法》第 338 条规定的"污染环境罪"的相关表述为"严重污染环境"。这一改动使理论界对于污染环境罪的犯罪类型归属，即该罪究竟系结果犯还是行为犯，抑或危险犯，莫衷一是。2013 年最高人民法院、最高人民检察院颁布的《关于办理环境污染刑事案件适用法律若干问题的解释》(法释〔2013〕15 号,已废止,以下简称《解释》),更是将此争议推至高潮。《解释》第 1 条对"严重污染环境"的具体情形进行了详细规定,其中第 1 ~ 5 项主要规制的是污染行为,第 6 ~ 13 项规制的则是污染结果。如此,更加剧了有关此问题的理论争鸣与适用困惑。①

有学者主张,依据《刑法修正案(八)》和《解释》第 1 条,污染环境罪已由结果犯修改为危险犯。《刑法修正案(八)》的修订将原有罪名保护的两个法益中的次要法益予以取消,更加凸显了"加强保护环境"这一唯一法益,而不法行为所生危害结果仅是为满足判定其行为危险程度之需要。也有少数学者主张,污染环境罪是行为犯,认为《刑法》第 338 条规定的"严重污染环境",仅是对行为程度的要求。但大多数学者认为,本罪仍是结果犯。例如,有学者指出"根据修改后的条文表述,本罪并未采用刑法分则规定的危险犯表述方式,而且从'严重污染环境'这种行为表述方式来看,结果犯的观点是更为适宜的,危险犯说不具有合理性"。② 笔者较为赞同此种观点,正如其他支持此种观点的学者认为的,污染环境罪与重大环境污染事故罪只是从双重到单一的实害结果的差别,而不是行为犯与结果犯的差别。③

针对上述诸多争议,有学者另辟蹊径,根据《解释》第 1 条,提出一种新的理论学说——"结果犯与行为犯并行说"。他们认为,污染环境罪犯罪客观方面的构成应当实行"结果犯"和"行为犯"相结合的双重模式,以解决司法实践中对于污染环境罪犯罪构成客观方面认定的适用困惑。本书认为,此学说并不能从根本上解决污染环境罪犯罪构成客观方面的认定困惑,相反,需同时考虑两种因素反而在一定程度上增加了该罪的认定难度。而且从法律本身规范性与明确性的内在品格要求来看,确立污染环境罪"结果

---

① 该解释已经被 2017 年 1 月 1 日起施行的最高人民法院、最高人民检察院《关于办理环境污染刑事案件适用法律若干问题的解释》(法释〔2016〕29 号)所修改,因此不再适用。值得注意的是,此处涉及的几项规定并未修改,仍与 2013 年的规定保持一致。

② 陈君:《对〈刑法修正案(八)〉关于污染环境罪规定的理解与探讨》,载《北京理工大学学报(社会科学版)》2012 年第 6 期。

③ 参见姜文秀:《污染环境罪与重大环境污染事故罪比较研究》,载《法学杂志》2015 年第 11 期。

犯与行为犯并行”模式，也非权宜之计。

刑法中的既遂形态应该是确定且唯一的，这一要求的实现必须通过立法这项程序来完成，《解释》并不能改变刑法规范构成要件的效力。所以，对于污染环境罪犯罪既遂形态的确定，有必要从立法层面进行明确、规范和统一。

2. 本案既遂形态的分析

结合上述关于污染环境罪既遂形态的分析，检视本案，可以发现：本案中，被告人张某甲、李某违反国家关于危险废物的处理规定，非法处置危险废物3吨以上，此行为已严重污染环境，构成污染环境罪既遂；但由于其意志以外的原因，部分犯罪未得逞，此未得逞部分因尚未造成严重污染环境之结果，应认定构成犯罪未遂，该未遂部分可以比照既遂犯从轻处罚；被告人周某明知张某甲、李某无处置危险废物的资格，仍委托其处置，应以污染环境罪共犯论处。但因其所涉50余吨危险废物，由于意志以外的原因并未处置成功，未产生严重污染环境之结果，故应认定为犯罪未遂，可以比照既遂犯从轻处罚。因此，无论是本案的一审判决还是二审判决，都符合司法理性的基本要求。

四、主要法律条文链接

《中华人民共和国固体废物污染环境防治法》第80条 从事收集、贮存、利用、处置危险废物经营活动的单位，应当按照国家有关规定申请取得许可证。许可证的具体管理办法由国务院制定。

禁止无许可证或者未按照许可证规定从事危险废物收集、贮存、利用、处置的经营活动。

禁止将危险废物提供或者委托给无许可证的单位或者其他生产经营者从事收集、贮存、利用、处置活动。

《中华人民共和国固体废物污染环境防治法》第114条 无许可证从事收集、贮存、利用、处置危险废物经营活动的，由生态环境主管部门责令改正，处一百万元以上五百万元以下的罚款，并报经有批准权的人民政府批准，责令停业或者关闭；对法定代表人、主要负责人、直接负责的主管人员和其他责任人员，处十万元以上一百万元以下的罚款。

未按照许可证规定从事收集、贮存、利用、处置危险废物经营活动的，由生态环境主管部门责令改正,限制生产、停产整治,处五十万元以上二百万元以下的罚款;对法定代表人、主要负责人、直接负责的主管人员和其他责任人员,处五万元以上五十万元以下的罚款;情节严重的,报经有批准权的人民政府批准,责令停业或者关闭,还可以由发证机关吊销许可证。

《危险废物经营许可证管理办法》第31条 本办法下列用语的含义:

(一)危险废物,是指列入国家危险废物名录或者根据国家规定的危险废物鉴别标准和鉴别方法认定的具有危险性的废物。

(二)收集,是指危险废物经营单位将分散的危险废物进行集中的活动。

(三)贮存,是指危险废物经营单位在危险废物处置前,将其放置在符合环境保护标准的场所或者设施中,以及为了将分散的危险废物进行集中,在自备的临时设施或者场所每批置放重量超过5000千克或者置放时间超过90个工作日的活动。

(四)处置,是指危险废物经营单位将危险废物焚烧、煅烧、熔融、烧结、裂解、中和、消毒、蒸馏、萃取、沉淀、过滤、拆解以及用其他改变危险废物物理、化学、生物特性的方法,达到减少危险废物数量、缩小危险废物体积、减少或者消除其危险成分的活动,或者将危险废物最终置于符合环境保护规定要求的场所或者设施并不再回取的活动。

《中华人民共和国刑法》第338条 违反国家规定,排放、倾倒或者处置有放射性的废物、含传染病病原体的废物、有毒物质或者其他有害物质,严重污染环境的,处三年以下有期徒刑或者拘役,并处或者单处罚金;情节严重的,处三年以上七年以下有期徒刑,并处罚金;有下列情形之一的,处七年以上有期徒刑,并处罚金:

(一)在饮用水水源保护区、自然保护地核心保护区等依法确定的重点保护区域排放、倾倒、处置有放射性的废物、含传染病病原体的废物、有毒物质,情节特别严重的;

(二)向国家确定的重要江河、湖泊水域排放、倾倒、处置有放射性的废物、含传染病病原体的废物、有毒物质,情节特别严重的;

(三)致使大量永久基本农田基本功能丧失或者遭受永久性破坏的;

(四)致使多人重伤、严重疾病,或者致人严重残疾、死亡的。

有前款行为,同时构成其他犯罪的,依照处罚较重的规定定罪处罚。

五、结论

由于立法对污染环境罪具体构成要件的态度不明,理论界与实务界对于该罪主观罪过形式的认定以及既遂标准的确定揣测颇多,并引发了司法实践中的一系列难题。“法无明文规定不为罪,法无明文规定不处罚”,污染环境罪犯罪构成主观罪过形式的澄清和既遂标准的确定,最终还有待立法的进一步明确。

19. 污染环境罪与投放危险物质罪的界分与竞合

——陈某甲等5人非法倾倒电镀污泥垃圾案*

一、案情概要

陈某甲是河南省商丘市的农民，2013年8月，应四川省青川县天运金属开发有限公司（以下简称天运金属）聘用人员付某某（在逃）之托，负责帮其处理电镀污泥垃圾，运输车辆由付某某联系。2013年8～11月，经陈某甲安排，两人先后三次将扬州宁达贵金属有限公司（以下简称宁达贵金属）本应运往天运金属处理的含有危险物质的电镀污泥垃圾，私自转运并倾倒至河南省商丘市睢阳区高辛镇、李口镇、宋集镇内四个地点，共计约460吨。

2014年2月22日，付某某再次联系六辆货车将电镀污泥垃圾从宁达贵金属运往河南省商丘市，其中两辆货车车主及司机钟某某、戴某某、张某甲、张某乙运输的

---

* 本案来源：河南省商丘市睢阳区人民法院刑事判决书，（2014）商睢刑初字第00218号。

两车(约 80 吨)电镀污泥垃圾,经陈某甲安排倒入商丘市睢阳区高辛镇焦李庄村 327 省道一幼儿园门口的坑内,两车垃圾卸货后被群众举报。经商丘市环境监测站监测分析,上述垃圾属有害物质。2014 年 12 月 1 日,商丘市睢阳区人民检察院分别以陈某甲犯投放危险物质罪,钟某某、戴某某、张某甲、张某乙犯污染环境罪,向法院提起公诉。

二、判决要旨

(一)法院判决

商丘市睢阳区人民法院经审理认为,陈某甲、张某甲、戴某某、钟某某、张某乙伙同他人违反国家规定,私自倾倒含有危险物质的电镀污泥,严重污染环境。其行为均已构成污染环境罪,公诉机关指控犯污染环境罪罪名成立。被告人陈某甲在共同犯罪中起主要作用,系主犯;被告人张某甲、戴某某、钟某某、张某乙在共同犯罪中起次要、辅助作用,系从犯。法院遂依照《刑法》第 338 条等条款,以污染环境罪判处陈某甲有期徒刑 1 年 6 个月并处罚金人民币 3 万元,分别判处张某甲、戴某某、钟某某、张某乙罚金人民币 2 万元。宣判后,各被告人均未提起上诉。

(二)裁判中的主要分歧

公诉机关和审判机关均认为本案事实清楚,证据确实、充分,足以认定陈某甲、张某甲、戴某某、钟某某、张某乙将含有危险物质的电镀污泥非法倾倒之行为构成犯罪,且均认为张某甲、戴某某、钟某某、张某乙之行为在犯罪性质上构成污染环境罪。本案存在的主要分歧是:

公诉机关认为,陈某甲将含有危险物质的电镀污泥倾倒至幼儿园门口等地的行为,应属故意投放毒害性物质危害公共安全,构成《刑法》第 114 条规定的投放危险物质罪。

审判机关则认为,陈某甲私自倾倒含有危险物质的电镀污泥,属于严重污染环境的行为,在定罪上应同张某甲、戴某某、钟某某、张某乙等人构成污染环境罪共同犯罪,因而最终认定陈某甲构成污染环境罪。

由于本案裁判对陈某甲犯罪行为的定性存在冲突,因此有必要说明,在现行法律体系下究竟哪种解决思路更为正当、合法,结论更站得住脚。下文拟从规范解释学与比较分析学角度进行分析检讨,以厘清污染环境罪与投放危险物质罪二者的界分与竞合。

三、判决评释

依据基本案情以及法院判决书的基本论证思路，于此需要检讨的核心问题有三：

第一，什么是污染环境罪？什么是投放危险物质罪？二者在犯罪形态上有何区别？规范依据为何？

第二，在同一案件事实认定无误、证据既定不变的情况下，为何会出现两罪定罪适用混乱之局面？两者究竟系何关系？规范依据为何？

第三，在问题二所证关系基础上，如何看待本案定罪的合理性与正当性？

下文拟就这几项问题，在检讨法院判决的基础之上，探析我国现行法律体系下的规范依据与可行的解决方案。

（一）污染环境罪与投放危险物质罪的界分

污染环境罪是由1997年《刑法》规定的重大环境污染事故罪发展演化而来的，是指违反国家规定，排放、倾倒、处置放射性废物、含传染病病原体废物、有毒物质或者其他有害物质，造成环境污染，后果严重，依照法律应受到刑事处罚的行为，属妨害社会管理秩序类犯罪。投放危险物质罪，是指行为人实施投放毒害性、放射性、传染病病原体等物质，危害或足以危害不特定多数人的人身和财产安全的行为，属危害公共安全类犯罪。投放危险物质罪系《刑法修正案（三）》规定的投毒罪修改、衍生而来。

污染环境罪与投放危险物质罪分别位于刑法的不同章节，侵犯法益不同，属两种完全不同类别的犯罪，于犯罪构成上亦有霄壤之别。基于罪刑法定原则的要求，依照传统刑法理论从犯罪构成“四要件”对二者进行界分，是区分此罪与彼罪的基本方法理路。

1. 犯罪客体不同

关于污染环境罪的犯罪客体，学理界观点尚难统一。有学者认为，此罪侵犯的是单一客体，即生态环境法益或环境权；①也有学者认为，此罪侵犯的是复杂客体，即不仅侵犯了国家对生态环境资源的保护、防治管理制度，

① 参见焦艳鹏：《法益解释机能的司法实现——以污染环境罪的司法判定为线索》，载《现代法学》2014年第1期。

也侵犯了他人的生命健康或财产安全权。[①] 本书认为，上述观点均不能完全揭示污染环境罪的本质。质言之，污染环境罪侵犯的客体为复杂客体，但应具体区分两个层次，即主客体为生态环境法益或环境权，次客体为公民人身、财产安全权。

原因在于：一则此罪归属《刑法》分则第六章“妨害社会管理秩序罪”中第六节“破坏环境资源保护罪”，因此其侵犯客体首先直指生态环境法益或环境权利。二则根据最高人民法院、最高人民检察院发布的《关于办理环境污染刑事案件适用法律若干问题的解释》（法释〔2016〕29 号，以下简称 2016 年《解释》）第 1 条、第 3 条对“严重污染环境”“后果特别严重”认定标准的分别列明，[②]例如，第 1 条第 17 项规定“致使一人以上重伤、中度残疾或者器官组织损伤导致严重功能障碍的”属于“严重污染环境”，第 3 条第 10 项规定“致使三人以上重伤、中度残疾或者器官组织损伤导致严重功能障碍的”应认定为“后果特别严重”，可知将他人人身、财产安全权纳入此罪侵害客体范畴是规范之义。

与污染环境罪不同，投放危险物质罪分属我国《刑法》分则第二章“危害公共安全罪”之列。根据《刑法》第 114 条、第 115 条，一般认为，投放危险物质罪侵害的是公民人身、财产权利，即公共安全法益，此点与污染环境罪次客体不谋而合。不同的是，投放危险物质罪侵害的是单一客体，即仅限侵害公民人身、财产权利，并不直接涉及生态环境法益或环境权利。

2. 犯罪客观方面不同

从行为模式来看，根据我国《刑法》第 338 条，污染环境罪的客观方面主要表现为违法排放、倾倒或处置有放射性的废物、含传染病病原体的废物、有毒物质或者其他有害物质，严重污染环境的行为。具体而言，关于此危害行为的理解，可从以下三个方面展开：(1) 行为方式上涵盖排放、倾倒、处置三种方式；(2) 行为对象是有害物质；(3) 行为后果上须严重污染环境。而投放危险物质罪的客观方面则主要表现为投放毒害性、放射性、传染病病

---

① 参见丁慕英等：《刑法实施中的重点难点问题研究》，法律出版社 1998 年版，第 807 页。

② 2016 年《解释》第 1 条规定了 18 种应当认定“严重污染环境”的具体情形，第 3 条规定了 13 种应当认定“后果特别严重”的具体情形。

原体等物质,危害公共安全的行为。该罪所涉危害行为,在行为方式上仅限“投放”一种;在行为对象上包括毒害物质等多种危险物质;在行为后果上并不以污染环境为必须,只要是危害公共安全即可。故就规范解释学视域而言,两罪于犯罪构成客观方面差别明显。

值得注意的是,虽然从理论上讲,两罪在犯罪构成客观方面似乎存在较大不同,但从司法实践来看,仅依据此不同之处对两罪进行区分并不容易,原因有三:其一,行为方式上的交叉性。“排放、倾倒、处置”与“投放”等语词,仅从语义解释学观之,二者实呈交叉关系,差别无几。根据《现代汉语词典》(第7版)的释义,“投放”是指以扔、倒等手段搁置或处置,包含“排放、倾倒、处置”之意。其二,行为对象上的相似性。污染环境罪的行为对象是各种有害废物或有毒有害物质,投放危险物质罪的行为对象则是各种有毒有害物质,二者所涉毒害物质似有危险性质或程度的不同,但具体不同为何,立法并未明示。其三,行为后果上的牵连性。如前所述,污染环境罪强调“严重污染环境”之恶果,而“投放危险物质罪”则更强调“危害公共安全”,二者似无关联,但从实践来看,此两种行为后果常相伴相生。换言之,除“严重污染环境”外,环境污染罪所生恶果亦可引发对不特定人或多数人人身、财产安全的侵害,呈现“危害公共安全”的特征。本案中,陈某甲等人将有害物质电镀污泥堆放至幼儿园门口坑内的行为,不仅会造成环境污染,也必然危及公共安全。

因此,区分上述两类犯罪,需审慎结合二者其他方面构成要件的不同,综合权断。

3. 犯罪主体不同

根据我国《刑法》第338条、第346条可知,污染环境罪犯罪构成的主体是一般主体,即自然人或单位。此处的“自然人”须年满16周岁且具备刑事责任能力。

而投放危险物质罪则不同,其犯罪主体颇为特殊。主要表现为以下三点:第一,根据《刑法》第114条、第115条,一般认为,此罪犯罪主体仅限自然人,不含单位。第二,此处“自然人”,其刑事责任年龄为14周岁以上。对于此点,依据《刑法》第17条第2款,凡犯故意杀人、故意伤害致人重伤或者死亡、强奸、抢劫、贩卖毒品、放火、爆炸、投放危险物质罪等8类重大刑事犯罪的,其刑事责任年龄为14周岁以上。因此,此限制对投放危险物质罪当然适用。

4. 犯罪主观方面不同

污染环境罪的主观方面为何,学界争议颇大。主要观点有三,现简述如下:一为“过失说”,认为污染环境罪的主观方面是过失,如周道鸾教授指出,本罪中“行为人对于违反国家环境保护法规,排放、倾倒或者处置危险废物是明知的,但对于由此造成的严重后果不是行为人所希望的”。[①] 二为“故意说”,认为污染环境罪的主观方面仅限故意,如张明楷教授认为“刑法第338条没有任何一个表述显示污染环境罪可以由过失构成”。[②] 三为“混合说”,又称双重罪过说,认为污染环境罪的主观构成既包括故意,也包括过失。亦即“污染环境罪的罪过形式为一种模糊罪过,类似于结果加重犯中的至少有过失”。

本书较为赞同第二种观点。其一,将过失纳入污染环境罪的责任形式,并无立法明文支撑,有违罪刑法定原则;其二,此处的故意,是指对污染环境基本结果的希望或放任,而不论其是否对他人人身、财产或其他方面造成严重损害持认识之故意。申言之,只要行为人对行为的基本结果持故意,即可成立本罪,而无论其对加重结果的主观方面是故意还是过失。因而,这有别于“混合说”。“混合说”认为,加重犯至少要有过失;而此处并不强求,仅强调对基本犯主观认识之故意,而不问加重犯主观认识之差别。

这点与投放危险物质罪明显不同。我国《刑法》第114条、第115条第1款规定投放危险物质罪的主观方面系故意,即明知自己所为会危害公共安全,仍希望或放任其发生。此外,《刑法》第115条第2款还规定了过失投放危险物质罪,即过失亦可构成犯罪。显然,此点与污染环境罪存在明显差异。

(二)污染环境罪与投放危险物质罪的竞合

1. 竞合关系的确立

综上分析,污染环境罪与投放危险物质罪二者存在诸多差别,是两种类

---

① 周道鸾、张军主编:《刑法罪名精释》(第4版),人民法院出版社2013年版,第858页。
② 张明楷:《污染环境罪的争议问题》,载《法学评论》2018年第2期。

别完全不同的犯罪,因此从理论层面区分二者并非难事。但是,具体到司法实践,比如,在本案中,两种差别甚远的犯罪为什么仍会出现适用冲突的情况?二者之间究竟系何关系?厘清此问题乃正确适用这两种犯罪类型的前提。

两种不同类别犯罪之间之所以易出现适用冲突,从某种角度来说,是因为二者在犯罪构成或性质上存在一定相似性或牵连关系。申言之,污染环境罪与投放危险物质罪适用混乱局面的形成有更深层次的原因,即两罪之间必然存在某种程度上的交叉。那么,二者之间究竟存在何种交叉关系?

2013 年 6 月最高人民法院与最高人民检察院联合发布的《关于办理环境污染刑事案件适用法律若干问题的解释》(法释〔2013〕15 号,已失效,以下简称 2013 年《解释》)第 8 条规定:“违反国家规定,排放、倾倒、处置含有毒害性、放射性、传染病病原体等物质的污染物,同时构成污染环境罪、非法处置进口的固体废物罪、投放危险物质罪等犯罪的,依照处罚较重的犯罪定罪处罚。”2016 年 12 月最高人民法院、最高人民检察院对 2013 年《解释》进行了“再升级”,颁布了 2016 年《解释》,该解释对 2013 年《解释》进行了修改及再完善,但 2013 年《解释》第 8 条仍被保留,并得以再次确认。该规定明确了同时构成污染环境罪、投放危险物质罪等相关犯罪的处断原则,并从立法层面确定了污染环境罪和投放危险物质罪的想象竞合关系。

想象竞合是指行为人以一行为触犯数罪名,而据现有罪数理论不能对其进行数罪并罚,只能择一重罪处罚的情形。想象竞合关系的确立使二者在罪刑认定上必然有所牵连。

2. 竞合范围的确定

依据想象竞合关系的内核,实践中,若污染环境罪与投放危险物质罪产生适用竞合,裁判者直接认定罪罚性质更重的投放危险物质罪即可,二者之间不可能产生冲突。但是,存在的问题是:污染环境罪与投放危险物质罪究竟在何种情形下构成竞合?抑或于哪一犯罪构成范围内成立想象竞合?2013 年《解释》、2016 年《解释》并未言明。为厘清这些适用上的质疑,实有必要依据既存规范,从目的实现可能性及刑罚有效性角度,作进一步探讨。

(1)2016 年《解释》第 8 条中“投放危险物质罪”的确定

污染环境罪与投放危险物质罪之间具有竞合关系,显然,并非在任何情形下都是如此。2016 年《解释》第 8 条规定投放危险物质罪与污染环境罪等几种犯罪产生适用竞合时,依据处罚较重之罪定罪处罚。问题是:此处所谓的“投放危险物质罪”到底该如何界定?是仅指《刑法》第 115 条规定的投放危险物质罪,还是包括第 114 条规定的投放危险物质罪?因为,《刑法》第 114 条规定的投放危险物质罪的客观方面要求“尚未造成严重后果”,而污染环境罪的客观方面要求“严重污染环境”。换言之,构成污染环境罪须有严重后果的发生,这与《刑法》第 114 条规定的犯罪构成客观方面对立。因此,从规范解释学角度来看,《刑法》第 114 条规定的投放危险物质罪,即“尚未造成严重后果”的情形,不应也不宜适用于此处竞合,否则将有违法的一致性品格。

此外,从刑罚目的性角度来看,若将竞合范围扩及《刑法》第 114 条规定的危险犯,则意味着只要行为人实施了排放有毒害性、放射性、传染病病原体等污染物质的行为,哪怕尚未产生任何实害后果,也可能被认定为投放危险物质罪,如此一来,不仅会导致污染环境罪形同虚设,也与轻刑化刑罚趋势背道而驰。

(2)主观方面——“故意”的对接

如前文所述,污染环境罪的主观方面须为故意,而投放危险物质罪的主观方面不仅包括故意,也包括过失。由此可见,两罪只有在主观构成为故意时才可能产生竞合,即行为人须对自己危害公共安全行为的后果明知,且主观上须持希望或放任的态度才可能产生竞合,过失并不适用。因此,《刑法》第 115 条第 2 款规定的“过失投放危险物质罪”理应被排除在外。换言之,倘若行为人过失实施污染环境的行为,则可能产生两种后果:一是若加害行为未造成危害公共安全的严重后果,可认定不构成犯罪;二是若加害行为造成危害公共安全的严重后果,如造成公私财产重大损失或者他人的人身伤亡,则可直接认定构成《刑法》第 115 条第 2 款规定的“过失投放危险物质罪”。

以此为理路,倘若行为人实施污染环境的行为系故意,则又可具体区分三种情形:一是若仅造成环境污染,未对公共安全造成实际或特定危害,则定《刑法》第 338 条规定的污染环境罪即可;二是若对公共安全造成实际或特定危害,但尚未造成严重后果,则定《刑法》第 114 条规定的投放危险物质罪即可;三是若对公共安全造成实际或特定危害,并且导致严重后果,此时才成立《刑法》第 338 条和第 115 条第 1 款的想象竞合,应依 2016 年《解释》第 8 条，择一重定投放危险物质罪。①

(三)从本案看污染环境罪的定性

根据上述对污染环境罪与投放危险物质罪的关系分析可知：本案中，陈某甲、钟某某、戴某某等人均系自然人，均具有刑事责任能力，且对自己危害公共安全的行为存在故意，即存在放任危害结果发生之心态，此两点同时符合污染环境罪、投放危险物质罪犯罪主体、主观方面的构成要件，就此层面而言，本案在定性上存在两罪适用竞合的可能性。

但是，在犯罪的其他方面，如在犯罪的客体上，陈某甲等人非法倾倒有害物质电镀污泥，特别是将其倾倒至幼儿园门口的行为，不仅会对周边不特定人的人身及财产安全造成威胁，危害公共安全，也会直接造成土壤、地下水污染，因而其不仅涉及对公民人身、财产权利的侵害，也直接涉及生态环境法益或环境权利。就此而言，本案在犯罪客体上与污染环境罪的复杂客体更为契合；在犯罪的主观方面上，本案中陈某甲的行为，虽然具有危害公共安全的性质，但是尚未造成他人人身、财产的重大损失，且陈某甲的行为并非独立完成，需电镀污泥有害物质的提供者、运输者几方共同作用才可能导致危害后果发生。是故，将其他行为人的行为认定为污染环境罪，而将陈某甲的行为单独以投放危险物质罪论处，显然并不合理。因此，将本案认定为污染环境罪的共同犯罪，更具合理性和正当性。

四、主要法律条文链接

《中华人民共和国刑法》第 17 条第 1 款、第 2 款 已满十六周岁的人犯罪，应当负刑事责任。

已满十四周岁不满十六周岁的人，犯故意杀人、故意伤害致人重伤或者死亡、强奸、抢劫、贩卖毒品、放火、爆炸、投放危险物质罪的，应当负刑事责任。

《中华人民共和国刑法》第 114 条 放火、决水、爆炸以及投放毒害性、放射性、传染病病原体等物质或者以其他危险方法危害公共安全，尚未造成严重后果的，处三年以上十年以下有期徒刑。

《中华人民共和国刑法》第 115 条 放火、决水、爆炸以及投放毒害性、

① 参见聂立泽、胡洋：《污染环境罪与投放危险物质罪的竞合关系及其处断研究》，载《南都学坛》2017 年第 6 期。

放射性、传染病病原体等物质或者以其他危险方法致人重伤、死亡或者使公私财产遭受重大损失的，处十年以上有期徒刑、无期徒刑或者死刑。

过失犯前款罪的，处三年以上七年以下有期徒刑；情节较轻的，处三年以下有期徒刑或者拘役。

《中华人民共和国刑法》第 338 条 违反国家规定，排放、倾倒或者处置有放射性的废物、含传染病病原体的废物、有毒物质或者其他有害物质，严重污染环境的，处三年以下有期徒刑或者拘役，并处或者单处罚金；情节严重的，处三年以上七年以下有期徒刑，并处罚金；有下列情形之一的，处七年以上有期徒刑，并处罚金：

（一）在饮用水水源保护区、自然保护地核心保护区等依法确定的重点保护区域排放、倾倒、处置有放射性的废物、含传染病病原体的废物、有毒物质，情节特别严重的；

（二）向国家确定的重要江河、湖泊水域排放、倾倒、处置有放射性的废物、含传染病病原体的废物、有毒物质，情节特别严重的；

（三）致使大量永久基本农田基本功能丧失或者遭受永久性破坏的；

（四）致使多人重伤、严重疾病，或者致人严重残疾、死亡的。

有前款行为，同时构成其他犯罪的，依照处罚较重的规定定罪处罚。

《中华人民共和国刑法》第 346 条 单位犯本节第三百三十八条至第三百四十五条规定之罪的，对单位判处罚金，并对其直接负责的主管人员和其他直接责任人员，依照本节各该条的规定处罚。

最高人民法院、最高人民检察院《关于办理环境污染刑事案件适用法律若干问题的解释》第 8 条 违反国家规定，排放、倾倒、处置含有毒害性、放射性、传染病病原体等物质的污染物，同时构成污染环境罪、非法处置进口的固体废物罪、投放危险物质罪等犯罪的，依照处罚较重的规定定罪处罚。

五、结论

在立法明确规定污染环境罪与投放危险物质罪具有竞合关系，但具体竞合范围规定不明的情况下，法律实践应以理性的态度在既存法律规定设定的框架内，通过规范解释论，并充分顾及法目的实现的可能性及刑罚有效性，为相关法律纠纷提供最优解决方案。

污染环境罪与投放危险物质罪属两种完全不同类别的犯罪，在犯罪构成上亦存在诸多不同。因此,在司法实践中,能否准确把握二者的本质差别,厘清其竞合关系的实质,是正确适用这两种犯罪的前提和根本。

从本案的判决结果来看,法院在适用法律时,能深刻认识到两罪犯罪客体、客观方面的不同,明确两罪竞合关系的实质,不固守条文表象,不滥用竞合,既彰显了司法理性,又有利于实现刑罚效能的最大化,使裁判结果符合罪刑相适应原则。

20. 走私废物罪的构成及认定

——青岛C公司等4家公司代为走私固体废物案*

一、案情概要

烟台赛颖公司和山东金彩公司是两家分别从事塑料原料及其制品批发零售、废塑料进出口及批发业务的公司,陈某甲、王某乙分别系两家公司的业务负责人、法定代表人。为获取高额利润,两家公司都想从国外进口一批废塑料在国内市场销售,但皆因无进口塑料相关资质,便萌生找他人代为办理进口通关手续的想法。于是,陈某甲、王某乙先后于2013年、2014年找到青岛C公司(该公司是一家从事国际货运代理、仓储服务、货物及技术进出口、批发塑料制品等业务的公司,公司主要业务是为客户代理办理进口废塑料的通关事宜)主要负责人史某,请其帮忙以青岛C公司名义为两人所在公司办理进口通关手续,通关所有费用均由两人所在公司承担。青岛C公司遂联系烟台润亚公司等多家公司,在征

* 本案来源:山东省高级人民法院刑事判决书,(2018)鲁刑终538号。

得其法定代表人初某等人同意后，先后借用烟台润亚公司等多家公司的固体废物进口许可证，于2014年8月至2015年5月，为烟台赛颖公司进口可用作原料的废塑料869.62吨；2013年10月至2015年6月，为山东金彩公司走私进口可用作原料的废塑料276.77吨。通关后，陈某甲、王某乙均将废塑料在国内销售牟利。

二、判决要旨

（一）一审判决

山东省青岛市中级人民法院认为，陈某甲、王某乙分别作为烟台赛颖公司的业务负责人、山东金彩公司的法定代表人，为给公司谋取非法利益，明知公司无进口废塑料的许可证，仍逃避海关监管，与青岛C公司实际负责人史某合谋，分别走私进口可用作原料的废塑料869.62吨、276.77吨，情节特别严重，故此三家公司均构成走私废物罪，陈某甲、王某乙、史某分别系所在单位直接负责的主管人员，亦构成走私废物罪；初某作为烟台润亚公司的法定代表人，系单位直接负责的主管人员，明知他人进口废塑料，为给公司谋取非法利益，仍将该公司的许可证提供给他人使用，其行为亦构成走私废物罪。因此，对以上单位和人员均以走私废物罪论处。

一审判决后，陈某甲以"系自首、进口废塑料未造成环境污染"为由，王某乙以"具有自首情节，对犯罪数额认定错误"为由，分别提起上诉。

（二）二审判决

山东省高级人民法院经审理认为，原审判决认定事实清楚，证据确实、充分，定罪准确，量刑适当，适用法律正确，审判程序合法。但因二审期间上诉人王某乙协助抓捕其他重大犯罪嫌疑人，构成重大立功，依法可以减轻处罚，遂最终判决维持一审判决对四被告单位、被告人史某、陈某甲、初某等的定罪量刑，维持对被告人王某乙的定罪及附加刑部分；撤销一审对被告人王某乙的主刑部分，将其由原判有期徒刑5年，改为有期徒刑4年。

（三）两审判决的一致性

由于王某乙在二审审理期间有重大立功表现，两审判决关于王某乙的量刑部分有所区别，但这并不影响两审法院对于本案犯罪性质认定的一致性，即均认为本案构成走私废物罪共同犯罪。

鉴于我国现行《刑法》对非法进口固体废物类犯罪设置了三种罪名，即

“走私废物罪”、“非法处置进口的固体废物罪”和“擅自进口固体废物罪”，且此三种犯罪在实践中较难区分，容易混淆，因此有必要对两审法院的判决予以进一步澄清，以检视其正确性。下文拟从法解释学和比较分析学角度对此进行分析，以明晰走私废物罪的认定问题。

三、判决评释

依据基本案情以及两审判决对案件性质的判定，于此需要探讨的核心问题有二：

第一，什么是走私废物罪？其犯罪构成为何？若两审法院就案件事实与证据认定无误，那么本案中各犯罪人是否符合走私废物罪的构成要件？规范依据为何？

第二，走私废物罪与非法处置进口的固体废物罪、擅自进口固体废物罪等类似犯罪该如何区分？若本案基本事实及证据认定无误，那么两审法院关于本案的定罪是否正确？规范依据为何？

下文拟就这几项问题，在结合我国既有法律规定的基础上，检视两审法院判决的正确性。

（一）走私废物罪及其构成

欲判断两审法院判决的合法性及正确性，必须先厘清走私废物罪的实质及犯罪构成。

走私废物罪是走私罪的一种，是指违反海关法规和国家关于固体废物、液态废物、气态废物管理的规定，逃避海关监管，将境外固体废物、液态废物、气态废物运输进境，情节严重的行为。① 具体而言，根据我国《刑法》等相关法律法规，走私废物罪的构成须满足以下四个要件。

1. 客体要件。关于走私废物罪的犯罪客体，学理界的观点并不一致。有学者认为，走私废物罪侵犯的客体是海关对进出境货物、物品的监管制度和国家对外贸易管制中的废物管理制度；②有学者认为，走私废物罪侵犯的客体是海关对废物进境的监管制度和国家对固体废物、液态废物和气态废

---

① 本罪根据《刑法修正案(四)》修订。

② 参见陈晖：《走私犯罪论》，法律出版社 2002 年版，第 333～338 页。

物的管理制度;[①]也有学者认为,走私废物罪侵犯的客体主要是环境权利。[②]上述观点均不能完全揭示走私废物罪侵犯客体的本质。将境外废物走私进境,必将直接破坏国家的海关管理秩序,侵犯国家海关对废物进境的监管制度;同时也将破坏以《固体废物污染环境防治法》为主的国家在对外贸易中对废物的管理制度和废物污染环境防治的管理制度。因此,本书认为,对于走私废物罪犯罪客体的理解应具体区分两个层次,即走私废物罪侵犯的客体是复杂客体,侵犯的主客体是海关对废物进境的监管制度和国家对外贸易中对废物的管理制度,次客体是国家有关废物污染环境防治的管理制度。

本罪的犯罪对象是境外废物。关于境外废物的理解,应明确:

首先,这里的"废物"不是指一般废物,它是指各种特定形态(包括固态、液态和气态)的废物。根据《固体废物污染环境防治法》第124条第1项,固体废物是指在生产、生活和其他活动中产生的丧失原有利用价值或者虽未丧失利用价值但被抛弃或者放弃的固态、半固态和置于容器中的气态的物品、物质以及法律、行政法规规定纳入固体废物管理的物品、物质。具体而言,根据不同标准,可以将"废物"分成不同种类。例如,根据废物产生来源及危险程度的不同,可将其分成工业固体废物、生活垃圾和危险废物;根据国家对废物进口管理类别划分的不同,可将其分成禁止进口的废物和限制进口可用作原料的废物。根据相关司法解释,无论是国家禁止进口的废物还是国家限制进口的可用作原料的废物,都可成为走私废物罪的犯罪对象。换言之,即使入境废物属于国家限制进口可用作原料的废物,但如果其是以走私方式入境的,亦构成本罪。

其次,境外废物中的"境外",是指废物产生或源于其他国家或地区。易言之,须是将其他国家或地区产生的废物带入我国,若是将我国境内的废物走私出境,则不构成本罪。

2. 客观方面要件。从行为模式来看,根据我国《刑法》第152条第2款,走私废物罪在客观方面主要表现为违反海关法规和国家有关规定,逃避海关监管,非法将境外废物运输进境,情节严重的行为。"逃避海关监管",是

① 参见梁争:《我国走私废物犯罪的现状及治理》,载《社会科学家》2011年第12期。

② 参见牛忠志、张霞:《非法进口废物犯罪的立法完善研究》,载《山东社会科学》2016年第1期。

指采取各种方法以避开海关监督、管理、检查,而将废物运输进境。常见方式有:①绕关走私,即在不设海关关口的地方将废物运输进境;②通关走私,即采用藏匿、伪报、欺骗、冒充、顶替等手段通过海关将废物运输进境。"逃避海关监管"是本罪客观方面不可或缺的条件,否则不能构成本罪。此外,本罪的危害行为具有单向性,即只有将特定固态、液态、气态废物走私进境的行为,才符合本罪客观方面的要求,不包括走私出境的行为。

3. 主体要件。我国《刑法》第152条第3款规定,"单位犯前两款罪的,对单位判处罚金,并对其直接负责的主管人员和其他直接责任人员,依照前两款的规定处罚"。由此可知,走私废物罪的犯罪主体不仅包括自然人,也包括单位,即一般主体。此外,本罪的成立并不受犯罪人国籍的影响,即无论是否具有中华人民共和国国籍都可构成本罪。

4. 主观方面要件。对于走私废物罪的主观方面,《刑法》中并未明确规定。但是,根据2002年最高人民法院、最高人民检察院、海关总署联合印发的《关于办理走私刑事案件适用法律若干问题的意见》第5条,[①]可以推知走私废物罪的主观方面应为故意。也即明知是国家禁止进境的废物或者限制进境用作原料的废物,仍逃避海关监管,将其运输进境。过失不构成本罪。

以上是走私废物罪犯罪构成的四个要件,四者缺一不可,否则均不能认定构成本罪。依据此标准,在两审法院对案件事实与证据认定的基础上,结合本案各犯罪人的具体表现,分析其行为的性质及归属。

首先,从行为侵犯的客体来看,本案中,陈某甲、王某乙分别作为烟台赛颖公司的业务负责人、山东金彩公司的法定代表人,在公司无进口废塑料许可证的情况下,仍然以其他方式将境外的废塑料运输进境;史某、初某利用自己公司进口废物之便利,假以自己公司之名,实为其他无废物进口资质的单位和个人代为办理通关手续,将废物运输进境。以上两种行为不仅破坏了我国海关关于废物进境的监管制度,而且也严重侵犯了以《固体废物污

① 2002年最高人民法院、最高人民检察院、海关总署《关于办理走私刑事案件适用法律若干问题的意见》第5条规定,走私犯罪犯罪人的主观方面为故意,因此,关于走私废物罪主观方面的认定可参考此规定确定。

染环境防治法》等为主的国家有关废物污染环境防治的管理制度。此外,本案的犯罪对象是境外可用作原料的废塑料,根据我国2014年原环境保护部、商务部、国家发展和改革委员会、海关总署、原国家质量监督检验检疫总局联合颁布的2014年第80号公告中关于《限制进口类可用作原料的固体废物目录》的规定①,可用作原料的废塑料明确属于我国限制进口类可用作原料的固体废物。因此,本案无论是具体的犯罪对象,还是所侵犯的犯罪客体,均符合走私废物罪的客体要件。

其次,从行为的客观方面来看,本案中,陈某甲、王某乙分别与史某等人合谋,假借他人名义代为通关,采取伪报、欺骗的方法将国家限制进口的境外废物非法运输进境的行为,不仅违反了我国海关法规和其他有关法律规定,而且在事实上逃避了海关的监管。因此,从具体的行为模式来看,符合前文关于走私废物罪客观方面"逃避海关监管"这一条件的要求。此外,根据2014年最高人民法院、最高人民检察院《关于办理走私刑事案件适用法律若干问题的解释》第14条第1款第3项、第2款第1项,走私国家限制进口的可用作原料的固体废物、液态废物分别或者合计20吨以上不满100吨的,属于"情节严重";走私国家限制进口的可用作原料的固体废物、液态废物分别或者合计100吨以上的,属于"情节特别严重"。本案中,陈某甲与史某、初某等人合谋非法进口可用作原料的废塑料869.62吨,王某乙与史某、初某等人合谋非法进口可用作原料的废塑料276.77吨,在数量上,二者都分别达到了我国立法所规定的"情节特别严重"的情形。

再次,从行为的主体来看,陈某甲、王某乙、史某、初某等人分别作为公司的主要负责人或法定代表人,合谋通过代为办理通关手续进口废塑料的行为,其目的均是给公司谋取利益,因此,本案属于典型的单位共同犯罪。依据上述关于走私废物罪犯罪主体要件的分析,其不仅包括自然人,也包括单位,故本案的行为主体亦符合走私废物罪的主体规定。

最后,从行为的主观方面来看,本案中,陈某甲、王某乙之所以采取委托

---

① 需要特别说明的是,该目录已被原环境保护部、商务部、发展改革委、海关总署、原质检总局公告2017年第39号——《进口废物管理目录》取代。同时,《进口废物管理目录》亦已于2020年11月24日被生态环境部、商务部、发展改革委、海关总署公告2020年第53号——《关于全面禁止进口固体废物有关事项的公告》废止。

他人代为办理通关手续而进口废物这种方法,正是由于其公司无进口废物许可证,就此而言,可以推定此二者在行为的主观方面均系“明知”,即故意。同样,史某、初某等在得知他人无进口废物许可证的情况下,仍然愿意以自己公司名义为他人代为办理进口废物通关手续,此种行为在主观方面上亦已构成故意。

基于上述分析,可以确定本案中各犯罪人的行为均符合走私废物罪犯罪构成的四要件要求。

(二)走私废物罪与类似犯罪的界限

承认本案中各犯罪人的行为符合走私废物罪的犯罪构成,尚难定论本案两审判决的正确性。因为我国现行《刑法》就非法进口固体废物的犯罪,除设有“走私废物罪”之外,还设有两种犯罪,即“非法处置进口的固体废物罪”和“擅自进口固体废物罪”。此三者在犯罪对象上均涵摄境外固体废物,在立法设定上亦存在一定程度的交叉重叠,司法实践中较难区分,容易混淆,因此有必要依据现行法在厘清此三种犯罪的界限基础上,进行进一步判断。对此需要明确如下两个问题。

1. 走私废物罪与非法处置进口的固体废物罪的区分界限

所谓非法处置进口的固体废物罪,是指违反国家规定,将境外的固体废物进境倾倒、堆放、处置的行为。它是破坏环境资源保护罪中的一种。依据我国《刑法》第339条第1款、第346条等法条中对于非法处置进口的固体废物罪的罪状规定,可知此罪与走私废物罪在犯罪构成上存在许多相似之处,具体如:在犯罪客体上,两罪都破坏了国家有关废物污染环境防治的管理制度;在犯罪对象上,都可以是境外固体废物;在犯罪的主体上,都是一般主体,即既可以是自然人,也可以是单位;在犯罪的主观方面上,都要求是故意;在犯罪的既遂模式上,都属于行为犯;等等。

尽管两罪相似之处甚多,但仍存在较大差别。区分两罪的关键在于:(1)侵犯的主要客体不同。如前所述,走私废物罪侵犯的是双重客体,既包括海关对废物进境的监管制度和国家对外贸易中对废物的管理制度,也包括国家有关废物污染环境防治的管理制度;而非法处置进口的固体废物罪侵犯的客体仅为单一客体,即国家关于废物污染环境防治的管理制度。(2)犯罪的客观方面不同。走私废物罪在客观方面表现为逃避海关监管将境外废物运输进境的行为；而非法处置进口的固体废物罪在客观方面表现为将已进境的固体废物在我国境内倾倒、堆放、处置的行为。因此，两罪虽都涉及境外废物，但具体规制的环节不同，前者规制的是废物进境环节，后者规制的是废物进境后的处理环节。

基于上述差别，结合本案的案件事实及证据，可以明确，本案中各犯罪人虽然在行为主体、行为的主观方面、犯罪客体、犯罪对象等方面，符合非法处置进口的固体废物罪的构成要件要求，但以此仍不能认定构成非法处置进口的固体废物罪。

原因在于，本案中犯罪人如陈某甲、王某乙、史某等，合谋采取通关走私的方式，其最终目的是逃避海关监管，顺利将废物运输进境，以此在境内售卖获利。"售卖"当然不同于非法"倾倒""堆放"。根据我国《固体废物污染环境防治法》第124条①，"售卖"亦不同于非法"处置"。因此，就犯罪的行为模式来看，本案中各犯罪人的危害行为，并不符合非法处置进口的固体废物罪的客观方面要求。此外，从犯罪侵犯的主要客体来看，本案中各犯罪人的行为，虽然间接侵犯了国家有关废物污染环境防治的管理制度，但其代为通关的行为，最直接侵犯的应是海关对废物进境的监管制度。因此，本案犯罪行为侵犯的主客体是海关对废物进境的监管制度，次客体则是国家有关废物污染环境防治的管理制度，此处亦不符合非法处置进口的固体废物罪的客体要求。

关于两罪的区分，在这里还有一个需要特别注意的问题，即实践中往往会出现走私人在将废物走私进境后，又将其于境内进行非法倾倒、堆放、处置的情况。对此，该如何处理？

对于此种情形，本书认为，需要结合行为人走私行为的动机和目的，予以区别对待。具体而言，如果行为人进行走私的目的是将境外废物带至我国进行非法倾倒、堆放、处置，则说明其先行走私行为与后续非法处置固体废物的行为存在牵连关系，故应以走私废物罪和非法处置进口的固体废物

---

① 我国《固体废物污染环境防治法》第124条规定，本法下列用语的含义：处置，是指将固体废物焚烧和用其他改变固体废物的物理、化学、生物特性的方法，达到减少已产生的固体废物数量、缩小固体废物体积、减少或者消除其危险成分的活动，或者将固体废物最终置于符合环境保护规定要求的填埋场的活动。

罪的牵连犯论处,择一重罪处罚;如果行为人走私废物的目的是于境内进行售卖,但因未找到买家,而将其在境内非法倾倒、堆放、处理,此种情形因先行走私行为与后续非法处置行为之间并无牵连关系,应实行并罚。

2. 走私废物罪与擅自进口固体废物罪的区分界限

擅自进口固体废物罪,是指未经国务院有关主管部门许可,擅自进口固体废物用作原料,造成重大环境污染事故,致使公私财产遭受重大损失或者严重危害人体健康的行为。它也是破坏环境资源保护罪中的一种。依据我国《刑法》第 339 条第 2 款、第 346 条等法条中对擅自进口固体废物罪的罪状规定,此罪与走私废物罪在犯罪构成上亦存在诸多相同之处,比如,客体上都侵犯了国家有关废物污染环境防治的管理制度;对象都可以是境外固体废物;主体都是一般主体;主观方面上都要求是故意;等等。那么,两罪又该如何区分呢?

简单来说,两罪区别的关键在于:(1)犯罪对象的具体范围不同。走私废物罪与擅自进口固体废物罪,二者在犯罪对象上均涵摄境外固体废物,但如前面分析的,走私废物罪犯罪对象中所指的境外固体废物,不仅包括国家限制进口的可用作原料的固体废物,也包括国家禁止进口的可用作原料的固体废物;而擅自进口固体废物罪中的境外固体废物,根据《刑法》第 339 条第 2 款,仅限国家限制进口的可用作原料的固体废物。(2)犯罪既遂模式不同。走私废物罪是行为犯,即只要实施了走私废物的行为,就可成立本罪,不以其是否实际造成环境污染、公私财产损害、人体健康受损等危害为要件;而擅自进口固体废物罪,根据《刑法》第 339 条第 2 款,其是结果犯,此罪的成立以走私废物的行为在境内实际造成重大环境污染,致使公私财产遭受重大损失或者严重危害人体健康为要件。此点亦构成上述两罪最明显的区别。

据此,虽然本案中犯罪人走私的对象是国家限制进口的可用作原料的固体废物,符合擅自进口固体废物罪犯罪对象的具体要求;但是就犯罪的结果而言,依照两审法院对案件基本事实的认定,本案中各犯罪人走私废物的行为,并未造成重大环境污染等实际危害后果。因此,本案尚不能认定为擅自进口固体废物罪。

四、主要法律条文链接

《中华人民共和国刑法》第152条第2款 逃避海关监管将境外固体废物、液态废物和气态废物运输进境，情节严重的，处五年以下有期徒刑，并处或者单处罚金；情节特别严重的，处五年以上有期徒刑，并处罚金。

《中华人民共和国刑法》第339条 违反国家规定，将境外的固体废物进境倾倒、堆放、处置的，处五年以下有期徒刑或者拘役，并处罚金；造成重大环境污染事故，致使公私财产遭受重大损失或者严重危害人体健康的，处五年以上十年以下有期徒刑，并处罚金；后果特别严重的，处十年以上有期徒刑，并处罚金。

未经国务院有关主管部门许可，擅自进口固体废物用作原料，造成重大环境污染事故，致使公私财产遭受重大损失或者严重危害人体健康的，处五年以下有期徒刑或者拘役，并处罚金；后果特别严重的，处五年以上十年以下有期徒刑，并处罚金。

以原料利用为名，进口不能用作原料的固体废物、液态废物和气态废物的，依照本法第一百五十二条第二款、第三款的规定定罪处罚。

《中华人民共和国固体废物污染环境防治法》第124条 本法下列用语的含义：

（一）固体废物，是指在生产、生活和其他活动中产生的丧失原有利用价值或者虽未丧失利用价值但被抛弃或者放弃的固态、半固态和置于容器中的气态的物品、物质以及法律、行政法规规定纳入固体废物管理的物品、物质。经无害化加工处理，并且符合强制性国家产品质量标准，不会危害公众健康和生态安全，或者根据固体废物鉴别标准和鉴别程序认定为不属于固体废物的除外。

（二）工业固体废物，是指在工业生产活动中产生的固体废物。

（三）生活垃圾，是指在日常生活中或者为日常生活提供服务的活动中产生的固体废物，以及法律、行政法规规定视为生活垃圾的固体废物。

（四）建筑垃圾，是指建设单位、施工单位新建、改建、扩建和拆除各类建筑物、构筑物、管网等，以及居民装饰装修房屋过程中产生的弃土、弃料和其他固体废物。

（五）农业固体废物，是指在农业生产活动中产生的固体废物。

（六）危险废物，是指列入国家危险废物名录或者根据国家规定的危险废物鉴别标准和鉴别方法认定的具有危险特性的固体废物。

（七）贮存，是指将固体废物临时置于特定设施或者场所中的活动。

（八）利用，是指从固体废物中提取物质作为原材料或者燃料的活动。

（九）处置，是指将固体废物焚烧和用其他改变固体废物的物理、化学、生物特性的方法，达到减少已产生的固体废物数量、缩小固体废物体积、减少或者消除其危险成分的活动，或者将固体废物最终置于符合环境保护规定要求的填埋场的活动。

最高人民法院、最高人民检察院《关于办理走私刑事案件适用法律若干问题的解释》第14条 走私国家禁止进口的废物或者国家限制进口的可用作原料的废物，具有下列情形之一的，应当认定为刑法第一百五十二条第二款规定的“情节严重”：

（一）走私国家禁止进口的危险性固体废物、液态废物分别或者合计达到一吨以上不满五吨的；

（二）走私国家禁止进口的非危险性固体废物、液态废物分别或者合计达到五吨以上不满二十五吨的；

（三）走私国家限制进口的可用作原料的固体废物、液态废物分别或者合计达到二十吨以上不满一百吨的；

（四）未达到上述数量标准，但属于犯罪集团的首要分子，使用特种车辆从事走私活动，或者造成环境严重污染等情形的。

具有下列情形之一的，应当认定为刑法第一百五十二条第二款规定的“情节特别严重”：

（一）走私数量超过前款规定的标准的；

（二）达到前款规定的标准，且属于犯罪集团的首要分子，使用特种车辆从事走私活动，或者造成环境严重污染等情形的；

（三）未达到前款规定的标准，但造成环境严重污染且后果特别严重的。

走私置于容器中的气态废物，构成犯罪的，参照前两款规定的标准处罚。

五、结论

在现行法对非法进口固体废物问题业已提供多种解决方案的背景下，法律实践应严格依照现有法律规定在既有的多种解决方案中寻找适合本案的最优解决方案。

走私废物罪与非法处置进口的固体废物罪、擅自进口固体废物罪三者同为非法进口废物类犯罪，在犯罪构成上亦存在诸多相同之处。因此，在司法实践中，能否准确把握走私废物罪的深层本质，拨开其与其他两罪的相同表象，是正确适用走私废物罪的前提。

从本案的判决结果来看，两审法院在法律适用时，均充分认识到走私废物罪犯罪构成的“四要件”本质，并充分顾及该罪与非法处置进口的固体废物罪在犯罪主客体、客观方面的差别，与擅自进口固体废物罪在犯罪既遂模式上的差别，最终选择将本案定性为走私废物罪。此结果，无论是从判决的合法性角度还是从判决的正当性角度而言，均很好地体现了司法理性的要求。

21. 论污染环境罪中的缓刑适用

——王某、刘某非法倾倒固体废物污染环境案*

一、案情概要

2016年7月，王某与桐乡市天顺垃圾清运服务有限公司协商，以支付王某垃圾处理费的形式，将该公司负责处理的部分生活垃圾交由王某联系有关电厂焚烧。获取业务后，王某为谋取更大利益，便找来刘某，二人商议后决定，将其负责处理的部分生活垃圾通过马鞍山市力通港口有限公司运送至当涂县姑孰镇，倾倒至刘某负责管理的位于当涂县姑孰镇藏汉村附近一废弃选矿厂的宕口内，并由刘某负责安排挖掘机，将所倾倒垃圾用泥土加以掩埋。

2016年8~10月，王某、刘某在上述地点非法倾倒生活垃圾约7000吨。后经环境保护部南京环境科学研究所鉴定、评估，认定：王某、刘某倾倒在上述地点的固体废物中含有镉、铅、砷、汞有毒物质，含量分别为6.82~11.1

---

* 本案来源：安徽省马鞍山市中级人民法院刑事判决书，(2018)皖05刑终16号。

毫克/千克、87.3～140毫克/千克、180～429毫克/千克、0.04～0.12毫克/千克。此事件造成的生态环境损害价值，评估价格为人民币98万余元。2016年10月27日，王某、刘某被公安机关抓获，二人到案后均如实供述了自己的主要犯罪事实。

二、判决要旨

（一）一审判决

马鞍山市博望区人民法院认为，被告人王某、刘某违反国家相关规定，非法倾倒含有重金属镉、铅、砷等有毒物质的固体废物，且固体废物中镉、砷含量超过国家污染物排放标准3倍以上，并造成公共财产损失98万余元，属于严重污染环境的行为，已触犯刑律，构成污染环境罪，且系共同犯罪，依法应予惩处。

但因被告人王某、刘某到案后均如实供述自己的罪行，且当庭均自愿认罪，悔罪表现较好，遂判决：被告人王某犯污染环境罪，判处有期徒刑2年，缓刑3年，并处罚金人民币12万元。被告人刘某犯污染环境罪，判处有期徒刑1年10个月，缓刑2年，并处罚金人民币10万元。

宣判后，马鞍山市博望区人民检察院认为，一审判决在被告人王某、刘某无法定减轻处罚情节的情况下适用缓刑，量刑不当，故提起抗诉。

（二）二审判决

安徽省马鞍山市中级人民法院经审理认为，原判认定事实清楚，证据确实、充分，定性准确，审判程序合法；但王某、刘某非法倾倒的固体废物中镉、砷含量超过国家污染物排放标准3倍以上，并造成公共财产损失98万余元，后果严重，原审判决在王某、刘某无法定减轻处罚情节的情况下，判处王某有期徒刑2年，缓刑3年；刘某有期徒刑1年10个月，缓刑2年，量刑不当；遂作出撤销王某、刘某缓刑适用的判决。

（三）两审判决的主要分歧

两审法院均认为本案构成污染环境罪共同犯罪，且对各被告人在共同犯罪中的地位和作用认识一致。存在的主要分歧是：一审法院认为王某、刘某在刑罚上应当适用缓刑；二审法院则认为不应当适用缓刑，遂作出改判裁定。

由于两种判决结果针锋相对，因此有必要说明，在现行法律体系下究竟哪一种解决思路更站得住脚，说理论证更为正当、充分，结论更为准确。下文拟从规范解释的角度对此进行分析检讨，并探求环境犯罪中的缓刑适用问题。

三、判决评释

依据基本案情以及两审法院判决书的基本论证思路，于此需要检讨的核心问题有二：

第一，假设两审法院进行推理的前提正确，即各被告人在污染环境共同犯罪中的地位、作用认定无误，那么污染环境犯罪能否适用缓刑？若可以适用，其适用依据为何？

第二，在问题一证成的情况下，若两审法院进行推理的前提无误，那么上述两审判决哪一种更为合理？缓刑制度在污染环境犯罪中适用范围为何？适用条件又该如何界定？

下文拟就这几项问题，在检讨法院判决的基础上，探析我国现行法律体系下的规范依据与可行的解决方案。

（一）污染环境犯罪中缓刑适用的二维需要

1. 刑罚理念嬗变的维度

21世纪是生态环境保护的时代。以1972年第一次全球性环境会议——斯德哥尔摩会议为契机，对生态环境的全球性保护已成为各国的共识。一些发达国家较早认识到环境问题的严峻性，率先尝试以环境刑事立法惩治危害环境行为的法制探索，如日本、德国等。[①]

我国关于危害环境行为的刑事立法肇始于1979年《刑法》。1979年《刑法》是我国颁布的第一部刑法典，其中针对环境犯罪的相关法律条文有近10条，涉及盗伐林木、非法狩猎、非法捕捞水产品等多种环境犯罪，为我国环境刑事立法之先河。1997年我国对刑法进行全面修订。此次修法在环境犯罪规制方面亦有较大进步，主要表现在：其一，立法模式由分散走向集中，摒弃了刑法典、单行刑法、附属刑法“三者并立”的环境刑

① 1970年日本制定了《关于危害人体健康的公害犯罪制裁法》，确立了以特别刑法为核心的环境刑罚体系；1975年《德国刑法》第28章设立了“环境危害罪”这一罪名，专门用来规制危害环境的行为。

事立法模式，而择以形式单一的刑法典模式；其二，立法内容更加合理科学，扩大了环境犯罪主体范围、行为范围，强化了刑事处罚力度。总体而言，这一时期我国环境刑法的价值定位仍囿于"人本主义"的立法理念，重视人类自身利益的维护，忽视环境本身利益的法律保护。受这一价值定位支配，这一时期我国环境犯罪刑罚仍未摆脱传统"报复性"刑罚理念的"樊篱"，即强调对加害人的威慑与报复。为彰显威慑效应而恣逞刑罚，可能会钝化大众的法情感，超出"报应"的实质范畴，甚而减损法律本身的治愈与修复功能。

为弥补传统重刑主义思想的偏激与不足，"目的主义"刑罚观①应运而生。现代法治国家逐渐突破传统重刑主义束缚，开始注重刑罚的预防性，强调刑罚的宽缓化。在此，必须说明的是，主张刑罚的目的性，并非对传统刑罚观的彻底剔除与否定，而是在批判与均衡的基础上，对传统重刑主义的一种修正与矫治。作为国际轻刑化趋势的应有回应，"防重于治""恢复性司法"②等理念在环境犯罪领域得以倡导，"环境本位"价值观得以勃兴。受"目的主义"刑罚观的理论影响，现代法治国家在环境犯罪领域的规制上，越发注重环境刑法对环境法益的保护，注重发挥刑罚对环境犯罪的预防效能与恢复效能。对此，作为一种有别于传统通过剥夺犯罪人自由、财产乃至生命的刑罚处理方式，缓刑似乎更契合现代刑罚理念对于犯罪抗治的要求。缓刑以一种较柔和、平缓的手段来规制犯罪，即讲求对具有社会危险性的人的教育与矫治，以弱化其危险性格，使其再社会化。此种犯罪抗治手段，一则有利于均衡犯罪所生之恶害，彰显刑罚的"恢复"效能；二则通过对犯罪人的教育与矫治，可产生一定的社会威吓力，使众人不愿为犯罪行为，继而达到预防犯罪的效能。因此，从动态刑罚理念变迁的维度来看，缓刑在环境犯罪领域的适用，不仅是顺应国际轻刑化潮流的必然要求，更是适应刑罚理念嬗变与革新的应有理路。

---

① 目的论认为，刑罚本身即具有目的性，其为预防犯罪、防卫社会的必要手段。目的论以预防思想为基础，故此理论又称为预防论。

② 恢复性司法，源自"restorative justice"。日本将其称为"恢复性司法"，我国香港特别行政区将其称为"复合公义"，我国台湾地区称为"修复式正义"。"恢复性司法"是联合国的标准翻译，故文中采用此称呼。

2. 犯罪特征的特殊性维度

环境犯罪是人类发展与环境稳定博弈的一种结果，属于现代新型犯罪形态，多为谋求经济利益而为的犯罪行为。与一般传统犯罪相比，环境犯罪在犯罪特征上具有其特殊性，具体表现如下：

第一，犯罪目的的经济性。在经济学中，环境污染常被归属为外部负效应或成本外溢的典型，实质为各经济主体或个人在生产或消费过程中不顾社会整体意愿而无节制滥用无偿又有限的环境资源以节约自身所需支付成本，从而实现自身利益的最大化。鉴于此，很多国家都将环境犯罪归入经济犯罪之列，如德国等。此外，从犯罪构成要件的主观方面来看，环境犯罪多为犯罪主体为获取财产性利益而为的行为，破坏或污染环境仅是犯罪行为人为达此经济性目的所生的附属产物或结果。

第二，犯罪后果的高风险性。环境犯罪所生危害具有潜伏性、滞后性、持续性，通常不易在短期内被完全发现，其结果的显现往往需要长时间作用。

第三，犯罪认定的专业性。环境犯罪的认定往往涉及各种环境保护标准或指标，故环境犯罪的认定一般都需借助专门的环境保护机构或专业技术人员进行的鉴定或检测。法院在审理环境犯罪时，亦需依据专门的环境检测结果和数据作出判决。

基于上述特征，在环境犯罪中合理适用缓刑势必成为降低环境犯罪率，控制环境犯罪所生之恶害的有效选择。

首先，从经济性角度分析，理性的环境犯罪行为人实施犯罪行为之目的大都为谋取个人经济利益。因此，此类犯罪行为人实施犯罪行为，尤会关注行为所生预期成本与预期收益比。传统监禁刑虽具有迫使行为人为犯罪支付成本的效能，但此种成本多为非经济性的，无法从根本上动摇行为人为获取经济利益铤而走险的决心。此外，监禁刑对已经形成的环境恶害并无直接助益，反将本应由犯罪行为人担负的犯罪所生恶害的治理成本转嫁于社会，徒然增加社会成本；罚金刑似乎可弥补监禁刑的此种不足。但是单纯的罚金刑难以形成持久的约束效果，一次罚过，行为人易更变本加厉地实施危害行为，以填补为此支付的损失。另外，由于环境犯罪危险结果的显现具有滞后性、持久性，罚金刑在实践中常面临数额难以合理确定的窘境。基于此,在环境犯罪中合理适用缓刑可有效缓解此种刑罚设置的尴尬。一方面,缓刑作为一种非监禁刑,可最大限度地激发犯罪行为人内心的改过意识,行为人在犯罪认定后为不遭受监禁刑,必将积极消除或减轻其犯罪行为所生之恶果以获取缓刑,从而可大大降低社会成本;另一方面,缓刑往往附以一定考验期,可对环境犯罪行为人形成长久的约束机制,故又可在一定程度上弥补单纯罚金刑的不足,起到防止再犯罪的作用,从而实现刑罚效益的最大化。

其次,从风险控制的角度分析,环境犯罪具有破坏容易、恢复难的特点,甚至某些环境犯罪可能产生不可逆转之后果。因此,如何有效控制环境犯罪所生之恶害,最大限度降低其影响,似乎比单纯对犯罪行为人科以重刑更为重要。作为环境破坏或污染的直接制造者,环境犯罪行为人往往最具条件和能力及早消除或控制其行为后果,而缓刑的适用便可为犯罪行为人提供弥补此行为的时间和空间条件,最大限度激发行为人自身先行优势,以降低危害行为所生风险。

最后,从专业性角度分析,传统犯罪形态犯罪后果的显现大都具有直观性,即犯罪行为人发动加害行为时即可对其所生后果有较直接、具体的认识。环境犯罪则不同,其危害后果的显现并不及时,犯罪的认定又多涉及各种专业性环境标准、技术或规定。因此,一般行为人对于行为后果的认识往往并不明确。仅为张扬刑罚威慑效能而一味追求重刑,对环境犯罪行为人而言太过苛刻。

鉴于上述维度需要,缓刑已成为污染环境类犯罪“无法拒绝”的刑罚方式。具体到本案,王某等人非法倾倒固体废物造成大面积环境污染属于典型的污染环境犯罪,故法院在审理此类案件时适用缓刑这一刑罚制度,本无可厚非。而在此值得深入探究的是,两审法院对于本案中各犯罪分子具体适用缓刑之态度截然相反,两者谁更合理?抑或谁更于法有据?

缓刑适用于环境污染犯罪并非没有条件限制,相反,它必须受特定条件和范围限制,才能真正发挥应然作用。故对两审法院判决合理性的评判,需要结合环境污染犯罪中缓刑适用的范围和条件加以确定。

(二)污染环境罪中缓刑适用的范围及条件

1. 污染环境罪中缓刑适用范围的确定

污染环境罪中缓刑的适用范围是指在污染环境犯罪中缓刑具体可适用于哪些人。根据我国《刑法》第 72 条、第 74 条关于缓刑适用对象的规定可知,我国《刑法》对缓刑适用对象的规定分为三种类型:(1)允许型:被判处拘役、3 年以下有期徒刑的犯罪分子;(2)必须型:被判处拘役、3 年以下有期徒刑,且为不满 18 周岁的人、怀孕的妇女或已满 75 周岁的人;(3)禁止型:累犯、犯罪集团的首要分子。因此,在污染环境罪中,缓刑适用对象的确定亦应受此范围限制。

2. 污染环境罪中缓刑适用条件的确定

(1)一般条件

缓刑适用的一般条件,是指犯罪只要符合该条件即可适用缓刑。关于缓刑适用的一般条件,各国立法规定不同。根据我国《刑法》第 72 条关于缓刑适用条件的规定可知,我国对于缓刑适用条件的设置主要采取的是刑种、再犯可能性与公共秩序相结合的立法模式,即缓刑适用需满足三个条件:①刑种条件:被判处拘役、三年以下有期徒刑;②再犯条件:情节较轻,有悔罪表现,无再犯危险;③公共秩序条件:宣告缓刑对所居住社区没有重大不良影响。从上述条件中不难看出,我国立法关于缓刑适用的条件设置并未引入罪种限制,也就是说,任何一种犯罪,只要符合上述条件即可获得缓刑机会,并无区别对待。因此,作为若干犯罪类型中的一种,污染环境罪中缓刑的适用亦须遵循此标准,满足上述几项条件。

(2)附加条件

如前所述,目前我国对于缓刑适用条件的设置采取的是一般性规定,并未区分不同罪种,施以不同条件。但是基于污染环境类犯罪的特殊性,本书认为,对于此类犯罪的缓刑适用,除应满足上述一般条件外,还有必要引入一定的附加条件。因为根据我国《刑法》对于污染环境犯罪后果要件的规定,环境污染达到“严重污染”程度的,处 3 年以下有期徒刑或者拘役;达到“特别严重”程度的,处 3 年以上 7 年以下有期徒刑,这样的罪刑规定,可能导致实践中污染环境罪缓刑适用过多的局面。原因有二:第一,污染环境罪证明难度大。“普通的环境污染类案件中,对污染的程度证明起来有相当大的难度，对法定刑能否上一个档次，是否存在重大污染情况的证明更是存在来自证据和技术方面的障碍。”①取证难和危害后果认定的高技术性使证明污染达到“特别严重”程度很难。第二，污染环境犯罪后果的显现不具有及时性。前文已有分析，环境污染犯罪不同于一般的传统犯罪，其危害后果的显现具有潜伏性、滞后性、持续性等诸多特性。例如，本案中固体废弃物污染对水环境以及其他生态环境的破坏，短期内根本难以准确评估其实际损害。因此，在实际查处此类犯罪时，犯罪所生危害后果往往还未完全显现，尚不能达到“特别严重”的程度。“特别严重”程度证明的困难性，使实践中此类犯罪后果的认定多囿于“严重污染”程度，量刑基本都是 3 年以下有期徒刑或者拘役，大多符合我国立法关于缓刑适用条件的要求。

本案中一审法院的判决结果，便充分说明了这一点。基于此特殊性，为提升污染环境罪中缓刑适用的实际效果，本书认为，有必要对污染环境罪中缓刑的适用予以进一步限制。对此，可考虑适当增加以下条件：(1)生态修复金支付义务。现阶段，我国对于污染环境犯罪分子的罚金刑力度较轻，对污染环境犯罪分子科处的罚金，往往不足以支付环境破坏所需的修复费用。如本案中，对于王某等各犯罪分子科处的罚金仅为 10 万余元，难以达到防止其再次为污染环境行为的效果。因此，污染环境犯罪行为人除需支付罚金外，还应规定其另行提供一定的生态修复资金。对生态修复资金数额的确定，可设置不同标准，针对不同负担能力人科以不同数额。(2)缓刑考验期内的作为义务。我国目前规定只要在缓刑考验期内未再犯罪，原判刑罚就可不再执行。这样的缓刑设置可以理解为是一种附期限不执行的制度，对于犯罪分子犯罪的省思教育远不足够。因此，应适当增加污染环境犯罪分子缓刑考验期内的作为义务。比如，需定期参加一定时间的生态修复活动，并对其劳动时间与修复效果进行强制要求；②接受环保教育学习或培

---

① 何群：《我国生态犯罪缓刑适用问题研究》，载《辽宁大学学报(哲学社会科学版)》2016 年第 6 期。

② 目前，世界上已有很多国家或地区规定了犯罪行为人于缓刑考验期内的义务劳务义务，如我国台湾地区的“缓刑制度”便规定适用缓刑的犯罪行为人，必须向指定的政府机关、政府机构、行政法人、社区或其他符合公益目的的机构或团体提供 40 小时以上 240 小时以下的义务劳务。

训,以增强犯罪分子对其行为错误性的认识;等等。

依据上述关于缓刑适用条件和范围的分析,检讨本案。可以确定,本案中各自然人犯罪分子在条件上,均符合缓刑适用一般条件的限制:被判3年以下有期徒刑或拘役,均系初犯、偶犯,犯罪后认罪、悔罪态度好并能积极消除影响等;在范围上,都不属于法律规定的必须型或禁止型对象,均属于"允许型"缓刑适用范畴。因此,在本案中,对于各犯罪分子的缓刑适用,主要取决于法院的裁量权。那么,两审法院的判决谁更合理呢?

结合上述污染环境罪中缓刑适用条件和范围的分析,本书认为,相较而言,二审法院的判决更趋合理。因为在本案中,虽然两审法院的判决均不违反我国《刑法》关于缓刑适用范围和条件的规定,但是作为一国法律适用最主要的裁判者——法院,其在作出判决时,除应不违反法律规定外,还应充分考虑如何在既有法律规定范围内实现法适用的最大效用。就此而言,本案中一审法院的判决,虽不违反我国既有法律规定,但如此"放宽"缓刑适用条件,即不考虑缓刑适用附加条件,仅凭一般条件的满足就适用缓刑,这一做法易导致污染环境罪于司法实践中缓刑适用率过高的境况。污染环境犯罪处刑趋低,直接效果便是犯罪成本过低,难以起到刑罚威慑效果,从司法效果角度而言,实难有效打击污染环境犯罪。基于此角度,本书认为,二审判决更具合理性与正当性。

四、主要法律条文链接

《中华人民共和国刑法》第72条 对于被判处拘役、三年以下有期徒刑的犯罪分子,同时符合下列条件的,可以宣告缓刑,对其中不满十八周岁的人、怀孕的妇女和已满七十五周岁的人,应当宣告缓刑:

(一)犯罪情节较轻;

(二)有悔罪表现;

(三)没有再犯罪的危险;

(四)宣告缓刑对所居住社区没有重大不良影响。

宣告缓刑,可以根据犯罪情况,同时禁止犯罪分子在缓刑考验期限内从事特定活动,进入特定区域、场所,接触特定的人。

被宣告缓刑的犯罪分子,如果被判处附加刑,附加刑仍须执行。

《中华人民共和国刑法》第74条 对于累犯和犯罪集团的首要分子,

不适用缓刑。

五、结论

污染环境犯罪中适用缓刑是适应刑罚理念嬗变与其自身特殊性的必然要求。在既存法律体系可提供一般性适用条款支撑的情况下,法律实践应以理性的态度在既有立法规定的限度内充分顾及污染环境犯罪的特殊性,以发挥缓刑在污染环境犯罪适用中的最大效能。

从本案的判决结果来看,一审法院在法律适用时存在的问题是,其当然地认为只要符合法律规定的一般性适用条件就应适用缓刑,缺乏对污染环境罪特殊性与法律适用实效性之考量。在污染环境罪法定刑不能适应社会与民众对环境法益保护需求的情况下,若不及时调整,反而放宽适用标准,此做法虽不违反法律规定,但并非一种司法理性。

刑罚是一种必要的“恶”,不能过度,也不能没有。就此而言,适当严格缓刑在污染环境犯罪中的适用条件和范围,能更好地彰显刑罚正义中罚当其罪的要求。

22. 减轻从轻情节的认定

——非法排放重金属污染物污染土地案*

一、案情概要

李某系从事不锈钢门花的生产加工商。因生产加工需要,李某在厂房内修建了1个电解池,利用强酸溶液对不锈钢门花的半成品进行电解抛光,并修建了3个用于清洗产品的池子。2015年10月15日,长沙市雨花区环保局对该工厂进行检查时,发现该工厂未采取任何处理措施,便将4个池子产生的生产污水通过暗沟直接向外排放,遂对其进行查处。调查期间,李某将不锈钢门花电解抛光清洗池液体委托永兴县元泰应用材料有限公司进行了处置,并支付表面处理污水处置费26,000元。

经环保部门检测,该工厂的电解池、清洗池、车间外排口、渗坑总排放口及对照点东面50米处的残留物及土壤颗粒均检出重金属铬及其化合物,其中铬、六价铬含量分别高达960mg/l、545mg/l。2015年12月3日,

---

* 本案来源:湖南省长沙市中级人民法院刑事判决书,(2016)湘01刑终449号。

李某被以取调查结果之名叫至环保部门,后被等待的公安民警传唤到案,2015 年 12 月 16 日被逮捕。同年,长沙市雨花区人民检察院以污染环境罪对李某提起公诉。

二、判决要旨

(一)一审判决

长沙市雨花区人民法院经审理认为,李某违反国家规定,排放有毒物质,严重污染环境,其行为已构成污染环境罪。鉴于李某能如实供述自己的罪行,依法可从轻处罚,判决李某犯污染环境罪,判处有期徒刑 1 年,并处罚金人民币 1 万元。李某不服,认为自己系初犯,具有自首、从宽等情节,提起上诉。

(二)二审判决

长沙市中级人民法院经审理认为,李某的行为在定罪上构成污染环境罪。在量刑上,李某虽在环保部门查处过程中积极配合,但并未主动向司法机关投案并陈述事实,不能认定为自首。但是,李某到案后能如实供述自己的罪行,依法可从轻处罚。且其在被环保部门调查期间,将清洗池中尚未排放、含有重金属铬的污水,委托具有处置资质的危险废物处理公司进行处置,消除了污染隐患,表明其悔罪态度较好,有悔罪表现,可对其酌情从轻处罚。因此,二审法院支持了李某关于从轻、减轻处罚的请求,最终撤销一审法院对李某的量刑部分,判决李某犯污染环境罪,判处有期徒刑 9 个月,并处罚金人民币 1 万元。

(三)两审判决的主要分歧

两审法院对本案的定罪认定一致,即均认为李某的行为构成污染环境罪,并都肯定了李某的如实供述行为,在量刑上可予从轻处罚,且都否定了李某的自首情节。存在的主要分歧是:

一审法院认为,李某在被环保部门调查期间将清洗池中尚未排放的、含有重金属铬的污水运至危险废物处理公司进行处置,该行为不属于 2013 年最高人民法院、最高人民检察院《关于办理环境污染刑事案件适用法律若干问题的解释》(已失效,以下简称《解释》)中第 5 条规定的“可以酌情从宽处罚”情形。故在量刑上否定了此减轻从轻处罚情节。

二审法院则认为,李某在被环保部门调查期间将清洗池中尚未排放的、含有重金属铬的污水委托危险废物处理公司进行处置,消除了污染隐患,该行为虽不属于《解释》第5条规定的“可以酌情从宽处罚”情形,但其悔罪态度较好,有悔罪表现,故可对其酌情从轻处罚。因此,在量刑上支持了上诉人李某的减轻、从轻处罚请求。

由于两审判决在减轻、从轻处罚情节的认定上存在分歧,因此有必要说明,在现行法律体系下究竟哪种解决思路更站得住脚,正当性、合法性的说理论证更充分,结论更为准确。下文拟从规范解释学的角度对此进行分析检讨,以厘清环境污染犯罪中减轻、从轻处罚情节的认定问题。

三、判决评释

依据基本案情以及两审法院判决书的基本论证思路,于此需要检讨的核心问题有二:

第一,什么是减轻、从轻处罚情节?其适用情形为何?若本案基本事实及证据认定无误,那么本案具体涉及哪些减轻、从轻处罚情节?

第二,若本案定罪无误,即李某的行为构成污染环境罪,那么在此犯罪类型中两审法院就案中所涉各减轻、从轻处罚情节的认定是否正确?规范依据为何?

下文拟就这几个问题,在检讨法院判决的基础之上,探析我国现行法律体系下的规范依据与可行的解决方案。

(一)减轻从轻处罚情节的规范定义及适用情形

欲甄别并提取本案涉及的具体减轻从轻处罚情节,首先需明晰什么是减轻从轻处罚情节及其适用情形。

1. 减轻从轻处罚情节的规范定义

减轻从轻处罚情节,顾名思义,系减轻处罚情节和从轻处罚情节的统称,两者皆属刑法所规定的从宽量刑情节,反映犯罪行为人社会危害性及人身危险性程度较小,是对犯罪行为人有利的量刑情节。对减轻从轻处罚情节概念的界定,我国采取的是列举式立法模式,即并未在立法上加以明确定义,而选择以实际列举一系列减轻、从轻处罚具体情节。学理界就减轻从轻处罚情节内涵的界定亦莫衷一是,尚难统一。尽管如此,借由刑法对减轻处罚、从轻处罚运用原则的规定,仍不难管窥减轻、从轻处罚情节的规范内旨。

(1)减轻处罚情节。减轻处罚是指在法定刑以下,对犯罪分子判处刑罚。与从轻处罚不同,减轻处罚突破了法定刑的最低限度。根据我国《刑法》第63条,减轻处罚具体可分为两种:一种是一般减轻,即该条第1款规定的"具有本法规定的减轻处罚情节"的减轻处罚;另一种是特殊减轻,即该条第2款规定的"犯罪分子虽然不具有本法规定的减轻处罚情节,但是根据案件的特殊情况,经最高人民法院核准,也可以在法定刑以下判处刑罚"的减轻处罚。因此,减轻处罚情节应是指依据我国刑法规定或者经最高人民法院核准,可以在法定刑以下判处刑罚的各种情形。如《刑法》第28条规定,对于被胁迫参加犯罪的,应当按照他的犯罪情节减轻处罚或者免除处罚,胁从犯就是减轻处罚情节。

(2)从轻处罚情节。根据我国《刑法》第62条,从轻处罚是指在法定刑的限度以内,对具有从轻处罚情节的犯罪分子判处相对较轻的刑罚。由此可知,从轻处罚情节应是指依据我国刑法规定,可以在法定刑的处刑幅度内从轻处罚的各种情形。如《刑法》第23条规定,对于未遂犯,可以比照既遂犯从轻处罚,犯罪未遂就是从轻处罚情节。

2. 减轻、从轻处罚情节的适用情形

以是否有法律明文规定为标准,量刑情节可以分为法定情节和酌定情节。同理,作为量刑情节中的重要一类,减轻、从轻处罚情节亦可分为法定减轻、从轻处罚情节和酌定减轻、从轻处罚情节两种。其中,法定减轻、从轻处罚情节,是指法律规范明文规定应当或者可以减轻、从轻处罚的情节。对于法定减轻、从轻处罚情节,在量刑时必须予以考虑并适用;酌定减轻、从轻处罚情节,是指法律没有明文规定,而是根据立法精神和刑事政策,由人民法院从审判实践经验中总结出来的,反映犯罪行为的社会危害性和犯罪人的人身危险性程度较小,在量刑时酌情适用的情节。对于酌定减轻、从轻处罚情节,在量刑时可酌情考虑是否适用。

以此为分类,根据我国刑法总则以及分则对减轻、从轻处罚情节的具体规定,要言之,法定减轻、从轻处罚情节主要包括未成年人犯罪、又聋又哑的人或者盲人犯罪、犯罪预备、中止或未遂、自首、立功、从犯、胁从犯、防卫过当、避险过当、教唆他人犯罪等多种情节,在此不一一列举;酌定减轻、从轻处罚情节,刑法规范未予明示预设,但根据立法精神及2021年最高人民法院、最高人民检察院《关于常见犯罪的量刑指导意见(试行)》(以下简称

《量刑指导意见》)，一般认为其主要包括以下情节：犯罪动机、犯罪手段、犯罪时间、地点等当时的环境和条件，犯罪侵害对象，犯罪所造成的损害结果，犯罪人的个人情况和一贯表现，犯罪人犯罪后的态度，等等。①

依据此基础，结合基本案情，可提取本案涉及上述减轻、从轻处罚情节之基本事实，主要有：①李某按行政执法机关通知到公安机关接受立案调查，且到案后主动交代违法事实、供述自己罪行的行为；②李某系初犯，且在被环保部门调查期间将清洗池中尚未排放的含有重金属铬的污水委托有危险废物处理资质的公司进行专业化处置，消除污染隐患的行为。

（二）减轻、从轻处罚情节的具体认定

提取本案所涉减轻、从轻处罚情节之事实，并非难事。困难的是，上述两种情节具体该如何定性，系属类型为何？两审法院对此二者认定是否正确，抑或谁更正确？这才是本案及实证适用的困窘所在。

从定罪上看，根据我国《刑法》第338条以及前述《解释》第1条第3项，排放、倾倒、处置含铅、汞、镉、铬、砷、铊、锑的污染物，超过国家或者地方污染物排放标准三倍以上的，即应认定为"严重污染环境"，构成污染环境罪。本案中，李某排放的含重金属铬的污染物，其中铬、六价铬含量分别高达960mg/l、545mg/l，大大超出原国家环保总局《污水综合排放标准》中关于总铬、六价铬排放最高浓度标准的三倍。② 因此，从定罪上看，本案构成污染环境罪无疑。以此为逻辑支点，进一步分析本案所涉减轻、从轻处罚情节的认定。

1. 法定减轻、从轻处罚情节的认定

上述第①种情节到底该如何定性，是法定减轻、从轻处罚情节还是酌定减轻、从轻处罚情节，构成坦白还是自首，为本案一争议焦点。

(1) 自首情节的认定

自首乃法定减轻、从轻处罚情节中的一种。根据《刑法》第67条，构成自首须满足两个条件：一是自动投案，二是如实供述自己的罪行。因此，环

---

① 陈兴良主编：《刑法学》，复旦大学出版社2003年版，第288～289页。

② 原国家环保总局颁布的《污水综合排放标准》中将铬归为第一类污染物，其中规定总铬最高允许排放浓度为1.5mg/l，六价铬最高允许排放浓度为0.5mg/l。

境污染罪中自首的构成亦应具备此二要件。

第一,关于“自动投案”的认定。根据最高人民法院《关于处理自首和立功具体应用法律若干问题的解释》(以下简称《自首与立功解释》)第1条第1款,自动投案是指犯罪分子在犯罪后、被动归案前,主动、直接向司法机关等有关机关或个人投案的行为。由此可知,认定“自动投案”,须同时满足两点:其一,投案对象适格,即污染环境行为人投案的对象必须是立法规定有权受理的机关或个人。至于何为有权机关或个人。根据《自首与立功解释》第1条第1款,具体包括三类:第一类是司法机关,即公检法机关;第二类是犯罪行为人所在单位、城乡基层组织或者其他有关负责人员;第三类是其他有关组织。其二,投案具有主动性,即犯罪分子的归案,须基于自身主观意志,而非悖于其本意所为。

基于此要求,回归本案,首先,从投案对象来看,本案中犯罪行为人李某先行投案的机关是环保部门。显然,依据上述分析,环保部门不属于我国立法规定的第一类、第二类投案对象范畴。但是,其是否属于第三类,即其他有关组织,立法并未言明。结合污染环境犯罪的特点,本书认为,应赋予环保部门等主管环境工作部门受理污染环境犯罪投案的主体资格。原因在于,污染环境犯罪不同于其他犯罪,其构成要求产生“严重后果”,而是否达到“严重后果”,一般污染环境行为人仅凭自己的认知较难判断,其多依赖于环保部门等专业机构的评估检测。因此,将环保部门等主管环境工作部门纳入有权机关,更符合刑罚期待可能性理念的要求。故本案李某投案对象应为适格。其次,从投案主动性来看,本案中李某虽已先行向环保部门投案,但其投案非“自己主动置于办案机关控制之下”,而是经由环保部门假以取调查结果之名将其通知到案。显然,其到案缺乏主动性,当然不能认定为“自动投案”。

第二,关于“如实供述自己的罪行”的认定。根据《自首与立功解释》第1条第2款,如实供述自己的罪行是指犯罪嫌疑人自动投案后,如实交代自己的主要犯罪事实。据此规定,本案中,李某被传唤到案后能积极配合调查,如实交代犯罪事实,这一行为基本满足立法对“如实供述自己的罪行”的情状要求,当予认定。

综上所言,因仅能认定“如实供述自己的罪行”,而不能认定“自动投案”，故上述第①种情节仍无法构成法定减轻、从轻处罚情节中的“自首”。

(2)坦白情节的认定

所谓坦白，是指犯罪分子被动归案后，如实交代自己犯罪事实的行为。坦白和自首均归属犯罪人犯罪后对自己所犯罪行的态度范畴，不同的是，前者态度要求为主动，后者并不要求，即只要犯罪行为人如实供述自己的罪行即可，主动、被动概不过问。就此而言，尽管上述第①种情节并不构成自首，但由于其具有“如实供述自己的罪行”的事实，因此，应可认定构成坦白。

此外，依据上述对减轻、从轻情节的分类，一直以来，坦白均被归为酌定减轻、从轻处罚情节。但是，自《刑法修正案(八)》颁布后，坦白已由传统刑法理论和司法实践中的酌定减轻、从轻处罚情节，上升为法定减轻、从轻处罚情节。因此，量刑时当就此情节予以一定从宽处罚。

(3)其他特殊情节的认定

上述第②种情形到底该如何定性？是否属于《解释》第5条所规定的特殊“减轻、从轻处罚”情节，这是本案的另一争议焦点。

2016年最高人民法院、最高人民检察院专门针对环境污染类犯罪颁布了《解释》，其中第5条规定：“实施刑法第三百三十八条、第三百三十九条规定的行为，刚达到应当追究刑事责任的标准，但行为人及时采取措施，防止损失扩大、消除污染，全部赔偿损失，积极修复生态环境，且系初犯，确有悔罪表现的，可以认定为情节轻微，不起诉或者免予刑事处罚；确有必要判处刑罚的，应当从宽处罚。”根据此规定可知，此处的特殊“从宽处罚”情节，应属法定从宽处罚情节。这里需特别注意的是，因我国刑法所称从宽情节具体包括从轻、减轻、免除处罚三类情节，而前述规范表述中，其前半部分已就免除处罚情节予以单独表达，故而可推知其后半部分所称“应当从宽处罚”中的“从宽处罚”，应仅指“减轻、从轻处罚”。

以此为前提，进一步分析，参照《解释》第5条对“从宽处罚”情节的情状描述可知，欲构成此处的特殊“从宽处罚”情节，须具备以下三个条件：第一，行为性质上，须构成《刑法》第338条、第339条规定之罪；第二，行为危害程度上，须刚达刑事追责标准；第三，行为主体表现上，须系初犯且事后有积极补过、消除污染、赔偿损失等悔罪表现。

基于此要求，检视上述第②种情节：其中，李某确系构成污染环境罪，且为初犯，犯罪后有积极补过、消除污染、赔偿损失之事实，符合《解释》第5条中的行为性质、主体表现情状要求。但是，在行为危害程度上，本案排放含铬污染物已超出国家关于总铬、六价铬排放最高浓度的三倍标准，远超刑事追责的基本标准。是故，上述第②种情形仍不能认定构成此特殊“从宽处罚”情节，量刑时当然亦无须依此情节对李某进行减轻、从轻处罚。

2. 酌定减轻、从轻处罚情节的认定

由以上分析可以确知，上述第②种情形并不构成《解释》规定的特殊“减轻、从轻处罚”情节。那么，该情形究竟该如何定性？在此，仍需进一步厘清。

前文已有述及，减轻、从轻情节除包含法定减轻、从轻处罚情节之外，还包含酌定减轻、从轻处罚情节。犯罪人个人情况和一贯表现、犯罪人犯罪后的态度是为酌定减轻、从轻处罚情节中的两种。因此，尽管上述第②种情节已经论证，并不构成《解释》规定的法定减轻、从轻处罚情节，但这并不妨碍其酌定减轻、从轻处罚情节的构成。因为，结合上述第②种情形之具体情状，其中李某系初犯，此可体现其犯罪前一贯表现良好；在被环保部门调查期间，能委托有资质公司进行专业化处置，消除污染隐患，此可体现其积极补过，有悔罪表现，犯罪后态度较好。根据立法精神及《量刑指导意见》，此情形可认定构成酌定减轻、从轻处罚情节。

由于酌定减轻、从轻处罚情节的“酌定性”，司法实践中其是否认定多取决于法官自由裁量，因此，从理论层面而言，本案中两审法院关于此情节认定存在分歧，无可厚非。

但是，值得注意的是，这里所谓的“酌定性”并不等同于“随意性”，亦即裁判者在“酌情”决定是否认定及适用此情节时，不能仅凭个人好恶随意取舍，而须综合权衡立法精神、案件性质、刑罚理念等多维因素审慎作出唯一的决定。就此而言，尽管酌定减轻、从轻处罚情节具有“酌定性”，但具体到个案，其“酌定性”应当具有“确定性”。申言之，其是否认定及适用，应当是确定的。

鉴于此，进一步探讨前述第②种情形的认定。《量刑指导意见》明确指出，“量刑时应当充分考虑各种法定和酌定量刑情节……对黑恶势力犯罪、严重暴力犯罪、性侵未成年人犯罪等危害严重的犯罪，在确定从宽的幅度时,应当从严掌握;对犯罪情节较轻的犯罪,应当充分体现从宽”。根据此规定,结合具体案情,本书认为,本案应当认定上述酌定减轻、从轻处罚情节。原因有三,现分列如下:

第一,从立法精神来看,《量刑指导意见》中已有明确意蕴,量刑时必须要充分考虑各种法定和酌定量刑情节。就此而言,在本案中认定并适用此酌定减轻、从轻处罚情节,符合现阶段我国量刑指导精神的要求。

第二,从刑罚理念来看,由上述《量刑指导意见》的规定可知,现阶段我国对于非危害严重的犯罪,在刑罚理念上,更强调刑罚的“从宽性”。而本案系污染环境犯罪,不属于危害严重的犯罪;因此,认定并适用此酌定减轻、从轻处罚情节,是顺应现阶段我国刑罚理念的客观要求。

第三,从犯罪性质上来看,本案中犯罪行为人李某系小生产加工商,经营时间不长,且污染物排放量较少,犯罪后亦能积极消除污染隐患,改正违法行为,具有悔罪表现。因此,在犯罪性质上理应属于“犯罪情节较轻的犯罪”,量刑时当然应“充分体现从宽”。

综上所言,无论是基于立法精神还是基于刑罚理念,抑或基于对犯罪性质等维度的考量,本案均应认定上述酌定减轻、从轻处罚情节。

四、主要法律条文链接

《中华人民共和国刑法》第 62 条 犯罪分子具有本法规定的从重处罚、从轻处罚情节的,应当在法定刑的限度以内判处刑罚。

《中华人民共和国刑法》第 63 条 犯罪分子具有本法规定的减轻处罚情节的,应当在法定刑以下判处刑罚;本法规定有数个量刑幅度的,应当在法定量刑幅度的下一个量刑幅度内判处刑罚。

犯罪分子虽然不具有本法规定的减轻处罚情节,但是根据案件的特殊情况,经最高人民法院核准,也可以在法定刑以下判处刑罚。

最高人民法院《关于处理自首和立功具体应用法律若干问题的解释》第 1 条 根据刑法第六十七条第一款的规定,犯罪以后自动投案,如实供述自己的罪行的,是自首。

(一)自动投案,是指犯罪事实或者犯罪嫌疑人未被司法机关发觉,或者虽被发觉,但犯罪嫌疑人尚未受到讯问、未被采取强制措施时,主动、直接向公安机关、人民检察院或者人民法院投案。

犯罪嫌疑人向其所在单位、城乡基层组织或者其他有关负责人员投案的;犯罪嫌疑人因病、伤或者为了减轻犯罪后果,委托他人先代为投案,或者先以信电投案的;罪行尚未被司法机关发觉,仅因形迹可疑,被有关组织或者司法机关盘问、教育后,主动交代自己的罪行的;犯罪后逃跑,在被通缉、追捕过程中,主动投案的;经查实确已准备去投案,或者正在投案途中,被公安机关捕获的,应当视为自动投案。

并非出于犯罪嫌疑人主动,而是经亲友规劝、陪同投案的;公安机关通知犯罪嫌疑人的亲友,或者亲友主动报案后,将犯罪嫌疑人送去投案的,也应当视为自动投案。

犯罪嫌疑人自动投案后又逃跑的,不能认定为自首。

(二)如实供述自己的罪行,是指犯罪嫌疑人自动投案后,如实交代自己的主要犯罪事实。

犯有数罪的犯罪嫌疑人仅如实供述所犯数罪中部分犯罪的,只对如实供述部分犯罪的行为,认定为自首。

共同犯罪案件中的犯罪嫌疑人,除如实供述自己的罪行,还应当供述所知的同案犯,主犯则应当供述所知其他同案犯的共同犯罪事实,才能认定为自首。

犯罪嫌疑人自动投案并如实供述自己的罪行后又翻供的,不能认定为自首;但在一审判决前又能如实供述的,应当认定为自首。

2021年最高人民法院、最高人民检察院《关于常见犯罪的量刑指导意见(试行)》第1条 量刑的指导原则:

1. 量刑应当以事实为根据,以法律为准绳,根据犯罪的事实、性质、情节和对于社会的危害程度,决定判处的刑罚。

2. 量刑既要考虑被告人所犯罪行的轻重,又要考虑被告人应负刑事责任的大小,做到罪责刑相适应,实现惩罚和预防犯罪的目的。

3. 量刑应当贯彻宽严相济的刑事政策,做到该宽则宽,当严则严,宽严相济,罚当其罪,确保裁判政治效果、法律效果和社会效果的统一。

4. 量刑要客观、全面把握不同时期不同地区的经济社会发展和治安形势的变化,确保刑法任务的实现;对于同一地区同一时期案情相似的案件,所判处的刑罚应当基本均衡。

五、结论

减轻、从轻处罚情节的认定犹如一把“双刃剑”，运用得当，则能实现法律的实质正义，达到法、理、情最大限度的融合；运用不当，则可能造成个案冲突、量刑不公，减损法律的权威和尊严。因此，在现行法对减轻、从轻处罚情节有所规定但较为模糊的情况下，如何运用司法理性从错综复杂的个案中甄别提取减轻、从轻处罚情节，并正确确定其系属类型，以实现刑罚效能的最大化，是司法实践中每一位裁判者必须审慎思考的重要命题。

从本案的判决结果来看，一审法院在法律适用时存在的问题是，仅关注法定减轻、从轻处罚情节，而当然忽视立法未予明确预设的酌定减轻、从轻处罚情节，由此导致裁判结果虽不存在根本违法，但与立法精神、现行刑罚理念等明显相悖；是故，从刑罚效能最大化角度而言，并不适当。相较而言，二审法院在适用法律时，既能严格遵守现行立法之规定，又能充分顾及立法精神、刑罚理念、个案性质等多维因素，既能彰显法律之权威，又能兼顾法律之温情。显然，无论是在合法性上还是在正当性基础上二审法院判决均更为充分。

23. 环境监管失职罪客观方面的司法认定

——魏某等环境监管失职案*

一、案情概要

济宁正元化工有限公司自2010年4月起由济宁市市中区原环保局环境监察大队负责监管。魏某时任济宁市市中区原环保局环境监察大队大队长和污染控制科的负责人;石某时任济宁市市中区原环保局环境监察大队工作人员(2011年5月起任市中区环保局信访科副科长),自2010年8月起负责信访案件的查处并承担监察大队的工作;李某时任济宁市市中区原环保局环境监察大队工作人员,自2010年6月起负责危险废物的监管及危险废物的申报登记工作。

2010年9月至2011年5月,群众多次举报济宁正元化工有限公司偷排危险废物污染环境,魏某、石某作为山东省环保厅①2010年第四季度重点案件的承办人,且石某作为负责信访工作的人员,均未对举报问题进行认真查处。2010年12月27日,魏某作为部门负责人,石某、李某作为

---

* 本案来源:山东省济宁市任城区人民法院刑事判决书,(2015)任刑初字第72号。

① 现山东省生态环境厅。

承办人,三人在办理该公司案件的过程中查处不力,并且在对该公司作出行政处罚后,明知济宁正元化工有限公司未经允许擅自恢复生产也未采取任何措施,致使该公司违法偷排危险废物的行为没有受到及时查处和制止。其间,2011 年该公司进行危险废物申报登记,第二季度申报的危险废物产生量为 0。被告人魏某、石某二人明知企业申报登记不实,却没有进行核实就上报,致使该公司长期脱离省市级重点监控,其偷运偷排危险废物的行为长期未得到有效制止,导致两次重大环境污染事故,给公共财产造成了共计 94 万元的经济损失。

2014 年 12 月 30 日,济宁市任城区人民检察院以上述三人犯环境监管失职罪为由向任城区人民法院提起公诉。

二、判决要旨

一审中,三人均认为自己已履行了相应的职责,无失职行为,要求判处无罪。其中,魏某及其辩护人的意见为:(1)已履行监管职责,不存在工作失职行为;(2)其主观不具有犯罪故意。石某及其辩护人的意见为:(1)涉案企业由济宁市环保局批准设立并生产,对其负有审查义务的市环保局应该负责任;(2)已履行监管职责,不存在工作失职行为。李某及其辩护人的意见为:(1)只是一般工作人员,已履职,无失职行为;(2)其行为与本案事故之间无直接因果关系。

一审法院判处魏某、石某、李某三人犯环境监管失职罪,免予刑事处罚。李某不服,提出上诉,二审驳回上诉,维持原判。

三、判决评释

我国《刑法》第 408 条将"环境监管失职罪"规定为"负有环境保护监督管理职责的国家机关工作人员严重不负责任,导致发生重大环境污染事故,致使公私财产遭受重大损失或者造成人身伤亡的严重后果的"行为。从上述案例可以看出,在司法实践中,对于环境监管失职罪如何认定,尚存争议。无论是本罪的主体范围是"身份说"还是"公务说"①的研

① 基于对"国家机关工作人员"认定的不同观点:"身份说"认为,本罪主体必须具备的某一特定的身份资格,也就是具有环境保护监管职责工作的国家公务员或者事业单位编制。最高人民法院于 1995 年 12 月 25 日发布《关于办理违反公司法受贿、侵占、挪用等刑事案件适用法律若干问题的解释》(2013 年 1 月 18 日失效),并在该解释中明确提出了本观点。"公务说"认为,本罪主体要以其是否有真实从事环境保护监管公共职务来检验,并认为此罪主体的本质应当是事实上从事相关公务。这一理念被最高人民检察院在 1995 年 11 月 7 日的《关于办理公司、企业人员受贿、侵占、挪用公司、企业资金犯罪案件适用法律的几个问题的通知》中采用。

究,还是本罪的主观方面是否限于过失[①]的研究,或是关于本罪的客体是“单一客体说”还是“复杂客体说”[②],抑或关于本罪的客观方面的分析研究[③]都存在一定的争议。这也使环境监管失职罪在司法实践过程中存在“入罪少、适用难”的问题。

在本案中,魏某、石某、李某三人均认为自己已履行了相应的职责,无失职行为。且李某及其辩护人意见认为其行为与本案事故之间无直接因果关系,要求判处无罪。“对于罪名的成立,如果行为不符合犯罪客观方面的要求,而仅仅具有主观上的犯罪意图,就不可能存在刑法所保护的法益遭受侵害的客观事实,那么行为人的行为也就不成立犯罪,不然就落入了主观归罪的误区。”[④]这表明如何认定一罪的客观方面在司法实践中具有十分重要的意义。犯罪的客观方面包括犯罪行为、犯罪结果以及两者之间的因果关系,具体到本案例中,对犯罪行为“严重不负责任”、犯罪结果“重大环境污染事故”的理解以及如何认定本罪的因果关系尤为重要。

---

① 张明楷教授在法律出版社2011年出版的《刑法学》(第4版)中主张该罪的主观要件表现为过失,包括疏忽大意和过于自信两种过失形态。高铭暄教授和马克昌教授也在北京大学出版社、高等教育出版社2016年联合出版的《刑法学》(第6版)中持同样的观点。与此同时,也有学者认为,该罪主观上不能排除间接故意的可能性。比如,韩耀元博士在人民法院出版社2002年出版的《渎职罪的定罪与量刑》中写道:“本罪在主观方面行为人对严重不负责任的行为既可能表现为过失,也可能表现为明知故意,对重大环境污染事故的发生、公私财产蒙受重大物质损失、人员伤亡的严重后果,行为人主观心理上一般也表现为过失,但在特殊情况下也不排除放任的间接故意的存在。”

② 单一客体说,是指环境监管失职罪侵犯的法益具有单一性,但是具体到法益的内容又存在多种不同的法益观点,包括正常管理活动说、环境监管制度说、环境保护制度说、公职人员的勤政性以及正当性说。复杂客体说是指环境监管失职行为侵犯的客体是两重或者多重,是一种复杂的客体。它认为环境监管失职行为侵犯的主要是国家及国家机关工作人员对环境的监管活动和环境保护权益。

③ 张明楷教授在法律出版社2011年出版的《刑法学》(第4版)中表明其观点:环境监管失职罪在性质上归于结果犯,主体上要求行为人系具备从事环境保护监督管理工作资格的国家机关工作人员,并要求其有表征严重不负责任心态的具体实行行为,且有重大环境污染的真实发生或造成公私财产的严重损失或者严重的人身伤亡的事实危害结果,还必须保证实行行为与损害结果两者具有刑法意义上的因果联系。对此观点,学界尚存在异议,比如,中国政法大学王林林在其论文《环境监管失职罪立法研究》中指出存在结果要件要求过高导致入罪门槛畸高等问题。

④ 李希慧:《刑法总论》,武汉大学出版社2008年版,第138页。

(一)如何认定"严重不负责任"?

在刑法中"无行为则无犯罪",可见行为在犯罪构成中的核心地位。从《刑法》第408条的规定来看,该罪的犯罪行为是"严重不负责任"。从条文中可知"严重不负责任"的行为是成立环境监管失职罪所必须具备的行为要件,但我们无法从中得知其行为的方式和表现形式,这是该罪在司法实践中"适用难"的原因之一。

1."严重不负责任"的内涵存在争议

有学者认为:"严重不负责任是指行为人在工作中缺乏应有的谨慎,对其工作中应当注意的事项没有注意,即没有履行其应当履行的职责。"①也有学者认为:"严重不负责任就是指环境监管部门的工作人员违反法律规定或不按法律规定履行职责。"②在本案中,魏某、石某、李某三人在对济宁正元化工有限公司偷排废液进行现场勘查开始即明知该公司生产线未经环评,对产生的危险废物没有处置能力,但他们既未严格依照国家环保法规责令企业进行停产整改,也没有按照山东省环保厅要求履行对该公司每月进行一次现场监察的职责,违反了污染源监理工作程序。同时,他们也违反了《环境监理工作程序(试行)》的规定,未进行工况调查并采取相应的管控措施,致使该公司产生的危险废物处于监管失控的状态,给环境污染事故的发生留下了隐患。环境监管失职罪作为渎职罪的特殊罪名,其客观方面应当与普通工作的失职有所区别,按照罪刑法定的要求,严重不负责任应该是指环境监管部门的工作人员违反法律规定或不按法律规定履行职责,也就是必须以违法违章作为该罪入罪的前提条件,这样才符合罪刑法定的基本要求。所以本案中魏某、石某、李某三人是符合"严重不负责任"的前提条件的。

2.对严重不负责任是否仅限于不作为存在争议

有学者认为,严重不负责任的行为本质上就是不作为;也有学者认为,严重不负责任的行为一般表现为不作为,但也不能排除作为的可能。因为该行为包括不履行或不正确履行环境监管职责两种情形:不履行环境监管

---

① 蒋兰香:《环境刑法》,中国林业出版社2004年版,第111页。

② 杜澎:《破坏环境资源犯罪研究》,中国方正出版社2000年版,第194页。

职责体现为不作为，比如，本案中对群众的举报置之不理、未按规定每月现场勘查等不履行职责的表现就属于不作为；不正确履行环境监管职责体现为作为，在特别情况下还可以是作为与不作为相结合的情形，比如，济宁正元化工有限公司虽然进行了危险废物申报，但申报危险废物产生量为0。被告人魏某、李某明知该公司申报不实，没有进行核实就上报省市环保部门，致使该公司长期脱离省市级重点监控的情形就属于作为与不作为的结合。很明显，严重不负责任应该不限于不作为，更多的是作为与不作为相结合的情形。

（二）结果要件变革的趋势——从"实害犯"到"危险犯"

结果作为犯罪构成要件的要素之一，根据行为是否对客体造成现实的损害，可划分为实害结果和危险结果。我国《刑法》将环境监管失职罪定性为实害犯，即须造成"重大环境污染事故"和"公私财产遭受重大损失或者造成人身伤亡严重后果"才能成立本罪。而且无论是从最高人民检察院《关于人民检察院直接受理立案侦查案件立案标准的规定（试行）》规定的对环境监管失职罪应予立案的4种①情形来看，还是从最高人民法院、最高人民检察院《关于办理环境污染刑事案件适用法律若干问题的解释》规定的关于应当认定为"致使公私财产遭受重大损失或者严重危害人体健康"或者"致使公私财产遭受重大损失或者造成人身伤亡的严重后果"的情形②来看，该罪定性都为实害犯。然而环境污染往往具有潜伏性、长期性，其危害后果可能需要几年甚至几十年的时间才能显现。比如，发生在武汉汉阳的"湖北环境污染第一案"中，王某某被判环境监管失职罪，然而该案并没有在事发时（1999年）就进入司法程序，而是在4年后重新立案，其原因就

---

① 最高人民检察院《关于人民检察院直接受理立案侦查案件立案标准的规定（试行）》在"二、渎职犯罪案件"的"（十七）环境监管失职案"中规定：涉嫌下列情形之一的，应予立案：（1）造成直接经济损失30万元以上的；（2）造成人员死亡1人以上，或者重伤3人以上，或者轻伤10人以上的；（3）使一定区域内的居民的身心健康受到严重危害的；（4）其他致使公私财产遭受重大损失或者造成人身伤亡严重后果的情形。

② 最高人民法院、最高人民检察院《关于办理环境污染刑事案件适用法律若干问题的解释》第2条规定："实施刑法第三百三十九条、第四百零八条规定的行为，致使公私财产损失三十万元以上，或者具有本解释第一条第十项至第十七项规定情形之一的，应当认定为'致使公私财产遭受重大损失或者严重危害人体健康'或者'致使公私财产遭受重大损失或者造成人身伤亡的严重后果'。"

在于当时污染造成的直接经济损失没有达到构成犯罪的标准。在环境犯罪中,如果因为没有达到所规定的标准就不予入罪,其后果就只能是污染得不到治理,最终损失越来越大,这种事后惩罚违背了保护生态环境的初衷。所以,基于环境犯罪的特殊性,若要改变这种入罪难的问题,首先要将本罪向"危险犯"转变。

其实,在《刑法修正案(八)》出台之前,"重大环境污染事故罪"在罪状表述上就与"环境监管失职罪"一样,都是将"发生重大环境污染事故,致使公私财产遭受重大损失或造成人身伤亡的严重后果"作为两罪的客观构成要件。随着环境污染的日益严重,环境问题也越来越受到关注。2011 年《刑法修正案(八)》将原"重大环境污染事故罪"修改为"污染环境罪",其犯罪结果只要求达到"严重污染环境"就能入罪,而且将"后果特别严重的"情形作为本罪更高的量刑幅度加以处罚,完成了从"结果犯"到"危险犯"的转变。这种在立法上降低该罪的入罪门槛,扩大该罪的适用范围的方式,使该罪在司法实践中具备了更强的可操作性,由此加大了对环境污染犯罪的打击力度。作为与污染环境罪关联紧密的环境监管失职罪,是否也应加紧脚步,作出相应的修改,避免在司法实践中的尴尬地位呢?答案明显是肯定的。

(三)因果关系的认定

因果关系不仅是学界研究的一个重点问题,也是司法实践中的一个难点问题。张明楷教授说:"刑法中的因果关系一个非常重要的作用就是作为归责的依据,要将所发生的结果归责于行为人,就要求行为人的实行行为与结果之间具有'原因与结果'的关系。"①所以对因果关系的认定在犯罪要件的构成中具有十分重要的意义。

1. 本罪因果关系的特点

在司法实践中,由于环境监管失职罪的危害结果往往不是环境监管人员的失职行为直接造成的,而是他人的污染行为或者其他因素共同作用的结果,所以其因果关系相较于一般犯罪而言,具有特殊性。

在上述案例中,两次重大污染事故共计 94 万元的经济损失的危害结果

① 张明楷:《外国刑法纲要》(第 2 版),清华大学出版社 2007 年版,第 116 页。

不仅是因为魏某等三人的环境监管失职行为，更是济宁正元化工有限公司违法偷排危险废物、谎报危险废物登记等违法行为造成的，是两种行为共同作用的结果。首先，从本案可以看出，在司法实践中环境监管人员失职行为往往仅是特定结果产生的因果关系链条中的一个行为。也就是说，本罪的危害结果不一定完全是因为其犯罪主体的失职，而是由于环境监管人员不履行或不认真履行监管职责；因此被监管人违反相关规定，或被监管人违反相关规定却因环境监管人员的失职未得到制止而最终发生了危害结果。两类主体的分别行为最终造成了危害结果，所以其行为与结果之间不是一对一的关系，而是多因一果的关系。其次，本罪中负有监管责任和义务的环境监管人员的失职行为与危害结果之间并不具有直接关系，危害结果是与行为人的渎职行为有关的被监管者的行为直接造成的。在司法实践中，监管者的失职行为往往只起到间接原因的作用，所以其因果关系又具有间接性的特点。另外，环境监管人员的失职行为并不一定能引起本罪危害结果的发生，若没有危害结果的发生，也就不存在环境监管失职罪了，所以其行为与结果之间存在或然性。

综上所述，环境监管失职罪因果关系的特殊性就在于其多因一果、间接性及或然性三个方面。因此，在司法实践中，往往难以认定环境监管失职行为与重大环境污染事故之间是否存在因果关系。

2. 关于因果关系认定的理论争议

理论界对渎职罪的因果关系有着不同的认定模式，比如，必然、偶然因果关系理论认定模式，高度盖然性因果关系认定模式，条件因果关系认定模式，客观归责理论认定模式，相当因果关系理论认定模式，近因说理论认定模式，监督过失理论认定模式，等等。鉴于环境监管失职罪的特殊性，主要有以下几个观点值得借鉴。

(1)主张根据高度盖然性法则对是否存在直接因果关系进行肯定性假言判断

如果假设行为人在环境监督管理过程中尽职尽责的话，就十有八九不会产生财产损毁、减少或人员伤亡的危害结果，那么就应肯定行为人的失职行为与发生的危害结果之间具有因果关系。但不能追问如果没有行为人的失职行为是否就不会发生已经发生的重大损失或严重结果(否定性假言判断),即进行必然性判断是不妥当的。[①] 另外,即使出现了环境监管人员认真履行其职责却仍旧无法避免危害结果产生的情况,也应根据行为人的失职行为是否制造或增加了法益侵害,来确定失职行为与危害结果之间是否具有因果关系,而不能以即使其认真履行职责也不能避免危害结果的产生为由,主张自己的失职行为与危害结果之间不具有因果关系。[②]

(2)主张运用客观归责理论[③]来分析是否存在因果关系

持该观点的学者都认为本罪是监督过失犯罪,认为在监督过失情形下,环境监管人员的失职行为并不直接导致危害结果的发生,而是被监督者的污染行为的介入才导致了本罪危害结果的发生,失职行为人不是直接对危害结果承担责任,而是对其引发的被监管人的污染行为承担刑事责任,对环境污染结果承担的是间接责任。[④] 所以应该以环境监管人员的失职行为能否引发被监管人的污染行为为标准来判断是否存在因果关系,即客观归责理论。如果环境监管失职行为对危害结果的出现产生了较大的影响,那么则认为失职行为与危害结果之间存在因果关系,行为人应当承担刑事责任。

(3)主张运用条件因果关系说来分析是否存在因果关系

持该观点的学者认为,环境监管失职罪作为过失渎职罪的一种,主张用限定的条件说,依法、科学、合理地判定失职行为与危害结果之间的因果关系。有学者还对"到底什么样的条件才能被认定为'因',适格的条件应当具备什么样的标准"进行了具体探讨。主张认定为"因"的条件应该具备客观性和必要的标准,这里的客观性指失职行为是已经发生的事实,必要性指环境监管人员如果没有失职行为,能够尽职尽责的话,危害结果就不会发生。[⑤] 而且是在行为人负有特定义务的前提条件下,行为人未履行职责或未正确履行职责。只有符合了上述标准的条件,才能被认定为具有因果

---

① 参见高铭暄、马克昌:《中国刑法解释》(下),中国社会科学出版社2005年版,第2863页。

② 参见周光权:《结果假定发生与过失犯——履行注意义务损害仍可能发生时的归责》,载《法学研究》2005年第2期。

③ 参见杨楠、陈广计:《渎职侵权职务犯罪因果关系在定罪量刑中的作用研究》,载《河南广播电视大学学报》2012年第1期。

④ 参见彭凤莲:《监督过失责任论》,载《法学家》2004年第6期。

⑤ 参见杨书文:《过失型渎职罪中的因果关系研究》,载《人民检察》2006年第20期。

关系。

(4)主张以相当因果理论来界定本罪因果关系

所谓相当因果关系说,是指“根据社会一般人生活上的经验,在通常情况下,某种行为产生某种结果被认为是相当的场合,就认为该行为与该结果之间具有因果关系,这里的‘相当’是指该行为产生该结果是通例而非异常”。① 持该观点的学者认为,“本罪的危害结果虽不是由于失职行为直接造成,但作为介入因素的环境污染行为是由于环境监管人员的失职行为引发的,如果环境监管人员能够正确履行职责的话,污染行为在通常情况下不会发生。在此种情况下,环境监管人员的失职行为通过被监管对象的污染行为,始终对危害结果发生作用。故我们仍然能够肯定失职行为与危害结果之间因果关系的相当性”。②

3. 本案如何认定因果关系

在司法实践中,我们应当结合刑法因果关系理论,并根据环境监管失职罪的个案特点,对环境监管失职罪因果关系进行分析,得出正确的判断结论。

结合本案,环境监察大队大队长和污染控制科的负责人魏某、负责信访工作的石某,在多次接到关于济宁正元化工有限公司偷排危险废物污染环境的群众举报后,均没有对举报问题进行认真查处。三人在办案中对污染环境的行为查处不力,在对公司作出行政处罚后,明知该公司未经允许擅自恢复生产,也未采取任何后续措施。在明知该公司危险废物产生量申报登记为0的情况下,没有核实就上报,致使该公司偷运偷排危险废物等违法行为长期脱离省市级重点监控。由此可以看出:首先,魏某等三人均负有环境监管职责但未履行或未正确履行其职责;其次,三人的失职行为使被监管对象济宁正元化工有限公司继续实施违法行为,污染环境;最后,该公司的污染行为导致两次重大环境污染事故,给公共财产造成了共计94万元经济损失的危害结果。另外,如果魏某等三人尽职尽责的话,有很大可能不会发生环境污染事故或不会发生这么严重的环境污染事故。所以在本案中,认为

---

① 陈兴良、周光权:《刑法学的现代展开》,中国人民大学出版社2006年版,第132页。

② 闫浩:《环境监管失职罪的认定与完善》,西南政法大学2014年硕士学位论文,第13页。

其行为与本案事故之间无直接因果关系的辩护意见应该不予支持。

四、主要法律条文链接

《中华人民共和国刑法》第338条 违反国家规定,排放、倾倒或者处置有放射性的废物、含传染病病原体的废物、有毒物质或者其他有害物质,严重污染环境的,处三年以下有期徒刑或者拘役,并处或者单处罚金;情节严重的,处三年以上七年以下有期徒刑,并处罚金;有下列情形之一的,处七年以上有期徒刑,并处罚金:

(一)在饮用水水源保护区、自然保护地核心保护区等依法确定的重点保护区域排放、倾倒、处置有放射性的废物、含传染病病原体的废物、有毒物质,情节特别严重的;

(二)向国家确定的重要江河、湖泊水域排放、倾倒、处置有放射性的废物、含传染病病原体的废物、有毒物质,情节特别严重的;

(三)致使大量永久基本农田基本功能丧失或者遭受永久性破坏的;

(四)致使多人重伤、严重疾病,或者致人严重残疾、死亡的。

有前款行为,同时构成其他犯罪的,依照处罚较重的规定定罪处罚。

《中华人民共和国刑法》第408条 负有环境保护监督管理职责的国家机关工作人员严重不负责任,导致发生重大环境污染事故,致使公私财产遭受重大损失或者造成人身伤亡的严重后果的,处三年以下有期徒刑或者拘役。

五、结论

从环境监管失职罪的司法实践来看,若要解决本罪入罪难的问题,首先需要对如何认定其客观方面的行为、结果及两者之间的因果关系进行解释规定。在现行法未对环境监管失职罪入罪难提供明确解决方案的背景下,法律实践可以结合本罪现有的立法规定和司法适用现状,对比既存法律体系中对“污染环境罪”的修改,为其解释提供依据。